『ドイツ研究』第 58 号

目次

JN046576

書　評

学会通信

デジタル×ドイツ研究

企画趣旨
森田直子

Symposium: Deutschstudien digital
Einführung

Naoko Morita

日本にもドイツにも，しばらく前から「ソサエティ 5.0」，「Industrie 4.0」といった政府の方針が存在する。日本の「ソサエティ 5.0」は，狩猟社会，農耕社会，工業社会，情報社会に続く 5 番目の「新たな社会」としての未来像であり，端的に言えば，「インターネットのデジタル仮想（サイバー）世界と物質（物理）的なリアル世界の融合したもの」のこととされる[1]。ドイツの「Industrie 4.0」は，第四次産業革命とも言われ，簡単な説明では，工業生産の包括的なデジタル化と捉えられるようだ[2]。ここでの「デジタル」とか「デジタル化」は漠然としてはいるものの，私たちの社会は，「デジタル」がキーワードとなる方向に進んでいる，つまり，「デジタル化」のなかにあるということに間違いはないだろう。

そうした背景を受けつつ，教育や研究においても「デジタル化」は進みつつある。そのことに私たちはどう向き合うのかという問いを，ドイツ研究という場に即して考えたいというのが本シンポジウムの趣旨である。ここでの「デジタル化」とは，さしあたり，次の三つの次元において相補的に進んでいる状況と捉えたい。すなわち，①読み書きやコミュニケーションなどのインフラのデジタル化，②知識や情報のオンライン・データベース化，③コンピュータのアルゴリズムや AI 解析ツールの利用，である。

①に関して言えば，デジタルな技術に支えられているパソコンやインターネットを使わない研究や教育は昨今の日本ではもはや考えにくく，それは COVID-19 の世界的な影響のもと加速したようにも見える。例えば，日本ドイツ学会も国内外の多くの研究会や学会と同様，2020 ～ 2022 年度のシンポジウムはオンラインで開催された。昨年度と一昨年度のシンポジウムでは海外在住の方からの報告やコメントがあり，オンライン開催のメリットが見事に示された。研究会や学会シンポジウムの意義を研究報告とそれに基づく質疑応答とに限定するならば，オンライン開催は対面開催では参加しにくい状況にある人にやさしく，今後も選択肢としては残るように思われる[3]。

③については，本シンポジウムの企画を始めた時点では，DeepL[4] などの進化するオンライン翻訳機能や，Transkribus[5] といった歴史的な手書き文書を学習して解読する AI のようなものを想定していた。ところが，その直後の 2022 年末に ChatGPT が公開されたため，生成 AI が加わることになった。生成 AI はその「能力」の高さゆ

（1）例えば，内閣府のウェブサイト（https://www8.cao.go.jp/cstp/society5_0/（2023 年 9 月 29 日閲覧））や，西垣通『超デジタル世界—— DX，メタバースのゆくえ』（岩波新書，2023 年）を参照。

（2）例えば，ドイツ連邦経済・気候保護省と教育・研究省のウェブサイト（https://www.plattform-i40.de/IP/Navigation/DE/Industrie40/WasIndustrie40/was-ist-industrie-40.html（2023 年 9 月 29 日閲覧））を参照。

（3）と同時に，オンライン開催のデメリットも看過すべきではないだろう。一視聴者としてハイブリッド開催の国際学会にオンライン参加した際に感じた問題点については，以下で言及した。森田直子「デジタル・ヒストリーをめぐって（特集　第 23 回国際歴史学会議）」『歴史学研究』1034 号（2023 年），17-22 頁。

（4）DeepL は，高度な機械翻訳を提供するオンラインプラットフォームで，2017 年にドイツで開発された。高い翻訳精度と自然な文体が特徴で，ビジネス文書やウェブページなどの翻訳に広く利用されている。https://www.deepl.com/translator（2023 年 9 月 29 日閲覧）

（5）https://readcoop.eu/de/transkribus/（2023 年 9 月 29 日閲覧）

え，デジタル・ツールを用いて絵画や文章あるいはプログラムなどを生み出す作業に携わる人々や組織に対して，これまでにない衝撃を与えたと言っても良いだろう。学生にレポート作成を課して成績評価をおこなうことの多い大学も対応に追われるなど，「教育や研究におけるデジタル化について向き合う」ことがまさにアクチュアルな課題であることが分かる。とはいえ，残念ながら本シンポジウムでは生成 AI を検討の対象に入れることはできない。今回は上記②——知識や情報のデジタル化やそれらのオンライン・データベース化——を中心に，①と③を含めたものを「デジタル化」と捉え，それへの向き合い方についてドイツ研究を具体例に考えてみることにしたい。

　もっとも，ドイツ語圏の研究・教育に限ったとしても，デジタルやデジタル化に関わるトピックは枚挙に暇がない。本シンポジウムでは日本ドイツ学会という会の性格に鑑み，すなわち，企画者を含め人文・社会科学系の学問分野への関心が高い人たちが多く集まる場であることを踏まえ，「デジタル・ヒューマニティーズ，情報人文学」を大枠として設定した。2021 年に出版された『欧米圏のデジタル・ヒューマニティーズの基礎知識』（文学通信）によって，「デジタル・ヒューマニティーズ」（以下，DH）という概念がより広く知られるようになったと思われるが，歴史学を専門とする私自身も，DH を構成する「デジタル・ヒストリー」について学びたいと思って本書を手に取った。歴史学の基礎についての講義で，問いと結び付いた研究手法には「流行」が見られることを説き，最近の研究手法の例としてデジタル・ヒストリーを紹介したかったからである。ごく初歩的な例としてドイツ語の絵入り雑誌のアーカイヴから風刺画を示すなどしたところ，学生からの反応にはかなりの手応えが感じられた。

　そこで，別の授業ではもう少し立ち入って，Digitales Wörterbuch der Deutschen Sprache（DWDS）が提供する単語の出現頻度のグラフを利用してみた[6]。これは，イメージするならば，Google Books Ngram Viewer のドイツ語文献に特化したものである。ただし，Ngram Viewer よりも，元となるコーパスに含まれるテクストが精選されていたり，文字認識も洗練されていたり，より「高度な」DH のツールと言えるだろう。例えば，1600 年から 1990 年の時間軸で，empfindsam という単語の出現頻度のグラフを生成してみる（DH を専門的に学ぼうとするなら，この生成プロセスをも理解する必要があるが，そこには立ち入っていない）。グラフ 1 が示す通り，18 世紀前半から，empfindsam という単語の出現頻度が一挙に増加し，19 世紀前半には急激に減少する様子が見て取れる（Google Books

Ngram Viewer でも確認できる）。細かな留保は必要にせよ，18 世紀後半に empfindsam という言葉が「流行」した傾向は明らかだろう。こうした趨勢そのものについては，同時代の作品を対象とした文学研究においては既知のことと思われる。したがって，グラフ 1 は質的な歴史変化を量的に可視化したに過ぎないのかもしれない。ただし，逆の傾向，すなわち，例えば gerecht という単語が 17 世紀後半から 18 世紀を通してほぼ一貫して使用頻度が減少していることは（グラフ 2 を参照），従来の研究手法でどのくらい明らかにされうるのだろうか。いずれにせよ，デジタル・ヒストリーではこの手の可視化された量的変化を出発点として，社会的背景やその変化についての新しい史的解釈を導く可能性が生まれる。学生に，「1946 年から 2020 年までのドイツ語新聞のデータベースで単語の頻出頻度を調べることができるが，あなたなら，どのような単語を入れて何を分析しますか」と問うたところ，「『希望』という単語に注目する。この言葉が頻出する時には国が暗い雰囲気に包まれている可能性が高いため，国内外の事件と関連させて当時の社会を分析したい」などといったユニークなアイディアが出され，デジタル・ヒストリーや DH の持つ問題発見的な利点を垣間見ることができた。

　シンポジウムでは，まず宮川創氏から，ゲッティンゲン大学で DH 研究プロジェクトに携わった経験に基づき，ドイツの DH の財源やデジタルなインフラストラクチャの概要，その特徴についての具体的な報告がなされた。次に中村靖子氏からは，テキストマイニングの実践例としてリルケの『マルテの手記』の詳細な分析と，フロイトの著作にみる彼の思想的展開の考察を示して頂いた。最後に，中園有希氏から，「教科書大国」とも形容できるドイツの学校教育のデジタル化について，デジタル教科書・教材の開発・普及とそれらの抱える課題や展望についてお話し頂いた。これらの密度の濃い報告ののち，林志津江氏と香川檀氏より，「デジタル化」や DH の進展により失われうる物への批判的なまなざしも含めて示唆的なコメントを頂いた。企画者たち[7]の意図を越える有意義なシンポジウムになったのではなかろうか。

　最後に，学会は 4 年ぶりに対面開催であったが，オンラインでも参加可能にするため，会場となった早稲田大学の関係者，とりわけ責任者を務めて下さった日本ドイツ学会理事長の近藤孝弘氏に大変なご尽力を頂いた。この場を借りて御礼を申し上げたい。

（6）https://www.dwds.de/d/plot　（2023 年 9 月 29 日閲覧））
（7）企画委員長の青木聡子，同委員の辻朋季，速水淑子，学会事務局の小野寺拓也の各氏の協力に心より感謝申し上げる。

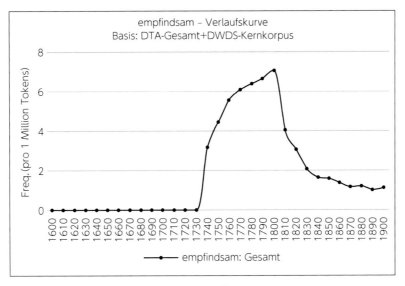

グラフ 1[(8)]

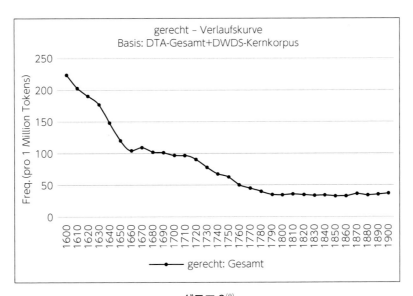

グラフ 2[(9)]

（8） DWDS-Wortverlaufskurve für „empfindsam", erstellt durch das Digitale Wörterbuch der deutschen Sprache,（https://www.dwds.de/r/plot/?view=1&corpus=dta%2Bdwds&norm=date%2Bclass&smooth=spline&genres=0&grand=1&slice=10&prune=0&window=3&wbase=0&logavg=0&logscale=0&xrange=1600%3A1900&q1=empfindsam（2023 年 9 月 29 日閲覧））

（9） DWDS-Wortverlaufskurve für „gerecht", erstellt durch das Digitale Wörterbuch der deutschen Sprache,（https://www.dwds.de/r/plot/?view=1&corpus=dta%2Bdwds&norm=date%2Bclass&smooth=spline&genres=0&grand=1&slice=10&prune=0&window=3&wbase=0&logavg=0&logscale=0&xrange=1600%3A1900&q1=gerecht（2023 年 9 月 29 日閲覧））

シンポジウム

ドイツにおけるデジタル・ヒューマニティーズの一側面
——研究基盤形成と大学教育の事例から[(1)]

宮川　創

Ein Aspekt der Digital Humanities in Deutschland.
Forschungsinfrastruktur und Universitätsbildung

So Miyagawa

1 はじめに

デジタル・ヒューマニティーズ（Digital Humanities: DH: デジタル人文学）は，人文学と情報技術の融合により新たな研究方法と知識の拡充を目指す学際的な分野である。この分野は，文献のデジタル化，テキスト・マイニング，デジタル・アーカイブの構築など，多岐にわたるプロジェクトを含んでいる。近年の技術進歩は，人文学研究における新しい可能性を切り開くきっかけとなっており，DH はその最前線に位置づけられている。

ドイツにおいても，DH の重要性は認識されており，多くの大学や研究機関が DH のプロジェクトを推進している。ドイツの研究機関は，伝統的な人文学のアプローチと先進的なデジタル技術を組み合わせることで，新しい知見を生み出し，研究の効率化と質の向上を目指している。しかし，これらのプロジェクトは適切なデジタル・インフラストラクチャ（Digital Infrastructure）と専門的な DH ツールの開発に依存しており，そのためには十分な資金的支援が不可欠である。デジタル・インフラストラクチャは，研究データの保存，アクセス，共有を可能にし，DH ツールは，データ分析，可視化，テキスト・マイニングなどのプロセスを支援する。これらのリソースは，研究者が効率的に作業を行い，新しい知識を創造する基盤を提供する。本論文では，ドイツにおけるデジタル・インフラストラクチャと DH ツールの開発への助成に焦点をあて，その現状と挑戦を検討する。

近年，DH の分野が急速に拡大し，ドイツはこの新しい学問分野の進展においても重要な役割を果たしている。多くのプロジェクトが様々な助成元から資金援助を受けており，デジタル技術の適用が人文学の新たな知識創造を促進している。筆者自身も 2015 年 10 月から約 5 年半にわたってドイツの DH プロジェクトに研究員として参加し，この動きの一端を経験してきた。ドイツの DH の特徴として，(1) 欧州連合（European Union: EU）規模のデジタル・インフラストラクチャの大規模な整備，(2) 様々な DH ツールの開発，(3) 豊富な研究助成，(4) 活発な DH 教育の 4 つが挙げられよう。

デジタル・インフラストラクチャは，DH プロジェクトの基盤となる要素である。このインフラストラクチャは，研究データの保存，アクセス，そして共有を可能にし，さらに，データ分析や可視化のためのツールを提供する。これにより，研究者は効率的かつ効果的に作業を進めることができ，人文学研究の新たな領域を探求することが可能となる。ドイツにおいては，デジタル・インフラストラクチャの構築と維持は，研究活動の効率化と知識の拡充を支える重要な要素である。デジタル・インフラストラクチャ

（1）本論文は，デジタル・ヒューマニティーズに関する国内外のニュースや論考などを掲載しているメールマガジン形式のデジタル学術誌である『人文情報学月報』の連載「欧州・中東デジタル・ヒューマニティーズ動向」に掲載された，宮川創「ドイツにおけるデジタル・インフラストラクチャと DH ツールの開発への助成」『人文情報学月報』第 143 号【前編】2023 年に大幅な追記・修正を加えたものである。なお，同誌に掲載された宮川創「ゲッティンゲン大学でのデジタル・ヒューマニティーズとコーパス言語学の授業を担当して」『人文情報学月報』第 84 号【前編】，2018 年，および，宮川創「ドイツ，デジタル・ヒューマニティーズにおける雇用事情」『人文情報学月報』第 82 号，2018 年の内容も含んでいる。『人文情報学月報』の過去の号は，https://www.dhii.jp/DHM/ （2023 年 11 月 2 日閲覧）で閲覧することができる。なお，最新号を読むには，メール・マガジンへの読者登録が必要であり，その登録は https://www.dhii.jp/DHM/node/186 （2023 年 11 月 2 日閲覧）で行うことができる。

は，DHのプロジェクトがより広範で複雑なデータセットを効率的に処理し，分析することを可能にする。さらに，このインフラストラクチャは，複数の研究機関やプロジェクト間でのデータの共有と連携を促進し，新しい知見の生成を支援する。ドイツの研究機関は，国内外のパートナーと連携し，共通のデジタル・インフラストラクチャを構築・共有することで，DHの研究コミュニティを形成し，支援している。これにより，研究者は異なるデータ・ソースやツールを利用して，新たな研究アプローチを開発し，人文学の伝統的な研究方法を拡張することができる。さらに，デジタル・インフラストラクチャは，研究データの長期保存を保証し，将来の研究者にとっても価値のあるリソースを提供する。これは，人文学の知識の蓄積と共有に貢献し，学際的な研究活動を促進する。以上の点から，ドイツにおけるデジタル・インフラストラクチャの構築は，DHのプロジェクトが成功し，人文学の新たな知識が生成されるために不可欠である。また，これはドイツのDHコミュニティが国際的な人文学研究の進歩に貢献する基盤を形成する重要な要素であると言えるであろう。

DHツールは，テキスト分析，デジタル・エディション（デジタル学術編集版）の作成，データベースの構築など，様々なDHプロジェクトの推進に不可欠である。これらのツールは，複雑なテキストデータの解析や管理を効率的に行うために設計されており，研究者に新たな分析方法を提供する。ドイツにおけるDHプロジェクトへの助成は，国内外のさまざまな資金提供機関によって行われている。特に，ドイツ学術振興協会（Deutsche Forschungsgemeinschaft〔DFG〕）は，DHプロジェクトの支援を積極的に行っている。また，欧州連合の助成プログラムや各種の国際的な助成プログラムも，DHプロジェクトの資金提供の重要な源泉となっている。

DHの進展はその働き手を育て上げるための教育も活発化させている。ドイツでは，多くの大学がDHのカリキュラムを導入し，学生や研究者に必要な技術と知識を提供している。DH教育は，研究者が新しい技術を効果的に利用し，DHプロジェクトを成功させる能力を育む役割を果たしている。

本論文では，ドイツにおけるデジタル・インフラストラクチャとDHツールの開発，DHプロジェクトへの助成，そしてDH教育に焦点をあて，その現状と挑戦を検討する。具体的には，まず，デジタル・インフラストラクチャとDHツールの開発の例を挙げながらドイツにおけるDHの発展を支援するための資金提供の枠組みと政策についても考察する。これにより，ドイツにおけるDHの環境とその未来についての理解を深め，他の国や地域でのDH

の発展に対する示唆を提供することを目指す。続いて，本稿では，ドイツにおけるDHプロジェクトへの主な助成元と，それらの助成元がプロジェクトに与える影響について，具体的な例を交えて詳述する。初めに，ドイツが参加する欧州連合系の助成元に焦点を当て，その後にドイツ固有の助成元について解説する。さらに，筆者が約7年間ドイツのゲッティンゲン大学に留学し，そのうち約5年間ドイツ研究振興協会のDHプロジェクトで雇用されていた状況をケース・スタディとして述べる。

2 欧州連合とドイツ国内のデジタル・インフラストラクチャおよびツールへの助成

デジタル・インフラストラクチャは，DHプロジェクトの基盤となる要素である。このインフラストラクチャは，研究データの保存，アクセス，そして共有を可能にし，さらに，データ分析や可視化のためのツールを提供する。これにより，研究者は効率的かつ効果的に作業を進めることができ，人文学研究の新たな領域を探求することが可能となる。

ドイツにおいて，デジタル・インフラストラクチャの構築と維持は，研究活動の効率化と知識の拡充を支える重要な要素である。また，ドイツの多くの研究機関は，国内外のパートナーと連携し，共通のデジタル・インフラストラクチャを構築・共有することで，DHの研究コミュニティを形成し，支援している。これにより，研究者は異なるデータ・ソースやツールを利用して，新たな研究アプローチを開発し，人文学の伝統的な研究方法を拡張することができる。

さらに，デジタル・インフラストラクチャは，研究データの長期保存を保証し，将来の研究者にとっても価値のあるリソースを提供する。これは，人文学の知識の蓄積と共有に貢献し，学際的な研究活動を促進する。

ドイツの大学や研究機関が関与する別のプロジェクトとして，Digital Research Infrastructure for the Arts and Humanities（DARIAH〔芸術と人文学のためのデジタル・リサーチ・インフラストラクチャ〕）がある。これは，デジタル人文学の研究インフラストラクチャを提供し，研究者がデータやツール，サービスを共有できるようにするプラットフォームを構築している。例えば，DARIAH-DEはTextGrid[2]というデジタル・インフラストラクチャを開発している。TextGridは，テキスト・データの保管，編集，分析を支援するプラットフォームであり，人文学者が異なる時代や地域のテキスト資料を比較・分析する作業を効率化している。DARIAH-DEは，ドイツ国内のDHコミュニ

（2）"TextGrid: Home," textgrid.de.　https://textgrid.de/　（2023年11月2日閲覧）

ティの協力を促進し，国際的なコラボレーションを支援している。

　以上の点から，ドイツにおけるデジタル・インフラストラクチャの構築は，DH のプロジェクトが成功し，人文学の新たな知識が生成されるために不可欠である。また，これはドイツの DH コミュニティが国際的な人文学研究の進歩に貢献する基盤を形成する重要な要素であると言えるであろう。

2.1　ERC と ERIC

　欧州連合系の助成元の中で特に重要であるのが ERC（European Research Council〔欧州研究評議会〕）であり[3]，これは欧州の研究基盤の強化と卓越した研究者の育成を目的としている。ERC の助成金は欧州の研究開発活動において大きなインパクトを与え，多様な学問分野にわたるプロジェクトが支援されている[4]。特に DH 分野では，オンライン・データベースの提供を目指すプロジェクトが多く見られ，この動きが人文学のデジタル化を促進している。一方，ERIC（European Research Infrastructure Consortium〔欧州研究基盤コンソーシアム〕）[5]はヨーロッパ全域での研究を支援するデジタル・インフラストラクチャを整備する役割を担っている。また，同じ欧州連合のデジタル・インフラストラクチャプロジェクトの OpenAIRE[6]もデジタル・インフラストラクチャ事業を行っている。この，OpenAIRE プロジェクトは，欧州

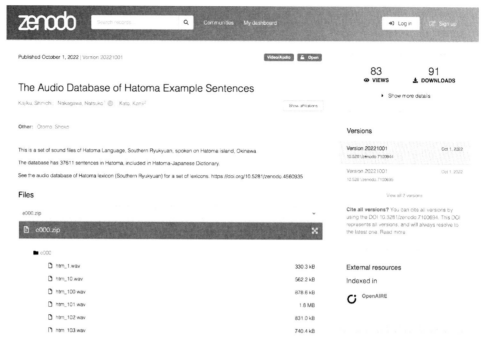

図 1　Zenodo における『鳩間方言辞典』（加治工真市著；中川奈津子編，国立国語研究所，2020 年）の例文の音声データのページの写真[8]

原子核研究機構（European Organization for Nuclear Research〔CERN〕）と共同で学術成果のリポジトリ Zenodo[7]を開発した。この Zenodo は，論文やデータセットなどの研究成果を広く公開できるプラットフォームとして様々な研究者や研究機関，研究プロジェクト，研究グループによって用いられている。

　この Zenodo には，論文，スプレッドシート，テキスト・ファイルなどの他，図 1 のように，ZIP で圧縮した音声や映像などありとあらゆるファイルを置くことができる。これらの論文やデータセットは，DOI（Digital Object Identifier「デジタル識別子」）を付与した状態で公開することができる。このようにして，これらの公開物が業績として扱われるようにするためのインフラストラクチャが公的

（3）"Homepage," ERC| European Research Council.　https://erc.europa.eu/homepage　（2023 年 11 月 2 日閲覧）

（4）このうちの大規模な ERC の助成は 5 年間である。例えば，ベルリン・エジプト博物館パピルス・コレクションのプロジェクト「ELEPHANTINE: Lokalisierung von 4000 Jahren Kulturgeschichte. Texte und Schriften der Insel Elephantine in Ägypten」 https://www.smb.museum/museen-einrichtungen/aegyptisches-museum-und-papyrussammlung/sammeln-forschen/forschung/erc-projekt-elephantine-lokalisierung-von-4000-jahren-kulturgeschichte-texte-und-schriften-der-insel-elephantine-in-aegypten/ （2023 年 11 月 2 日閲覧）は，5 年間のプロジェクトである。このプロジェクトは，現在世界各地に分散している，エレファンティネ島から出土した，様々な言語で書かれた様々な時代にわたるパピルスやオストラカ文献について，それらの写真を収集し，メタデータとテキスト・データ，画像データをオンライン・データベースとして公開することを目的としている。2015 年から始まり，2020 年に終わる予定であったが，コロナ危機のために 1 年延長された。全体の助成金額は，150 万ユーロ（日本円で約 2 億 3231 万円）であった。このプロジェクトの成果であるデータベースは，https://elephantine.smb.museum/ （2023 年 11 月 26 日閲覧）にて，公開されている。

（5）"European Research Infrastructure Consortium（ERIC），" ERIC.　https://research-and-innovation.ec.europa.eu/strategy/strategy-2020-2024/our-digital-future/european-research-infrastructures/eric_en　（2023 年 11 月 2 日閲覧）

（6）"open-science-europe-overview," OpenAIRE.　https://www.openaire.eu/open-science-europe-overview　（2023 年 11 月 2 日閲覧）

（7）"Zenodo- Research, Shared," Zenodo.　https://zenodo.org/　（2023 年 11 月 2 日閲覧）

（8）Shinichi Kajiku, Natsuko Nakagawa, Kanji Kato, "The Audio Database of Hatoma Example Sentences," Zenodo. https://zenodo.org/records/7100944　（2023 年 11 月 2 日閲覧）。なお，鳩間方言は，沖縄県八重山諸島の鳩間島で話されている，八重山語の方言の一つである。

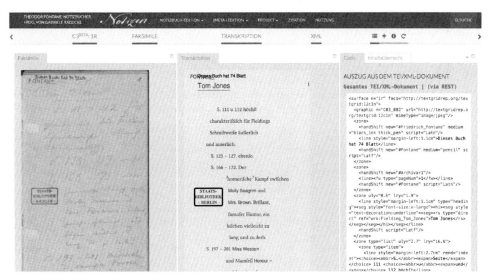

図 2　Theodor Fontane: Notizbücher の 1 ページ[15]

機関によって整えられ，欧州だけでなく，世界中のユーザーによって使用されており，オープン・サイエンスを促進させている。

2.2　DARIAH と NFDI

　人文科学と芸術のデジタル研究基盤を提供する DARIAH は，ヨーロッパ各国における DH の進展において中心的な役割を果たしている。ドイツの DARIAH-DE[9] とヨーロッパ全域を管轄する DARIAH-EU は，それぞれが DH 研究と教育における重要なリソースとツールを提供し，人文学のデジタル化を支援している。これらの助成元とプロジェクトは，ドイツおよび欧州における DH の進展において不可欠な要素であり，新たな知識の創造と学術コミュニティの拡大に大きく貢献している。本節を通じて，その具体的な事例と影響について詳しく検討する。助成の枠組みは，ドイツ国内だけでなく，欧州全体における DH のプロジェクトの進行と発展において重要な要因である。これらの助成元は，プロジェクトの資金調達を提供するだけでなく，研究者や学者のネットワークを形成し，知識の交流と共有を促進するプラットフォームを提供している。

　欧州連合系の助成元において，DARIAH は人文科学と芸術のデジタル研究基盤を強化し，ヨーロッパ各国の DH コミュニティを支援している。DARIAH-DE の代表的な成果物として，TEI（Text Encoding Initiative）が定めた，DH における人文学テキストの機械可読化・構造化の世界標準である TEI Guidelines[10] に準拠した XML（Extensive Markup Language）ファイル（TEI/XML）をベースに，文献の写真を見て座標をつけながら，人文学テキスト資料をデジタル化するツールである TextGrid[11] がある。このアプリなどを用いて作られたデジタル学術編集版としては，ゲッティンゲン・ニーダーザクセン州立・大学図書館（Niedersächsische Staats- und Universitätsbibliothek Göttingen: SUB）の Theodor Fontane: Notizbücher プロジェクト[12] がある。このプロジェクトでは，図 2 のように，ドイツの 19 世紀の作家 Theodor Fontane のノートの写真，その TEI/XML による機械可読化，そして TEI/XML を実際のノートのレイアウトに近づけたウェブ上での視覚化を提供している。DARIAH-EU では，例えば，デジタル学術編集版に関する講座[13] など，DH の教育コンテンツを提供するウェブサイトである dariahTeach[14] などを提供している。

（9）"DARIAH-DE: Startseite," DARIAH-DE.　https://de.dariah.eu/en/web/guest/home　（2023 年 11 月 2 日閲覧）

（10）"Guidelines," TEI Text Encoding Initiative.　https://tei-c.org/guidelines/.　（2013 年 6 月 19 日閲覧）部分的な日本語訳は「TEI ガイドライン　日本語訳」DH 研究情報ポータルサイト　https://dhportal.ac.jp/?cat=5　（2023 年 11 月 2 日閲覧）。なお，関西大学アジア・オープン・リサーチセンター「KU-ORCAS」の「東アジア DH ポータル」も同一の和訳を提供している。https://www.dh.ku-orcas.kansai-u.ac.jp/?cat=9　（2023 年 11 月 2 日閲覧）

（11）"TextGrid," DARIAH-DE.　https://textgrid.de/en/　（2023 年 11 月 2 日閲覧）

（12）"Theodor Fontane: Notizbücher," Theodor Fontane: Notizbücher.　https://fontane-nb.dariah.eu/index.html　（2023 年 11 月 2 日閲覧）

（13）"Digital Scholarly Editions: Manuscripts, Texts and TEI Encoding," dariahTeach.https://teach.dariah.eu/course/view.php?id=32/　（2023 年 11 月 2 日閲覧）。本講座の動画では，日本において DH を研究する有志数名による日本語字幕を表示することができる。

（14）"dariahTeach," dariahTeach.　https://teach.dariah.eu/　（2023 年 11 月 2 日閲覧）

（15）"C3（Beta）1R," Theodor Fontane: Notizbücher.　https://fontane-nb.dariah.eu/edition.html?id=/xml/data/169zx.xml&page=1r　（2023 年 11 月 2 日閲覧）

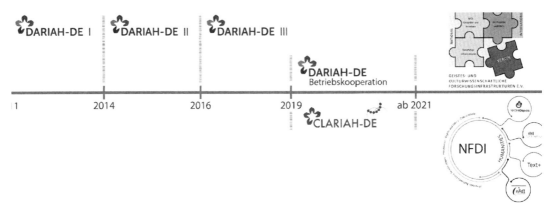

図3　DARIAH-DE の歴史[17]

DARIAH-DE は，その活動期間を通じて，人文・文化学研究インフラストラクチャの進化を支える重要な役割を果たしてきた。その歴史は，DARIAH-DE 第 1 期（2011-2014），第 2 期（2014-2016），第 3 期（2016-2019）と進化し，2019 年から 2021 年には DARIAH-DE Betriebskooperation と CLARIAH-DE に分かれ，それぞれが Geistes- und Kulturwissenschaftliche Forschungsinfrastrukturen e.V.「登記社団　人文・文化学研究インフラストラクチャ」と NFDI（Nationale Forschungsdaten Infrastruktur〔国立研究データインフラストラクチャ〕）[16]へと進化を遂げた。特に NFDI は，2023 年の時点で，227 の組織が加盟し，非常に大規模なデジタル・インフラストラクチャ・プロジェクトに成長している。このプロジェクトの目的は，デジタル・インフラストラクチャの整備を通じて，ドイツ国内外の研究者がデータの収集，保存，共有，アクセス，分析を容易に行い，研究の効率と質を向上させ，新しい研究の可能性を広げることである。

図3 に示されるように，DARIAH-DE の進化は，ドイツにおける DH のインフラストラクチャの発展における重要な過程を反映している。さらに，NFDI はその大規模なプロジェクトを通じて，多くの DH 関連のコンソーシアムを助成しており，これには 2020 年 10 月から始まった Runde 1 の NDFI4Culture（文化学），2021 年 10 月から始まった Runde 2 の Text＋（言語学・文献学・その他テキスト基盤の人文学），2023 年 5 月から始まった Runde 3 の NFDI4Memory（歴史学），NFDI 4Objects（物質文化学・考古学・人類学など），NFDIxCS（コンピュータ科学）が含まれる。NFDI は，広く様々な分野をカバーしているが，DH

に関係のあるものとしては，2020 年 10 月から始まった Runde 1 の NDFI4Culture（文化学），2021 年 10 月から始まった Runde 2 の Text＋（言語学・文献学・そのほかテキスト基盤の人文学），2023 年 5 月から始まった Runde 3 の NFDI4Memory（歴史学），NFDI 4Objects（物質文化学・考古学・人類学など），NFDIxCS（コンピュータ科学）といった NFDI のコンソーシアムが様々な DH プロジェクトを助成している。

一方，DARIAH-EU は，前述の dariahTeach などを通じて，DH の教育コンテンツを提供している。これは，DH 知識と技術の拡散に貢献し，欧州全体での DH の教育面でのデジタル・インフラストラクチャの 1 つとなっている。

ドイツと欧州全体におけるこれらの助成元とプロジェクトは，DH の進展と知識の拡充において不可欠であり，また新しい技術の適用と革新的な研究方法の採用を促進している。これらの動きは，人文学の未来を形作り，研究者や学者，そして広範な公衆に対して新しい知識と資源を提供する基盤を築いている。

2.3 CLARIN

CLARIN（Common Language Resources and Technology Infrastructure）[18]は，言語資源と技術の共有インフラを提供している。DARIAH と同様，欧州各国に CLARIN センターがある。ドイツを管轄するのは CLARIN-D である。CLARIN-D[19]は，例えば，WebAnno[20]といった，広くテキストを扱う DH プロジェクトで使えるマークアップツールの開発などを支援してきた。このほか，CLARIN-D の助

(16) "NDFI | Nationale Forschungsdaten Infrastruktur," NFDI.　https://www.nfdi.de/　（2023 年 11 月 2 日閲覧）
(17) 画像は，"Main Page - DARIAH-DE," DARIAH-DE.　https://de.dariah.eu/en/home　（2023 年 11 月 2 日閲覧）より。
(18) "Homepage | CLARIN ERIC," CLARIN.　https://www.clarin.eu/　（2023 年 11 月 2 日閲覧）
(19) "CLARIN-D : Forschungsinfrastruktur für die Geistes- und Sozialwissenschaften," CLARIN-D.　https://www.clarin-d.net/de/　（2023 年 11 月 2 日閲覧）
(20) "WebAnno-Welcome,".　GitHub Pages,　https://webanno.github.io/webanno/　（2023 年 11 月 2 日閲覧）

成を受けた WebLicht[21] は，テュービンゲン大学を中心に開発されてきた様々な自然言語処理サービスを提供するオンライン・プラットフォームである。このサービスは，様々な言語に対応しており，形態素解析や統語解析など複数のツールを組み合わせた複雑な自然言語処理を容易に行うことができる。CLARIN が提供しているサービスは，このほかにも多数あり，ドイツ以外の国の CLARIN が独自に提供しているサービスも数多くある。

2.4　DFG

さらに，ドイツ固有の助成元に焦点を当てると，DFG は，ドイツ国内の DH プロジェクトに資金を提供し，研究の質と範囲を拡大している。DFG の助成を受けたプロジェクトは，ドイツの DH コミュニティにおいて重要な位置を占め，国際的にも高い評価を受けている。

DFG の助成は，様々な DH ツールの開発を支援している。特に，DFG の助成制度の一つである SFB（Sonderforschungsbereich〔特別研究領域〕）は，各期 4 年間で最大 3 期まで更新可能であり，多くのツールが開発されている。例として，ベルリン・フンボルト大学に設置された SFB 632 では，ウェブ上でのタグ付きコーパス視覚化・分析アプリケーション ANNIS を開発し提供している。筆者が所属していた SFB 1136 の第 1 期の助成金は，全体で 670 万ユーロ（2023 年 6 月 19 日のレートで，約 10 億 3759 万円）であった。他にも，SFB よりも大きな金額の助成がある Excellenzcluster（エクセレンス・クラスター）や，SFB よりも小さい助成である Forschungsgruppe（リサーチ・グループ）などが存在する。

また，州や都市に配置された科学アカデミーでは，20 年以上にわたる長期プロジェクトが行われている。例として，ゲッティンゲン科学アカデミー（Akademie der Wissenschaften zu Göttingen）の，コプト語訳旧約聖書デジタル・エディション・プロジェクトがある[22]。これらのプロジェクトは，地域の研究者コミュニティにとって重要な資源となっており，多くの場合，DFG や他の助成元からの資金援助を受けている。

2.5　連邦教育研究省（BMBF）

連邦教育研究省（Bundesministerium für Bildung und Forschung〔BMBF〕）も，独自の助成プログラムを通じて，DH のプロジェクトを支援している。その一例として，Early Career Research Group がある。このグループは，

eTRAP というプロジェクトを通じて，引用や引喩を自動で探知するテキスト・リユース探知ソフト TRACER を開発し，2015 年から 2019 年の 4 年間で 160 万ユーロ（日本円で約 2 億 4779 万円）の助成金を得ている。

総じて，ドイツにおけるデジタル・インフラストラクチャと DH ツール開発への助成は多岐にわたり，欧州連合やドイツ連邦政府系の助成を中心に，フリッツ・テュッセン財団（Fritz Thyssen Stiftung）やフォルクスワーゲン財団（VolkswagenStiftung）などの助成，州や市など地方自治体による助成など，多様な資金源が存在する。しかし，全てを網羅することは困難であり，本稿では代表的な助成元とプロジェクトに焦点を当てて説明した。それにもかかわらず，ドイツでは DH 基盤やツール開発の進展において多くの助成が提供されており，これらの助成は，DH の発展において重要な役割を果たしていることが明らかである。

3　ゲッティンゲン大学でのケース・スタディ

3.1　DH プロジェクトの研究員として

本節では，筆者が雇用されていたドイツのゲッティンゲン大学における特別研究領域（Sonderforschungsbereich〔SFB〕）／共同研究プロジェクト（Collaborative Research Centre〔CRC〕）[23] 1136「地中海地域およびその周辺文化における古代から中世，古典イスラーム時代に至る教育と宗教」（SFB1136 „Bildung und Religion in Kulturen des Mittelmeerraums und seiner Umwelt von der Antike bis zum Mittelalter und zum Klassischen Islam"）に焦点をあて，ケース・スタディとして，ドイツの DH 事象を述べる。

SFB1136 は，古代から中世および古典イスラーム期にかけての地中海圏とその周辺の文化における教育と宗教を研究することを目的としており，その活動はドイツ学術振興協会の支援を受けている。その研究領域は，西洋古典学，旧約聖書／ヘブライ語聖書学，新約聖書学および教会史，宗教学およびイスラーム学，東方キリスト教学，中世史および宗教教育学など，多くの学問分野を含んでいる。具体的には，紀元前 5 世紀から 13 世紀に至る期間のギリシア・ローマの多神教，ユダヤ教，キリスト教，イスラームにおける教育と宗教の構図を調査している。この研究は，教育と宗教の関係を明らかにすることが基本的な文化的，社会的，宗教的ダイナミクスへの深い洞察を提供し，また現代の教育と宗教に関する議論の歴史的根源を明

(21) "WebLicht," Universität Tübingen.　https://weblicht.sfs.uni-tuebingen.de/weblichtwiki/index.php/Main_Page （2023 年 11 月 2 日閲覧）

(22) "Coptic Old Testament," Digital Edition of the Coptic Old Testament.　https://coptot.manuscriptroom.com/ （2023 年 11 月 2 日閲覧）

(23) ドイツ語では，特別研究領域（Sonderforschungsbereich）であるが，その英語名は直訳とはかなり異なり，「共同研究センター」（Collaborative Research Centre）である。

らかにすることにも寄与するという仮定に基づいている。

　プロジェクトは2015年7月1日から最初の4年間にわたってドイツ研究振興協会（DFG）から資金提供を受けていた。しかし，第2期の更なる4年間の更新申請は，全レビュアーの推薦にもかかわらずDFGによって拒否された。その代わりとして，DFGは第2期に雇用が内定していた研究員に1年間の雇用を行った。筆者もこの中に含まれており，別のポジションに就く2020年3月まで雇用された。SFB1136は，2020年6月30日に最終的に終了した。SFB1136の上層部が編集者となってMohr Siebeck社から出版されているSERAPHIMと呼ばれる学術書シリーズ[24]は，古代および前近代の教育と宗教のトピックに関する単行本および論文集を複数刊行しており，SFB1136の終了後もその刊行は続けられている。

　筆者は，SFB1136のうちのサブプロジェクトB 05「古代末期におけるコプト語を用いたエジプトのキリスト教における聖書解釈学と教育伝統：シェヌーテ『第6カノン』」（Scriptural Exegesis and Educational Traditions in Coptic-Speaking Egyptian Christianity in Late Antiquity: Shenoute, *Canon 6*）のWissenschaftlicher Mitarbeiter（学術研究員）として雇用されていた。このSFB1136での雇用形態は，Wissenschaftlicher Mitarbeiterの他に，Wissenschaftliche Hilfskraft（研究助手）という雇用形態もあった。給料はWissenschaftlicher Mitarbeiterの方が高かった。

　筆者のプロジェクトは，4-5世紀の上エジプトの修道院長シェヌーテのコプト語著作における聖書解釈に関するプロジェクトであった。コプト語は，古代エジプト語の最終段階である。古代エジプト語は，紀元前32世紀頃から文献が書かれ，ヒエログリフとヒエラティックで書かれた古エジプト語，中エジプト語，新エジプト語，デモティックで書かれた民衆文字エジプト語ののち，紀元後3世紀頃か

ら標準化されたアンシャル体のギリシア文字に6-7文字の民衆文字で捕捉されたコプト文字で書かれたコプト語が使われてきた。初期キリスト教文献，グノーシス主義文献，マニ教文献など，宗教史上貴重な文献が多数コプト語で書かれたため，コプト語は，キリスト教学や神学の文脈でも学ばれることが多い言語である。しかしながら，日本ではコプト語を学ぶことができる大学がほぼ無く，筆者はこのコプト語を研究するため，SFB1136での研究員としての雇用が付いたゲッティゲン大学エジプト学コプト学専修の博士課程のポジションに応募し，採用された。

　ゲッティンゲン大学は，Göttingen Center for Digital Humanities（GCDH〔ゲッティンゲン大学デジタル・ヒューマニティーズ・センター〕）という研究所を有している[25]。筆者が雇われたSFB1136のサブプロジェクトB05は，このGCDHと連携していた。そのGCDHでの主な提携者は，Marco Büchlerが率いて複数のポスドクや博士課程学生を雇っていたeTRAPリサーチ・グループである。このeTRAPは，BMBFのEarly Career Research Groupの助成を受けていた。このプロジェクトでは，Büchlerの博論に端を発する，引用や引喩などのテキスト・リユース探知ソフトウェアのTRACERの開発と様々な言語への適応が研究されていた。筆者は，TRACERを用いて，4-5世紀のコプト語による修道院長シェヌーテとベーサの書簡における聖書からの引用を自動探知した上で，彼らの聖書引用の言語学的・文体論的な特徴を研究した。この研究は，筆者の博士論文としてオープン・アクセスの形で公開されている[26]。また，このプロジェクトの過程で作成された言語学的・文献学的タグ付きコーパス[27]やコプト語OCR[28]やコプト語WordNet[29]などのツールも，インターネット上で公開されている[30]。

　筆者が，このDHのプロジェクトで実感したことは，

(24) SERAPHIMは，"Studies in Education and Religion in Ancient and Pre-Modern History in the Mediterranean and Its Environs"（地中海とその周辺地域の古代および前近代の歴史における教育と宗教）の頭文字語である。公式ホームページは，https://www.mohrsiebeck.com/schriftenreihe/studies-in-education-and-religion-in-ancient-and-pre-modern-history-in-the-mediterranean-and-its-environs-seraphim?no_cache=1 （2023年11月2日閲覧）である。

(25) "Welcome," The Göttingen Centre for Digital Humanities（GCDH）. https://www.gcdh.de/en/welcome/ （2023年11月2日閲覧）

(26) So Miyagawa, *Shenoute, Besa, and the Bible: Digital Text Reuse Analysis of Selected Monastic Writings from Egypt*, Göttingen: Niedersächsische Staats- und Universitätsbibliothek Göttingen, 2022, DOI: http://dx.doi.org/10.53846/goediss-9082.

(27) So Miyagawa, Amir Zeldes, Marco Büchler, Heike Behlmer, Troy Griffitts, "Building Linguistically and Intertextually Tagged Coptic Corpora with Open Source Tools," Chikahiko Suzuki ed., *Proceedings of the 8th Conference of Japanese Association for Digital Humanities*, Tokyo: Center for Open Data in the Humanities, 2018, pp. 139-141.

(28) So Miyagawa, Kirill Bulert, Marco Büchler, Heike Behlmer, "Optical character recognition of typeset Coptic text with neural networks," *Digital Scholarship in the Humanities*, No. 34（Suppl. 1），2019, pp.i135-i141.

(29) Laura Slaughter, Luis Morgado da Costa, So Miyagawa, Marco Buchler, Amir Zeldes, Hugo Lundhaug, Heike Behlmer, "The Making of Coptic Wordnet," Christiane Fellbaum, Piek Vossen, Ewa Rudnicka, Marek Maziarz, Maciej Piasecki eds., *Proceedings of the Tenth Global Wordnet Conference*, Wrocław: Oficyna Wydawnicza Politechniki Wrocławskiej, 2019, pp. 166-175.

(30) タグ付きコーパスは，Coptic SCRIPTORIUMコーパス。https://copticscriptorium.org/ （2023年11月2日閲覧）の中に含まれている。コプト語OCRに関しては，https://github.com/KELLIA/CopticOCR （2023年11月2日閲覧）を見よ。WordNetに関しては，"Coptic Wordnet," Faculty of Theology, University of Oslo. https://www.tf.uio.no/english/research/groups/coptic-texts-and-manuscripts/coptic-wordnet/ （2023年11月2日閲覧）をみよ。Coptic WordNetは，オスロ大学のLaura Slaughter，および，南洋

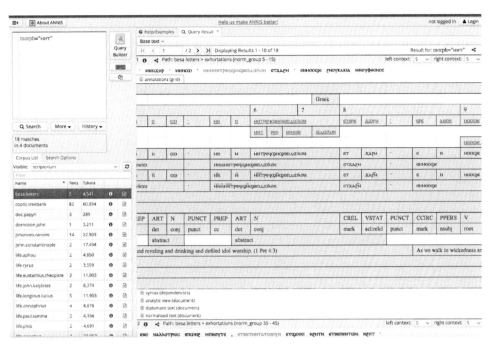

図4 筆者のグループが作成したデジタル・コーパスの例（コプト語コーパス・プロジェクト Coptic SCRIPTORIUM の ANNIS プラットフォームを使用）[31]

DH のプロジェクトは，古典的な方法だけでは到達困難だった領域にアクセスする可能性を提供していることである。特に，テキスト・リユースの探知や形態素解析などの分析は，DH の手法がもたらす革新的な貢献である。

筆者は，ゲッティンゲン大学において，DH プロジェクトで働くだけではなく，DH 教育にも，受講生としても講師としても関わった。次節と次々節では，ゲッティンゲン大学のコプト語教育について制度や演習の様子を示し，そこで DH のプロジェクトで作られたコンピュータ・アプリケーションやプログラムがどのように活用されていたかを報告する。まずゲッティンゲン大学やコプト語などの基礎知識を提示した後，筆者の経験を基に，DH 的なコプト語教育がどのようにゲッティンゲン大学エジプト学コプト学専修でなされてきたかを述べる。

3.2 DH の教育状況

ゲッティンゲン大学は，ドイツ国内で2番目に古いエジプト学専修であるエジプト学コプト学講座（Seminar für Ägyptologie und Koptologie）を有しており，様々な著名なエジプト学者・コプト学者を輩出してきた。近年は，DH の方法論をいち早く取り入れ，複数の DH 的エジプト学・コプト学研究プロジェクトが進行している。筆者は，前述の SFB1136 で研究員として雇われ，給料をもらいながら，博士論文を執筆した。それと同時に，本専修での講義とゼミにも多数参加した。そこでは，講読対象の文献などは全て電子ファイルとして配られ，筆者が開発に加わっていたデジタル・エディションを含む，ヨーロッパを中心に開発された多くのデジタル・データベースやツールの利用が推奨されていた。具体的には，Pelagios[32] や Pleiades[33] などの古代世界の地理情報データベース，PAThs[34] や Trismegistos[35] といった文献のメタデータのデータベース，コプト語の祖先である古代エジプト語のコーパス・データベース Thesaurus Linguae Aegyptiae[36] や，コプト語に大きな影響を及ぼした，古代ギリシア語とラテン語の文献を主とするテキスト・データベース Perseus Digital Library[37] などが用いられた。とりわけ，筆者が research member と

理工大学（当時）の Luís Morgado da Costa との共同開発である。

(31) https://annis.copticscriptorium.org/annis/scriptorium#_q=bW9ycGg9IuKymeKym-KypyI&_c=YmVzYS5sZXR0ZXJz&cl=5&cr=5&s=0&l=10&_seg=bm9ybV9ncm91cA （2023 年 11 月 2 日閲覧）

(32) "Welcome to Pelagios Network," Pelagios Network. https://pelagios.org/ （2023 年 11 月 2 日閲覧）

(33) "Pleiades - The Stoa Consortium," Pleiades.org. https://pleiades.stoa.org/ （2023 年 11 月 2 日閲覧）

(34) "Archaeological Atlas of Coptic Literature by PAThs," PAThs Atlas. https://atlas.paths-erc.eu/ （2023 年 11 月 2 日閲覧）

(35) "Trismegistos Home," Trismegistos. https://www.trismegistos.org/ （2023 年 11 月 2 日閲覧）

(36) "Thesaurus Linguae Aegyptiae," thesaurus-linguae-aegyptiae.de. https://thesaurus-linguae-aegyptiae.de/home （2023 年 11 月 2 日閲覧）

(37) "Perseus Digital Library," Perseus Digital Library. https://www.perseus.tufts.edu/hopper/ （2023 年 11 月 2 日閲覧）

して参加していた，コプト語の最大のコーパスである Coptic SCRIPTORIUM[38] の使用は活発であった。

エジプト学コプト学講座以外でも，GCDH の教員を中心に DH の授業が複数開講されていた。筆者がとった複数の DH 授業のうち，Marco Büchler の Digital Cultural Programming の授業では，筆者は，人文学のための自然言語処理や OCR について学び，そこでコンピュータ科学の学生である Kirill Bulert と組み，コプト語のための OCR を開発した。この成果は DH の国際学会誌である *Digital Scholarship in the Humanities* に論文が掲載された[39]。

このような DH の授業のほかに，様々なデジタル・データベースやツールを効果的に使用するため，ゲッティンゲン大学エジプト学コプト学専修では様々なテクニカル・ワークショップが開催され，筆者も一度それらの講師を務めた。次節では，このようにゲッティンゲン大学での DH を効果的に用いたコプト語教育の例を示すことで，ドイツにおける人文学のデジタル・トランスフォーメーション（Digital Transformation〔DX〕）の一例を呈示したい。

3.3　DH 授業実践報告

筆者は，実際に，ゲッティンゲン大学エジプト学・コプト学講座の DH 教育の一環として，エジプト学のための DH のレクチャー・シリーズで，コーパス言語学の授業を行った。このシリーズでは，他に GIS の授業，人文学テキスト構造化の世界標準である TEI/XML の授業などがあった。筆者の授業の最終的な目標は，学生にデジタル・ヒューマニティーズの基本的な手法とコーパス言語学の重要性を理解させることである。この目的を達成するために，先ず WordArt.com[40] と Voyant Tools[41] を使用して基本的なテキスト分析の概念を紹介した後，より高度なコーパス分析ツールである ANNIS[42] に移行するというアプローチが採られた。このシーケンスは，学生が順序立てて新しい知識を獲得し，それぞれの段階で実践することを可能にする。

WordArt.com のセッションでは，学生はテキストから単語を抽出し，それらを視覚的に表現する基本的な技術を学んだ。次に，Voyant Tools を通じて，学生はテキスト分析のより高度な側面，例えば，単語の頻度や単語の共起性，そしてテキストのセグメンテーションなどに触れた。この段階では，学生はテキスト分析がどのようにテキスト

の内在的なパターンやテーマを明らかにするのに役立つかを理解することができた。

最後のセッションでは，ベルリン・フンボルト大学が開発したコーパス・プラットフォームである ANNIS を用いた。ここでは，特にコプト語コーパスの例を通じて，学生は多層アノテーションとコーパス検索の基本的な技術を学ぶ機会を得た。この段階では，学生はテキスト分析とコーパス言語学がどのように言語学的および文学的研究に貢献するかを実感することができたようだ。

概ね肯定的な授業のフィードバックは，学生がこれらのツールを使って新しい知識を獲得し，言語学および DH の基本的なコンセプトを獲得したことを示している。

このように，ゲッティンゲン大学エジプト学コプト学専修における DH の導入は，エジプト学コプト学の教育と研究における新たな可能性を開くものであり，ドイツにおける人文学のデジタル・トランスフォーメーションの例を提供している。そして，これらの取り組みは，コプト語の学習と研究，さらには DH の発展にとって有益であることを示している。

3.4　DH 研究者の雇用・キャリア・パスについて

ドイツにおける DH 研究者の雇用事情は，多様かつ複雑であるが，総じて無期限雇用のポジションは限られており，有期雇用が主流となっている。これは，ドイツの高等教育機関や研究機関における雇用制度の特徴として，広く認識されている事実である。ドイツの DH プロジェクトは，研究者だけでなく，技術者や事務職，プログラマなど，多様な職種の人材を必要としているが，これらのプロジェクトの被雇用者は，プロジェクトが終了すると直ちに職を失うリスクがある。これは，研究資金の獲得がプロジェクトごとに行われ，プロジェクトが終了すると資金が途切れるためである。

このような雇用事情は，研究者にとっては不安定な職務環境をもたらしており，特に若手研究者やポスドク，博士課程の学生にとっては，研究キャリアの構築が困難である。この点は，多くの若手研究者の職務遂行において不安要素となっている。

研究者のキャリア・パスにおいて，ドイツでは，博士号（Promotion），その後の大学教授資格（Habilitation）取得などの試験が重要な節目となっており，これに合格すること

（38）"Coptic Scriptorium: Digital Research in Coptic Language and Literature", Coptic SCRIPTORIUM.　https://copticscriptorium.org/ （2023 年 11 月 2 日閲覧）

（39）So Miyagawa, Kirill Bulert, Marco Büchler, Heike Behlmer, "Optical character recognition of typeset Coptic text with neural networks," *Digital Scholarship in the Humanities*, No. 34（Suppl. 1），2019, pp. i135-i141.

（40）"Word Cloud Generator," WordArt.com.　https://wordart.com/ （2023 年 11 月 2 日閲覧）

（41）"Voyant Tools," VOYANT.　https://voyant-tools.org/ （2023 年 11 月 2 日閲覧）

（42）"annis," Corpus-tools.org.　https://corpus-tools.org/annis/ （2023 年 11 月 2 日閲覧）

で大学における教職に就く道が開かれる。しかし，これに合格しても終身雇用を得る保証はなく，多くの場合は有期雇用のポジションに就くことになる。これは，ドイツの高等教育機関における雇用制度の特徴であり，終身雇用のポジションは非常に限られている。近年では，Juniorprofessor（ジュニア・プロフェッサー）という新しい制度が導入されており，これにより，旧来の大学教授資格を取得しなくても教職に就く道が開かれるようになっている。しかし，これによって雇用事情が大きく改善されるかは，まだ確認されていない。

4 おわりに

DH は，人文科学と情報技術の統合により，文献のデジタル化，テキスト・マイニング，デジタル・アーカイブ構築といった多様な研究プロジェクトを展開し，新しい研究手法を開拓している。デジタル技術においても，人工知能を含めた技術の革新的進歩により，人文学研究の新しい地平が開かれ，ドイツでも DH の重要性が高まっている。ドイツにおける DH 研究は，デジタル・インフラストラクチャ整備や DH ツール開発への豊富な助成プログラムや，DH 教育の発展などにより，比較的高いレベルで進められており，特にテキスト分析やデジタル・アーカイブの構築においては，先進的な取り組みが行われている。しかし，有期雇用という雇用事情の不安定さやキャリア・パスの不明瞭さは，DH 研究者にとって大きな問題となっており，これがドイツの DH 分野の発展を妨げている可能性がある。

本稿は，ドイツのみを対象としたが，アメリカ合衆国など，ドイツとは地理的にも文化的にも大きく異なる DH 先進地域との比較は非常に有意義であろう。また，ERC など，ドイツと共有している助成プログラムがある欧州連合内の国々でも，DH の発展の歴史と現状はそれぞれ異なっている。このような国際的な DH のケース・スタディと比較を通して，日本を含めたアジア地域の DH の発展がより促進される道が示されることを期待している。

デジタル×文献研究

中村靖子

Datenwissenschaft in der Literaturforschung

Yasuko Nakamura

1 はじめに

Artificial Intelligence(AI)の目覚ましい発達は，ChatGPTの登場によりますます加速している。データサイエンスと一言で言っても，用いられる技法はさまざまであり，人文学のなかにはそれらの技法と相性のよい分野もある。しかし，データサイエンスの導入を要請されながらも，なかなかその道筋を掴みかねている分野も多い。文学研究もそのひとつである。

データサイエンスについてしばしば言われるのが，人力ではとても読めないほどの膨大な量のテキストを高速で処理し，そこから必要な情報を取り出すことができるという利点であるが，人文学が対象とするのは思想書であったり作品であったりして，そもそもそのように一気に大量に処理するという扱いにそぐわない場合が多い。何より人文学者は，自分で直接文献を読みたいのである。読むには時間がかかるし，内容を咀嚼するにはさらに時間がかかる。では逆に，新しいツールを駆使することにより，人文学が向き合ってきた学術的な問いは，どのような展開へと開かれるだろうか。何より重要なのは，こうしたことによって人間の思考そのものに新しい変化が起こるかどうかである。前世紀後半以降，執筆に携わってきた者たちは，手書きからワープロへ，さらにパーソナルコンピュータの使用へと執筆ツールの変更を経験してきた。ワープロはまだ「文房具」の範疇だったが，あとから思えば，パソコンは執筆の補助道具という役割を超え，それ以前からの連続性を断つような何かがあったように思う。こうしたツールの交替

（進化）が，もしも何か本質的な変化をもたらすものであったとすれば，今日提供される新たなツールも再びそうした変化をもたらすのかもしれないし，それはまったく新しい変化となるのかもしれない。

本稿は，データサイエンスの一環として提供される分析ツールを用いることにより，これまで研究史上問題になってきたことを検証するという観点から，テキストマイニングの実践例を示そうとするものである[1],[2]。まずテキストマイニングとは何かを説明し，幾つかの事例を紹介したあと，ある文学作品を対象にしたテキストマイニングの実践例を示す。テキストマイニングに興味があるが，しかしどこから，どのように始めたらよいのか見当が付かないという人を対象にしているため，時に，あまりにも初歩的に思われる個所もあるだろうが，その点，予めお断りしておきたい。

2 テキストマイニング事始め

2.1 テキストマイニングとは

テキストマイニングとは，文字通りには，文書を深く掘り下げること，である。その上で浮上するのは，普通に文献を読んで考察することと，テキストマイニングの分析法を用いることとのあいだに何か本質的な違いがあるのか，あるとすればどのような違いなのか，という問いである。金明哲によれば，テキストマイニングとは，テキストを「単語や文節などの単位に分割し，それらの出現頻度や共起関係（同時出現）などを集計し，データ解析やデータマ

（1）本稿は，2023 年 6 月 18 日に開催されたドイツ学会シンポジウム「デジタル×ドイツ研究」（早稲田大学）における報告内容をもとにしている。テキストマイニングの実践例を紹介するという趣旨から，本稿の 3（2）(3)(5) は，中村「リルケでテキストマイニング！」（金明哲／中村靖子編著『文学と言語コーパスのマイニング』（岩波書店，2021 年），以下，「リルケで（・・・）！」と略記）と重なる部分があることを予めお断りしておく。

（2）テキストマイニング手法を用いた分析については，名古屋大学大学院人文学研究科附属人文知共創センター助教の鄭弯弯氏による懇切丁寧なサポートを受けている。この場を借りて深く感謝申しあげる。

イニングの手法で定量的に解析すること」となる[3]。定量的な分析自体はコンピュータの登場以前から行われてきた。スタイロメトリー（stylometry）といわれるジャンルであり，日本語に訳せば「計量文体」となる[4]。文書を何らかの単位に分割し，文書中におけるそれらの出現頻度や共起頻度という数値で表すことにより，統計学的に分析可能なフォーマットに載せることを意味する。こうした作業は，コンピュータを用いずとも，厖大な時間と多大な労力をかければいつかは達成できると思われていたが，機械学習の登場により事態は一変した。作業時間（量）の圧倒的な差は，質的な変化をもたらすだろうか。それが，第2の問いとなる。

2.2　テキストマイニングのイメージ
2.2.1　語彙の豊富さ

　テキストマイニングと一口に言っても，ワードクラウド法，クラスター分析，ヒートマップ等々，分析法はいろいろある。どの分析法を用いるにせよ，まず文書自体を定量化しなくてはならない。ドイツ語の場合，品詞ごとに分け，その上で，形容詞の変化語尾を外すかどうか，冠詞類や，動詞，助動詞などを不定形に戻すかどうかを決める。文体分析の場合は定形のまま分析し，語彙の豊富さを分析する場合には，原形や不定形に戻して集計する。

　図1は，ヒトラーが政権をとって以降，毎年1月末に行われた国会演説と，チャーチルの抵抗演説の語彙の豊富さを比較したものである。ヒトラーの演説はドイツ語であり，チャーチルの演説は英語だが，それぞれに含まれる単語の数（Token Number）と異なり語数（Token Type Number）の比（TTR＝Token Type Number / Token Number）により，語彙の豊富さは測られる。しかし，文書が長いほ

ど，同じ単語が用いられる確率が高くなり（特に基本的な語は繰り返される確率が高い），総語数（延語数）に占める割合も高くなるため，TTRの数値は低くなる。そのため，文書の長さに左右されず，語彙の豊富さを測る指標が幾つも提案されており，その中で最も妥当性が高いと見なされているのがYuleの指標である[5]。この指標は，下に示す式で表されるように，値が低いほど，語彙が豊富となる。右のグラフからは，チャーチルの演説ではくり返しが多いことが分かる。このように，文書がもつ情報を数値に変換することの利点は，言語の壁をたやすく越えられることである。もちろんこれは各文書がもつ情報の一つに過ぎない。

$$K = 10^4 \frac{\sum_{all\ m} m^2 V(m,N) - N}{N^2}$$

ユールのK特性値

　語彙の豊富さを比較すると言っても，何が分析できるかはそれぞれに異なる。図2は，ゲーテの『ヴィルヘルム・マイスターの修業時代』の一部を，ストーリーの展開につれて語彙の豊富さがどう変化したかを示したものである。この作品は，教養小説（Bildungsroman）として名高く，その後の小説の決定的なモデルとなった。教養小説とは，主人公の成長を描いた物語と定義される。では，ヴィルヘルムは小説のなかで本当に「成長」したのだろうか？　その成長の様子を，定量的に示すことは可能だろうか？　それを確かめる試みとして，作品の第1巻の第1章から第17章までを，章ごとに語彙の豊富さを算出して表とグラフで示したのが図2である。図2からは，最初の数章に変動はあるものの，語彙の豊富さは一致していることが分かる。つまり，ストーリーの展開と語彙の豊富さは連動している

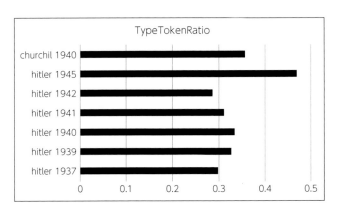
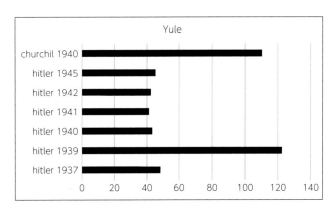

図1　ヒトラーとチャーチルの演説の語彙の豊富さの比較

（3）金明哲『テキストアナリティクスの基礎と実践』（岩波書店，2021年），2頁。
（4）金明哲「スタロメトリー分析」金明哲／中村靖子『文学と言語コーパスのマイニング』，1-22頁，1頁。スタイロメトリーの概念は広く，書き言葉に限らず，音楽や美術・絵画などを対象とした分野でも用いられている。
（5）George Udny Yule, *The Statistical Study of Literary Vocabulary*. Cambridge: Cambridge University Press, 1944.

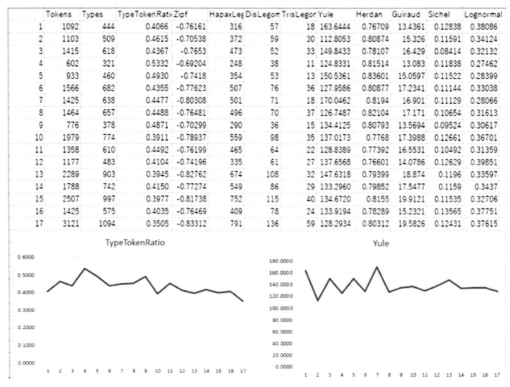

	Tokens	Types	TypeTokenRatio	Zipf	HapaxLeg	DisLegom	TrisLegor	Yule	Herdan	Guiraud	Sichel	Lognormal
1	1092	444	0.4066	-0.76161	316	57	18	163.6444	0.76709	13.4361	0.12838	0.38086
2	1103	509	0.4615	-0.70538	372	59	30	112.8053	0.80874	15.326	0.11591	0.34124
3	1415	618	0.4367	-0.7653	473	52	33	149.8433	0.78107	16.429	0.08414	0.32132
4	602	321	0.5332	-0.69204	248	38	11	124.8331	0.81514	13.083	0.11838	0.27462
5	933	460	0.4930	-0.7418	354	53	13	150.5361	0.83601	15.0597	0.11522	0.28399
6	1566	682	0.4355	-0.77623	507	76	36	127.9586	0.80877	17.2341	0.11144	0.33038
7	1425	638	0.4477	-0.80308	501	71	18	170.0462	0.8194	16.901	0.11129	0.28066
8	1464	657	0.4488	-0.76481	496	70	37	126.7487	0.82104	17.171	0.10654	0.31613
9	776	378	0.4871	-0.70299	290	36	15	134.4125	0.80793	13.5694	0.09524	0.30617
10	1979	774	0.3911	-0.78937	559	98	35	137.0173	0.7768	17.3988	0.12661	0.36701
11	1358	610	0.4492	-0.76199	465	64	22	128.8389	0.77392	16.5531	0.10492	0.31359
12	1177	483	0.4104	-0.74196	335	61	27	137.6568	0.76601	14.0786	0.12629	0.39851
13	2289	903	0.3945	-0.82762	674	108	32	147.6318	0.79399	18.874	0.1196	0.33597
14	1788	742	0.4150	-0.77274	549	86	29	133.2960	0.79852	17.5477	0.1159	0.3437
15	2507	997	0.3977	-0.81738	752	115	40	134.6720	0.8155	19.9121	0.11535	0.32706
16	1425	575	0.4035	-0.76469	409	78	24	133.9194	0.78289	15.2321	0.13565	0.37751
17	3121	1094	0.3505	-0.83312	791	136	59	128.2934	0.80312	19.5826	0.12431	0.37615

図2　『ヴィルヘルム・マイスターの修業時代』第1巻第1～17章の語彙の豊富さの変化

わけではないということだ。もちろん，主人公が新しい人びとと出会ったり，別の土地に赴いたりすれば，新しい語彙が用いられるのは当然である。そのことが直ちに「成長」を表すとは言えない。「成長」を視覚化するためには，さらに別の分析法が必要であろう。

2.2.2　トピックの経年変化

　何をもって「成長」とするか，という問題はさておき，経年変化を分析する方法として，構造的トピックモデル（Structural Topic Model: STM）がある。トピックモデルとは生成モデルの一種である。各テキストは複数のトピックから確率的に生成されると仮定し，各トピックはさまざまな語句とその出現頻度によって表されると考える。ここでいうトピックとは，「テキストの話題，ジャンル，文体，著者など，特徴ごとのカテゴリ」を指す。これらトピックはテキストのもつ潜在的「意味」であり，これを，推測アルゴリズムを用いて求める手法をトピックモデルという。さらに経時的情報を取り入れて，トピックの時系列変化を表す手法を構造的トピックモデルという[6]。

　この分析法により，ヒトラーの国会演説を分析したのが図3である。初期，中期，後期の3つの時期に分けて考察するため，トピック数を3として分析した。右側に各トピックを構成する単語のグループが示されており，これらのトピックが経年によりどのように推移したかを示すのが

左のグラフである。1933年の演説で最も特徴的なトピックは「革命」「使命」「経済」という言葉で表現され，ちょうど中期に後期のトピックと入れ替わる。後期のトピックは「戦争」「義務」「男」「闘争」で表現される。初期のトピックと後期のトピックの入れ替わりを覆い隠すように，中期の1940-41年には「イギリス」「フランス」というトピックが前景化している。

　このように，テキストマイニングの多くの分析法は，比較を旨とする。したがって，分析法によっては，何と何を比較するのか，それらを比較する基準は何かを明確にしなくてはならない。ヒトラーの演説で言えば，分析の対象とした文書はみな，毎年1月末に行われた国会演説であるという共通点があり，演説が行われた年が違うという相違点がある。ヴィルヘルム・マイスターの場合には，同じ一つの作品の章であるという共通点があり，物語内の時系列にそった章であるという相違点がある。

3　文学作品のテキストマイニング

3.1　対象文書の選択

　初めてテキストマイニングに挑戦しようとする場合には，自分が実際に読み，内容をよく知っている文献を選ぶと，分析結果についての実感が持てるだろう。作品でもよ

（6）金『テキストアナリティクスの基礎と実践』，117頁。

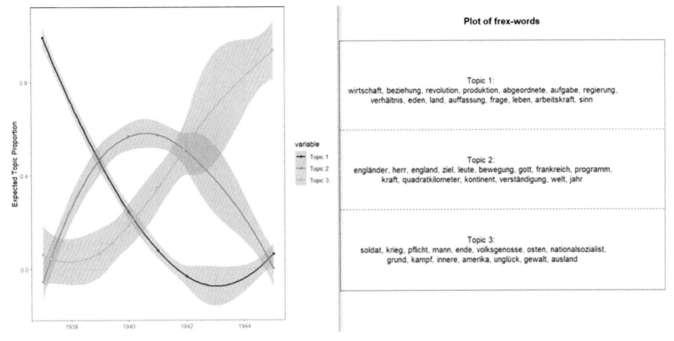

図3　ヒトラーの国会演説の変化：名詞のみ，トピック3

いし，研究書でもよい。大部なものであれば，なおよい。より巨視的な考察ができるからだ。大量の文書を短時間で処理することはできても，統計学の知識をまったく持ち合わせていなければ，分析によって得られた結果をどう解釈してよいのか分からないだろう。これら分析法によって得られた結果は，結論では全くなく，それ自体が解釈を待つ〔新たな〕データなのである。分析法がどれほど多様になり，進化しても，分析結果を読み解く分析者（研究者）は必要であり，そのために対象文献に関する専門知は欠かせない。逆に言えば，対象文献を直接読む方が早い場合もある。テキストの処理に加え，分析結果の解釈という作業が加わるからだ。しかし，一次文献や二次文献を読むことを通して得られた知識や発見が，別の分析法によっても得られるならば，それはただの「確認」的作業に留まらない。まったく別のアプローチ法を通して，同じ発見に辿りつく，という知の驚きがある。分析結果からそうした発見を引き出すために，やはり専門知は欠かせない。その意味でも，まずはテキストマイニングを実践し，その分析結果を実感することが先決である。それは，テキストマイニングをさらに活用していくための前段階としても必要なプロセスである。

　本稿で分析例とするのは，オーストリアの詩人ライナー・マリア・リルケ（1875-1926）の小説『マルテの手記』 *Die Aufzeichnungen des Malte Laurids Brigge*（1910）（以下，『手記』と略記）である。この小説は，さまざまな意味でドイツ語文学史における一つのメルクマールとなっている。『手記』は71の手記から構成されており，一人称形式を貫いているが，ある手記は日記形式，また別の手記は手紙の草稿というふうに叙述スタイルはさまざまであり，極端に短い手記もあれば，数頁にわたって続く長い手記もある。ユルゲン・ペーターゼンは，この書は「モンタージュ技法を取り入れた最初の試み」だったと述べ，「ドイツ語文学のモデルネの始まり」と位置づけているが[7]，そもそもモンタージュ技法は，映画監督エイゼンシュテインの映画『戦艦ポチョムキン』（1925）に始まり，『手記』の出版はそれより十数年早い。文体の分析はテキストマイニングが得意とするところである。以下では，『手記』を構成する71の手記を，「章」として扱う。

3.2　『手記』の各章の長さ

　この作品を形式面から論じたのがヨハネス・クラインである。クラインは，形式の多様さを，各章が長短さまざまであること，日付と場所を記した日記形式（第1章，第16章）や手紙の草稿（第22章）が入り混じっていることを挙げた[8]。『手記』の各章の長さを示したのが**図4**である[9]。短い章は100語以下（第13章（81語）と第3章（93語））

（7）Jürgen H. Petersen, *Der Deutsche Roman der Moderne. Grundlegung-Typologie-Entwicklung*, Stuttgart: J.B. Metzler, 1991.
（8）Johannes Klein, „Die Struktur von Rilkes "Malte"", *Wirkendes Wort*, 2, 1951/52, S. 93-103.
（9）リルケの著作については以下の全集を用いた。Rainer Maria Rilke, *Sämtliche Werke*, IV, V, VI, Frankfurt am Main: Insel-Verlag, 1961-66.

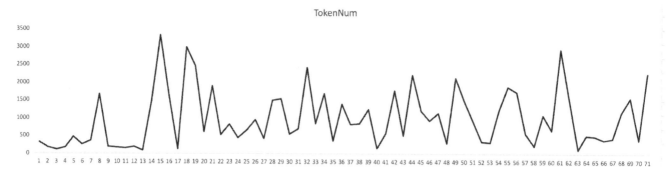

図4　全71章の延べ語数の比較（中村「リルケで（・・・）！」図4.1）

であり，もっとも長い章が第15章（3326語）と，かなり隔たりがある。

　図4が示すように各章の語の数は均一ではなく，最後まで変動が大きい。作品解釈の上でしばしば注目される章は特に長いが，それはある意味当然とも言える。その合間を縫うように，まるで小休止のように短い章が挿入されるが，そこに重要な出来事が描かれていないわけではない。形式の多様性を，長さとは別の観点からも考察しなくてはならない。

3.3　ワードクラウド法

　『手記』は，章ごとに比較するには章の数が多すぎる上に，前々項で確認した通り，長さが違いすぎる。したがって，まずは『手記』を2つに分けて比較する。『手記』は，最初二巻本として出版され，その名残として全体のほぼ真ん中にあたる第38章と第39章との間では頁が改められている。この区切りを手がかりとし，第1章から第38章までを第1部，第39章から第71章までを第2部とする。冠詞類，基数，代名詞類，記号類を除いたすべての品詞を対象とし，語彙の確認を目的とするため，変化形をもつ品詞はすべて原形に戻して集計し（以下，原形集計と略記），ワードクラウド法により，第1部と第2部の頻出語を比較したのが**図5**である。品詞の分類には形態素解析器 Tree Tagger のドイツ語版を用いた。出現頻度が10未満の語は除外し，変数（分析対象とした語）の数は570となった。品詞の分類と品詞コードは Tree Tagger のサイトにあるドイツ語の tagset. documentation を参照されたい（https://www.cis.uni-muenchen.de/~schmid/tools/TreeTagger/）。鍵語の違いをさらに明確にするために，名詞（普通名詞／固有名詞：以下では両者の区別を問題にしない場合，まとめて「名詞」と略記）と形容詞（付加語的用法／副詞的用法：以下では両者の区別を問題としない場合，まとめて「形容詞」と略記）のみを対象に，出現頻度が10未満の語を除外して集計し

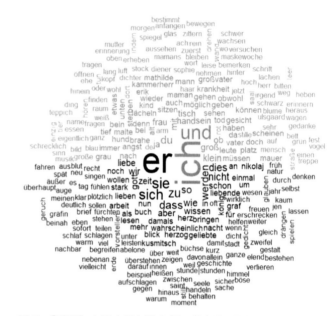

図5　『手記』の第1部と第2部の頻出語の比較（中村「リルケで（・・・）！」図4.13）

たのが**図6**である。語の数は266となった。ワードクラウド図では文字の大きさが頻度の高さを表し，各語の位置関係はランダムで，近い語との間に類縁性があるわけではない。また，ドイツ語では本来名詞はすべてイニシャルが大文字書きされるが，原形集計したため，名詞も小文字書きで示されている。

　図5では，前半ではich，後半ではerが最頻出語となっていることが示される。このことは，『手記』の語りが一人称から三人称へと軸足が移っていくという，先行研究で何度も提案された仮説にそうものとなっている。『手記』の冒頭ではマルテの「不安」や「恐怖」が縷々述べられるが，やがてこうした「実存主義的」な色濃いは薄まってゆく[10]。後半ではマルテ自身は「あたかも括弧でくくられたかのように」気配を消し，「年代史的な語り」が実現したなど[11]，『手記』の前半と後半との違いについてはこれ

---

(10) Otto F. Bollnow, *Rilke*. Stuttgart: W. Kohlhammer, 1956 / Eva F. Dufresne, „Wirklichkeitserfahrung und Bewußtseinsentwicklung in Rilkes *Malte Laurids Brigge* und Sartres *La Nausée*", *Arcadia*, 17, 1982, S. 258-273, S. 267.

(11) Ernst F. Hoffmann, „Zum dichterischen Verfahren in Rilkes „Aufzeichnungen des Malte Laurids Brigge"". *Deutsche Vierteljahresschrift*,

図6 『手記』の第1部と第2部の頻出語の比較（中村「リルケで（・・・）！」図4.13）

まで何らかの「変化」を読み取ろうとする研究が多かった。後半の語りは「開かれた語り」とも言われ[12]，語り手は「超越的な器官」となったとも[13]，マルテ自らが「一個の媒体（ein Medium）」[14]となったともいわれた。ワードクラウドが示すものは，これらの解釈のいずれとも矛盾しない。その「変化」の分岐点については，『手記』のどこかで「マルテの死」が起こった[15]，主体の死を経て，後半では「主体の死ののちの主観性」の世界が展開している[16]，といった解釈もある。ワードクラウドが示す ich と er は，これら先行研究の解釈を裏づけるとまでは言いがたいが，反証するものでもない。

3.4 センチメント分析

　近年進化がめざましいものの一つにセンチメント分析がある。数年前までは，個々の単語にポジティブ度，ネガティブ度の感情値を割り振り，単語単位のセンチメントスコアを総合する形でしかなかったが，近年では，一文単位でセンチメントスコアを測る試みがなされている。この分析法を用いれば，単語だけでなく，否定表現などの文脈情報も考慮し，文がもつ感情値を示すことができる。

　『手記』第1部と第2部の各文について，一文単位でセンチメントスコアを出し，それを集計した。その上で第1部と第2部の文を，章に関わりなくそれぞれ30 folds に分割し，各 fold に対してセンチメントを判断した。第1部の文の総数は1588，第2部は1676，30で割るとそれぞれ各 fold 内の文の数は52と55となり，それぞれに28の文と29の文が端数として生じた（表1）。それぞれの端数を1fold として各部に加え，考察の対象とした。ポジティブを1，ネガティブを−1，ニュートラルを0としてグラフに示したのが図7である。

表1 『手記』第1部と第2部の文の総数と各 fold 内の文の数

センチメント	Malte1-38	Malte39-71
文の数	1588	1676
1 fold 内の文の数	52	55
30 で割った時の端数	28	29

前半と後半を比較するため，前半と後半の文それぞれ30 folds に分割したときの1 fold 内の文の数と，端数となった文の数。

　図7からは，各文の感情はポジティブとネガティブのどちらかに固定されることなく，繰り返し交替していることが分かる。作品を機械的に62の fold に分割したセンチメントスコアの分布は，作品の展開におけるセンチメントスコアの変化を示している。

　センチメントスコアの変化をさらに詳しく見るために，一つの手記を取り上げて，一文ごとにセンチメントスコアを出したのが，図8である。『手記』の書き手であるマルテは，日中にパリの街中を歩いて見聞きしたことを，夜，アパートで手記に綴る。第18の手記では，壊れた家の壁を見，ミルクホールで隣に座っていた男が突然死ぬ様子が描かれる。「僕にあの男のことが理解できたのは，僕のなかでも同じことが起こっているからだ」と綴る。いつか「別の解釈の時」が来るだろうが，しかし，自分はもうくずおれてしまって，起き上がれないのだとマルテは言う。ブランショは，まさにここで「マルテの死」が起こったとする場面である。

　図8によれば，第一文より概ねネガティブ傾向にあり，

42, 1968, S. 202-230, S. 230.
(12) Petersen, *Der Deutsche Roman der Moderne*, S. 82.
(13) Ulrich, Fülleborn, „Form und Sinn der ‚Aufzeichnungen des Malte Laurids Brigge', Rilkes Prosabuch und der moderne Roman", Hermann Kunisch / Klaus Lazarowicz / Wolfgang Kron (Hrsg.), *Unterscheidung und Bewahrung. Festschrift für Hermann Kunisch*. Berlin: W. de Gruyter, 1961, S.147-169, S. 157.
(14) Veronika Merz, „Die Gottesidee in Rilkes „Aufzeichnungen des Malte Laurids Brigge"". *Jahrbuch der Deutschen Schillergesellschaft*, 26, 1982, S. 262-295, S. 268.
(15) Maurice Blanchot, *L'espace littéraire*. Paris: Gallimard, 1955, p. 174.
(16) Bernhard A. Kruse, *Auf dem extremen Pol der Subjektivität. Zu Rilkes „Aufzeichnungen des Malte Laurids Brigge"*. Wiesbaden: Deutscher Universitätsverlag, 1994, S. 54.

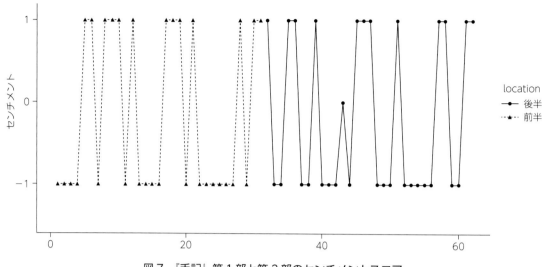

図7 『手記』第1部と第2部のセンチメントスコア

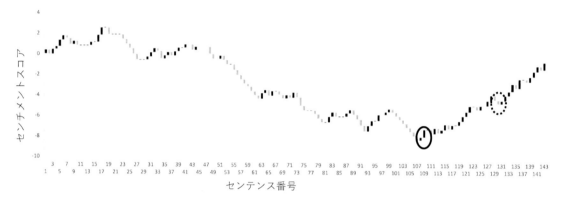

図8 『手記』第18手記のセンテンス単位のセンチメントスコア

第18の手記の各文に，最初の文を1として番号をふり，各文のセンチメントスコアを示した。x軸は，各文の番号を示す。実践の「○」で示したのがミルクホールで隣にいた男を記述する文であり，「マルテの死」が起こったとされる文は点線の「○」で示した。

もっともネガティブになるのは，ミルクホールで隣にいた男が死んでいく様子を描いた文である。その直後，「彼にはすべてがわかっていた」と綴る文からはポジティブに転じ，「マルテの死」が起こったと指摘される文自体はネガティブになってはいるものの，周辺の文はポジティブ傾向にあり，「マルテの死」の衝撃は緩和されているといえる。

3.5 構造的トピックモデル

『手記』は，後半になるにつれて，愛に生きた女たちが主題となってゆくが，そのきっかけとなるのは，母の妹アベローネの思い出であり，アベローネが初めて語られるのは第37章である。続く第38章はアベローネに向かって「一角獣と貴婦人」というタペストリーを説明してゆく構成となっている。一方，もう一つの重要な主題である歴史的な語りに関しては，子どもの頃に読んだ本に書かれていたロシアの偽皇帝を語り直す第54章，シャルル王を語り直す第55章，アベローネと過ごした最も幸福な時期を語る第56章，そしてアベローネとベッティーネを比較しつつ，愛に生きた女たちについて語る第57章が続く。最終章では聖書の放蕩息子の寓話が取り上げられる。この章は，これまでの歴史上の人物や聖者たちの物語の集大成となっていると同時に，放蕩息子は「愛されることを拒んだ男」と位置づけられ，その姿は，愛に生きた女たちの対ともなっている。前半では短編小説の文体が，後半では評論の文体が連続しており，後半になるにつれて「年代史的な語り」[17]が実現した，と見なされてきた。

以上を踏まえ，全71章を，第1～10章，第11～20章，第21～30章，第31～40章，第41～50章，第51～60章，第61～70章，第71章という8つに分け，構造的トピックモデルを用いて，『手記』のストーリー展開を確認する。主題の変遷をたどるため，名詞に限定して，原形集計し，頻度20未満の語を分析の対象から除外した。

(17) Hoffmann, „Zum dichterischen Verfahren in Rilkes „Aufzeichnungen des Malte Laurids Brigge"". S. 230.

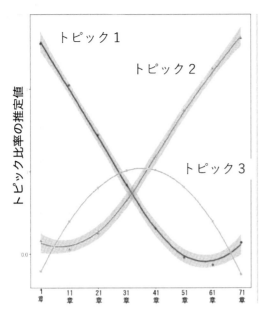

図9 『手記』におけるトピックの変遷（中村「リルケで（・・・）！」図4.13）

変数の数は72でありトピックの数を3として分析したところ，図9の通りとなった。

『手記』の冒頭で支配的だったトピック1の特徴語には，「不安（angst）」「死（tod）」「病気（krankheit）」などの語が含まれ，後半に進むにつれて語られなくなってゆく。そのトピック1に取って代わるのは，トピック2である。トピック2の特徴語では，「愛（liebe）」「神（gott）」「愛する女性たち（liebende）」の語が目を引く。この2つのトピックの交替は歴然としており，マルテの実存主義的な不安は次第に後退し，マルテは最後には神への愛を語るようになるというテーゼに沿っている。そしてトピック1とトピック2がちょうど交差する中盤で前景化するのはトピック3である。トピック3の特徴語には，「母（maman）」「アベローネ（abelone）」「ニコライ（nikolaj）」「クスミッチュ（kusmitsch）」「隣人たち（nachbaren）」など，固有名詞や人物を指す語が目立つ。これらは，マルテの幼年時代の思い出に登場する人たちばかりではなく，現在のマルテが関わりを持った人たちである。つまり，過去と現在とに関わらず，他者たちのエピソードを語ることを通して，マルテは徐々に不安から解放され，神への愛へと向かっていった，といえる。

4 まとめ

テキストマイニングの手法を用いた作品解釈はまだ端緒についたばかりであるが，文献精読を不要にするものでは決してなく，両アプローチ法は相補的に示唆的であることが分かる。文献研究とデータサイエンス手法とが相互に新たな視点を提供しあうことによって，マイニングの手法が洗練され，それにより文学研究もまた多くの実りを得る。少なくとも，この手法が生みだすさまざまな「分析結果」は，新たな問いを誘発するだろう。そのようにして文学空間もまた，いっそう豊かになって行くことは間違いない。データサイエンスが提供する新たな概念や手法に関するリテラシーは，拓かれるその空間に参与するための入場券となるだろう。

謝辞

本研究は以下の研究助成の結果の一部である。

JSPS課題設定による先導的人文学・社会科学研究推進事業学術知共創プログラム「人間・社会・自然の来歴と未来：「人新世」における人間性の根本を問う」（JPJS00122674991）

JSPS課題設定による先導的人文学・社会科学研究推進事業（領域開拓プログラム）「予測的符号化の原理による心性の創発と共有―認知科学・人文学・情報学の統合的研究―」（JPJS0011794271）

科学研究費助成事業（基盤研究（B））「言説を動かす情動とファシズムの変貌：テキストマイニングによる独伊仏日の資料分析」（課題番号 19KT0002）

デジタル×「教科書研究大国」ドイツ
——ドイツにおけるデジタル教科書・教材の現在と課題

中園有希

Deutschland als „Vorreiter der Schulbuchforschung" im digitalen Wandel.
Aktueller Stand und Herausforderungen digitaler Bildungsmedien.

Yuki Nakazono

1 はじめに

　本論文は，2010年代以降のドイツにおいて，初等中等教育を対象とするデジタル教科書・教材開発がどのような議論のもとで進行し，また現在，どのような課題に直面しているのかを検討するものである。

　初等中等教育におけるデジタル教科書・教材という主題について考えるとき，ドイツは「デジタル」という側面においても，「教科書・教材」という側面においても，他国にはない特徴を有する。

　「デジタル」という側面について言うならば，ドイツの初等中等教育は，1990年代以降の数々の試みにもかかわらずデジタル化が進捗せず，事例としては失敗に近い。その要因として指摘されるのは，①カリキュラム開発，教師教育，学校指導の権限が州に帰属する一方で，インフラや地方行政の権限の主な部分はゲマインデに帰属するなどの固有の連邦制度に起因する教育の複雑な分権構造，②営利アクターが教育に及ぼす影響への懐疑のため，テスト，報告，およびデータ管理ツールに対する責任を公共機関が負うことが多く，下請けの市場も小・中規模の企業によって支えられてきたこと，③広範で専門的な教師教育と教師が有する高度な専門性と自律性のために，ハイステイクス・データ，外部テスト，学校ランキングや匿名化されていないデータに対する懐疑が強いこと，の三点である[1]。これらの障壁を克服するため，連邦政府が憲法改正を含めて法

的枠組を整備し，2019年から5億ユーロを投じて臨んだ教育のデジタル化政策「学校デジタル協定（DigitalPakt Schule）」も，学校現場に期待されたほどの内発的な変化をもたらすことはなかった。結局，授業実践をデジタル化へと強制的にシフトさせたのは，翌2020年に始まったパンデミックという想定外の外的要因だったのである。

　「教科書・教材」という側面について言うならば，ドイツは，1960年代以降，世界の中でも群を抜いて豊富な教科書や教材に関する研究の蓄積を有する国である。その研究の内容は，教科書の内容分析やイデオロギー批判，特定の教科書の装丁や内容の変遷に関する歴史学的な研究，メディアとしての機能に関する社会科学的アプローチによる研究，授業内外における子どもの学びや教師の教授活動における機能や役割に着目した教育学的，教授学的研究に至るまで極めて多様である[2]。

　本論文では，2010年代以降の時期に着目し，ドイツにおけるデジタル教科書・教材を巡る議論を検討する。特にこの時期，授業における「主たるメディア（Leitmedium）」である教科書のデジタル化が促された一方で，教材としてより開かれたライセンスの枠組を持つOER（Open Educational Resources；オープン教育リソース）に対する関心が社会的に喚起され，教育のデジタル化政策にも積極的に位置付けられる様子を概観する。その上で，ドイツの事例が示しうるデジタル教科書・教材の課題と展望について，教育の公共性，教師の専門性と自律性，子どもの学びの三点か

（1）Lucas Cone / Katja Brøgger / Mieke Berghmans / Mathias Decuypere / Annina Förschler / Emiliano Grimaldi / Sigrid Hartong / Thomas Hillman / Malin Ideland / Paolo Landri / Karmijn van de Oudeweetering / Catarina Player-Koro / Linda Rönnberg / Danilo Taglietti / Lanze Vanermen, „Pandemic Acceleration: Covid-19 and the emergency digitalization of European education", *European Educational Research Journal*, Vol. 21（5），2022, S.849.

（2）中園有希「＜研究報告＞ドイツにおけるデジタル教科書開発の現状と課題」『学習院大学計算機センター年報』Vol.38（2018），98頁。

ら議論を行いたい。

2 デジタル教科書の開発

　ドイツにおいてデジタル教材開発の試みが始まったのは1990年代後半である。当時，各州文部大臣会議（KMK）は1995年に勧告「学校におけるメディア教育学」，1997年に決定「学校教育制度における新しいメディアと情報通信技術」を相次いで発表し，マルチメディアの学校教育における意義を強調するとともに，その利用を可能にするインフラ整備を各州に促した。マルチメディアは「学習の自己決定，プロジェクト志向，協同，チーム作業，教科横断的な作業・学習形式，領域横断的な思考」[3]を促す授業の補助手段として大きな可能性を秘めているとされた。連邦政府が1996年にドイツテレコムと設立したイニシアチブ「学校をネットに（Schulen ans Netz）」[4]や，1998年から5年に亘り行われた連邦政府と州の連携プログラム「SEMIK（Systematische Einbeziehung von Medien, Informations- und Kommunikationstechnologien in Lehr- und Lernprozesse；メディア，情報コミュニケーション技術の教授・学習過程への体系的組み込み）」は，コンピュータなど新しい情報機器を用いた授業開発を助成し，学校教育の内発的な変化を促そうと試みていた[5]。

　学校におけるコンピュータやコンピュータ教室の設置も進んだ。15歳の生徒を対象とするPISA（OECD生徒の学習到達度調査）の質問紙調査によると，学校にコンピュータ利用環境がある生徒の割合は2003年には93％となり，OECD加盟国の平均水準に達している[6]。しかしながら，環境整備は学校におけるコンピュータの積極的な利用にはつながらなかった。同調査によると，ドイツにおいてコンピュータが授業で定期的に利用されている割合は，2003

年は23％，2006年は31％とOECD加盟国で最も低かった[7]。

　この状況は，2010年代に入っても変化しなかった。例えば，国際教育到達度評価学会（IEA）が行ったICILS（IEA国際コンピュータ・情報リテラシー調査）の2013年調査では，毎日ICTを授業で利用するドイツの教師の割合は9％に過ぎず，少なくとも週1回利用する25.3％と合計しても参加国で最低であった[8]。2018年調査でも，毎日学校で，学校に関係する目的のためICTを利用する生徒の割合は参加国最低の4％であるのに，毎日自宅で，学校以外の目的のためICTを利用する生徒の割合は参加国最高の83％で，学校と自宅におけるICT利用実態が極端に乖離していることが明らかになった[9]。

　そのような中でも，2010年代初頭のタブレット端末の登場やスマートフォンの普及は，教育メディアを巡る環境を大きく変容させた。容易に持ち運ぶことができる端末の存在は，ドイツにおいてもデジタル教科書の開発を促したのである。2010年代半ばから，研究機関や大学などにより，新しい教授学的コンセプトを有するようなボーンデジタルのデジタル教科書が次々と開発された。『生物1』（Schulbuch O-MATプロジェクト，2013年，第7・8学年），『mBook歴史』（デジタル学習研究所，2013年，前期中等教育段階），『BioBook NRW』（連邦メディア研究所＋ノルトライン＝ヴェストファーレン州，2015年，第6学年），『eChemBook』（ハノーファー大学，ライプニッツ知識メディア研究所，シュレーデル−ヴェスターマン出版，SMARTテクノロジー社，2015年，第5・6学年）はその代表例である[10]。

　これらの新しいデジタル教科書の中でも，『生物1』はオープンライセンスでウェブ上に公開され，再利用や改訂，再配布を認めるドイツ語圏初めてのOER教科書であった。また，『mBook歴史』は革新的な教科書に与えら

（3）Kultusministerkonferenz, „Neue Medien und Telekommunikation im Bildungswesen der Bundesrepublik Deutschland - Beschluss der Kultusministerkonferenz vom 28.02.1997", https://docplayer.org/15348987-Neue-medien-und-telekommunikation-im-bildungswesen-beschluss-der-kultusministerkonferenz-vom-28-02-1997.html.（2023年9月30日閲覧）

（4）Bundesministerium für Bildung und Forschung, „Nach zehn Jahren "Schulen ans Netz" ist Internet im Klassenzimmer Standard – Bund", Pressemitteilung am 16.10.2006. https://web.archive.org/web/20061022230523/http://www.bmbf.de/press/1898.php.（2023年9月30日閲覧）

（5）Cornelia Gräsel / Heinz Mandl / Peter Manhart / Katja Kruppa, „Das BLK-Programm "Systematische Einbeziehung von Medien, Informations- und Kommunikationstechnologien in Lehr- und Lernprozesse"", *Unterrichtswissenschaft*, 28（2），2000, S.127-143.

（6）OECD, *Haben Schüler das Rüstzeug für eine technologieintensive Welt? : Erkenntnisse aus den PISA-Studien*, Paris : OECD, 2006, S.100.

（7）Manfred Prenzel / Cordula Artelt / Jürgen Baumert / Werner Blum /Marcus Hammann / Eckhard Klieme / Reinhard Pekrun (Hrsg.), *PISA 2006. Die Ergebnisse der dritten internationalen Vergleichsstudie. Zusammenfassung*, 2007, S.17. https://archiv.ipn.uni-kiel.de/PISA/zusammenfassung_PISA2006.pdf.（2023年9月30日閲覧）

（8）Wilfried Bos / Birgit Eickelmann / Julia Gerick / Frank Goldhammer / Heike Schaumburg / Knut Schwippert / Martin Senkbeil / Renate Schulz-Zander / Heike Wendt, *ICILS 2013. Computer- und informationsbezogene Kompetenzen von Schülerinnen und Schülern in der 8. Jahrgangsstufe im internationalen Vergleich*. Münster [u.a.] : Waxmann, 2014, S.204.

（9）Julian Fraillon / John Ainley / Wolfram Schulz / Tim Friedman / Daniel Duckworth, *Preparing for Life in a Digital World – IEA International Computer and Information Literacy Study 2018 International Report*. Cham : Springer International Publishing, 2020, S.121.

（10）中園「＜研究報告＞」；中園有希「デジタル歴史教科書『mBook』の教授学的特徴について」『学習院大学文学部研究年報』第63輯（2017），149-167頁。

れる「今年の教科書」賞・特別賞をデジタル教科書として初めて受賞するなど，その質も高く評価された。ドイツ語圏で広がりを見せている新しい歴史コンピテンシーモデルに依拠したこと，構成や機能において書籍の特長の維持を意識したことも，『mBook 歴史』の特徴である。

紙媒体の教科書のデジタル化も進行した。2012/13年度，教育メディア関連企業の利益団体，社団法人教育メディア協会（Verband Bildungsmedien e.V.）は，出版社横断型デジタル教科書プラットフォーム「Digitale Schulbücher」の運用を開始した。およそ500のデジタル教科書が，このプラットフォームを通し有償でアクセス可能となった[11]。デジタル教科書のタブレット端末を通した利用の検証も始まった。例えば，ザクセン＝アンハルト州は，2012～14年，8/9年生を対象としたプロジェクト「emuTABLET」[12]において，デジタル教科書・教材利用の勧告，方針，スタンダードを開発するため，タブレット端末でデジタル教科書を利用する初めての実証実験を行ったのである。

「Digitale Schulbücher」は，2015年，デジタル教材にもシングルサインオンでアクセス可能なプラットフォーム「BILDUNGSLOGIN」へと発展統合を遂げた。なお，ザールラント州は2022/23年度から一人一台端末を活用し，3年生以上の教科書をデジタルへ移行し始めたが，そのシステムの基盤として利用されているのも「BILDUNGSLOGIN」の技術である[13]。

3 OERとしてのデジタル教材

しかしながら，連邦政府が教育のデジタル化に際して政策上の重点を置き，可能性を見出そうとしたのは，これらのデジタル教科書ではなく，OERであった。OERは，2002年にユネスコで提起された概念で，2019年のユネスコ総会で採択された最新の定義によると，「パブリック・ドメインとなった，又はオープンライセンスの下で公開さ

れている著作権のあるあらゆる形式及び媒体の学習，教育及び研究の資料であって，他の者による無料のアクセス，再使用，別の目的のための再利用，改訂及び再配布を認めるもの」[14]である。教材を含む教育資源をインターネットを通じてどこからでも利用，改訂，再配布可能とすることで，教育資源の偏在や教育機会の格差，不平等に対抗することを理念とした活動で，その契機がマサチューセッツ工科大学が2001年に開設した「オープンコースウェア」にあったように，主に高等教育や職業教育で開発と利用が進む傾向にあった。

ドイツにおいても，当初はOERを初等中等教育における教科書や教材と関連づける議論は殆ど存在しなかった。その状況を一変させたのが，2011年の「学校版トロイの木馬（Schultrojaner）」撤回事案である[15]。この前年，各州文部大臣会議は，教材の違法なデジタルコピーの有無を確認するコンピュータプログラムの学校内サーバーへの導入について，教科書出版社と合意した。しかしながら，この計画は「学校版トロイの木馬」と呼ばれ，労働組合や政治家から激しい批判を受けた。各州文部大臣会議は，結局この計画を撤回したが，教師が著作権法上適切な形で教材をデジタル利用する方法については，引き続き検討を続けた[16]。

この中で浮上したのが，初等中等教育におけるOERの利用であった。OERを導入するためには教材を蓄積するリポジトリやリファレンスサーバーなどのインフラだけでなく，著作権を規定する新しい法的枠組の創出や，教育実践に結びつけるための教授学的コンセプトの開発，さらにはビジネスモデルとの結合など様々な課題が存在していた[17]。しかしながら，2013年のCDU/CSUとSPDの大連立協定にも，初等中等教育の教科書や教材は「可能な限り自由にアクセスでき，自由なライセンスやフォーマットの利用が拡充されるべき」[18]と記されたように，連邦政府のOERに対する関心は強く，学校におけるその利用を目

(11) „Projekt "Digitale Schulbücher" gestartet" Artikel von heise online am 05.11.2012, (https://www.heise.de/news/Projekt-Digitale-Schulbuecher-gestartet-1743642.html)（2023年9月30日閲覧）

(12) Deutscher Bildungsserver Innovationsportal, „emuTABLET – Erprobung digitaler Schulbücher auf digitalen mobilen Endgeräten", https://www.bildungsserver.de/innovationsportal/innovationsprojekt.html?innovationsprojekte_id=1052.（2023年9月30日閲覧）

(13) Verband Bildungsmedien, „BILDUNGSLOGIN", https://bildungsmedien.de/wir-ueber-uns/bildungslogin.（2023年9月30日閲覧）

(14) 文部科学省「オープン教育資源（OER）に関する勧告」https://www.mext.go.jp/unesco/009/1411026_00001.htm.（2023年9月30日閲覧）

(15) Eva Matthes / Alexandra von Proff / Paul Schenk, „OER und Schule – Kritische Analyse des Forschungsstandes und Anstöße zur grundlegenden Reflexion", Eva Matthes / Thomas Heiland / Alexandra von Proff（Hrsg.）, *Open Educational Resources (OER) im Lichte des Augsburger Analyse- und Evaluationsrasters (AAER) : interdisziplinäre Perspektiven und Anregungen für die Lehramtsausbildung und Schulpraxis*, Bad Heilbrunn : Verlag Julius Klinkhardt, 2019, S.17-34.

(16) Bayerisches Staatsministerium für Unterricht und Kultus, „Pressemitteilung Nr. 106 vom 04.05.2012. Länder und Bildungsverlage einig: Scansoftware für Schulen kommt nicht", https://www.km.bayern.de/pressemitteilung/8102/nr-106-vom-04-05-2012.html.（2023年9月30日閲覧）

(17) Kultusministerkonferenz, *Bildung in der digitalen Welt : Strategie der Kultusministerkonferenz*, Berlin : Sekretariat der Kultusministerkonferenz, 2016. S.50-51.

(18) „Deutschlands Zukunft gestalten : Koalitionsvertrag zwischen CDU, CSU und SPD : 18. Legislaturperiode", Rheinbach : Union Betriebs-

指す政策を次々と進めたのである。前述のデジタル教科書プラットフォーム「Digitale Schulbücher」にOERが含まれなかったことも，推進論を後押ししたという[19]。

2016年には，政府の助成でオンライン・ポータル「OER情報センター（Informationsstelle OER）」が開設された。このポータルは，2015年の「OERに関する各州・連邦代表者ワーキンググループ報告」[20]において立ち上げが勧告されたものだが，OERに関する知識・情報の発信を通した理解の促進，開発者の連携のプラットフォームなど，様々な機能が与えられている。

さらに，2020年には，無償で利用可能なデジタル教材を一定の評価枠組のもとで選択，蓄積，提供するオンライン・メディアライブラリー「MUNDO」も開設された。「MUNDO」は，連邦レベルの教育のデジタル化政策「学校デジタル協定」から約420万ユーロの助成を受けた連邦州横断プロジェクト「SODIX」の成果の一つである[21]。ここからは，2023年時点で，180以上の提供者が開発したおよそ6万個の無償のデジタル教材にアクセスすることができる。なお，このうちOERに相当する教材は5分の1で，約1万2000個である。

連邦政府がOERに見出している教育学的・教授学的可能性は，例えば，前述の「OERに関する各州・連邦代表者ワーキンググループ報告」に見ることができる[22]。すなわち，同報告によると，OERを用いることによって，教師が自身の教授学的シナリオに合わせて教材を構成できるようになるだけでなく，学び手も調整や更なる加工を行うことが可能となる。OERは場所や時間を問わずインターネットを通じてアクセス可能であるため，インフォーマルな個人学習にとっても様々な機会が提供される。さらに，2022年に連邦教育・研究省が発表した「OERストラテジー」は，ドイツにおいてOERが「デジタル化が進む教育システムにおける文化変革のための重要な手段」である

とし，OERを通して生まれる「交流と協力は民主主義教育の手段であり，また表現である」とも述べている[23]。

2023年10月現在，ドイツ国内の代表的なデジタル教材の4ポータル「KITA.bayern」「WirLernenOnline」「MUNDO」「OERSI.org」を通してアクセス可能なOERは8万6372個に上る。うち初等中等教育を対象とするOERは，半数を超える4万7142個であり，高等教育を対象とするOERの数を上回っている[24]。また，初等中等教育を対象とするOERを教科別で見ると，数学が突出して多く9367個，次に物理の4362個，地理の4923個が続く。

4 デジタル教科書・教材の課題と展望

2010年代以降のドイツにおけるデジタル教科書や教材を巡る動向は，三つの課題を有している。第一の課題は，教育の公共性に関する課題である。教育のデジタル化は，どの国や地域においても，グローバル企業を含めた私企業による公教育の市場化を引き起こしている。ドイツの場合，「学校デジタル協定」政策が始まってなお私企業の参入を妨げていた様々な障壁が，パンデミックという偶発的な外的要因によって一気に崩れつつある[25]。

教科書・教材にとっては，そのデジタル化が始まる以前から，市場など経済学的側面は，その在り方を大きく左右する重要な要素の一つであった。今日のドイツにおける紙媒体の教科書市場は，大手教科書出版3社による寡占市場であるが，Heym（2018）によると，デジタル教科書の市場も同様に閉鎖的であり，企業の新規参入は容易ではない[26]。というのは，ドイツが連邦制のもとで複雑な学校制度を有している限り，教科書出版に不可欠なのはカリキュラムの分析力であり，そこにおいてこそ既存の教科書出版社は圧倒的な強みを有しているからである。教科書を補完するデジタル教育メディアの市場についても，その売

GmbH, 2013, S.22-23.
(19) Eva Matthes / Alexandra von Proff / Paul Schenk, „OER und Schule", S.18.
(20) „Bericht der Arbeitsgruppe aus Vertreterinnen und Vertretern der Länder und des Bundes zu Open Educational Resources（OER）– 27.01.2015", https://www.kmk.org/fileadmin/Dateien/veroeffentlichungen_beschluesse/2015/2015_01_27-Bericht_OER.pdf.（2023年9月30日閲覧）
(21) Bundesministerium für Bildung und Forschung（Hrsg.）, *Fortschrittsbericht DigitalPakt Schule 2019-2022*, Bonn : Bundesministerium für Bildung und Forschung, 2022, S.16.
(22) „Bericht der Arbeitsgruppe", S.4.
(23) Bundesministerium für Bildung und Forschung（Hrsg.）, *OER-Strategie. Freie Bildungsmaterialien für die Entwicklung digitaler Bildung*, 2022, S.4, https://www.bmbf.de/SharedDocs/Publikationen/de/bmbf/3/691288_OER-Strategie.pdf?__blob=publicationFile&v=6.（2023年9月30日閲覧）
(24) WirLernenOnline, „WLO-Statistiken freier Bildungsinhalte", https://wirlernenonline.de/statistics/.（2023年11月1日閲覧）
(25) Lucas Cone / Katja Brøgger / Mieke Berghmans / Mathias Decuypere / Annina Förschler / Emiliano Grimaldi / Sigrid Hartong / Thomas Hillman / Malin Ideland / Paolo Landri / Karmijn van de Oudeweetering / Catarina Player-Koro / Linda Rönnberg / Danilo Taglietti / Lanze Vanermen, „Pandemic Acceleration", S.849-851.
(26) Anna Heym, „Digitale Bildungsmedien. Welche Faktoren beeinflussen die Strategien der Schulbuchverlage?", *Eckert. Dossiers*, 21, 2018, S84-85.

上は教科書と密接に関係するため，新規参入企業にとって魅力的とは言えない。

それでは，教育のデジタル化は，教科書・教材を巡る公共性のあり方にこれ以上の変化をもたらさないのだろうか。2010年代以降のドイツについて言うならば，それは当たらない。なぜなら，教育のデジタル化は，教科書・教材が持つ知の公共性を根本的に問い直しているからである。すなわち，既存の教科書・教材の知が，著作権に保護され有償で囲い込まれたものであるのに対し，OERの知は万人に開かれた無償のものであり，教育における知の公共性を体現するものとして社会から歓迎される傾向にある。2021年2月，ノルトライン＝ヴェストファーレン州がブロックハウス事典の3年間のオンライン・ライセンスを260万ユーロで購入したこと[27]に対し，インターネット上で激しい論争が沸き起こった[28]事実は，このことをよく示している。

しかしながら現在，OERの開発には，非営利団体や大学，研究所だけでなく，Googleなどのグローバル企業を含む私企業も参入を始めており，今後も多種多様なアクターの参入が促される可能性が極めて高い。連邦政府は，研究や開発の助成の充実などを通し公共性の担保を試みているが，それは必ずしも容易ではないだろう。既存の教科書・教材を成立させてきた様々な枠組から教材が解き放たれるとき，教育における知の公共性がどのように変容するのかについては，更なる検討が必要である。

第二の課題は，教師の専門性と自律性である。ドイツでは，教師たちが有する高度な専門性と自律性こそが，教育のデジタル化を妨げた要因の一つだとされている。実際，教育メディアの変化それ自体が，教師の授業観の変革をもたらすわけではないし，デジタル教育メディアの充実を通した教材の選択肢の増加それ自体も，教師の専門性，自律性の向上に結びつくわけではない。教師の専門性と自律性を拡大する方向で，デジタル教科書・教材の開発と導入を行うことが，その普及には不可欠である。

またドイツでは，2000年代以降，複数の州が教科書の認可制度を廃止し，その選択を学校や教師に委ねている。

教員養成に教科書・教材の内容開発・分析・評価を積極的に位置づけることで，教師の鑑識眼と創造性を同時に養う取り組みが今後求められるだろう。教科書・教材の分析・評価枠組「AAER（Das Augsburger Analyse- und Evaluationsraster für analoge und digitale Bildungsmedien；アナログ・デジタル教育メディア分析評価のためのアウグスブルグ枠組）」[29]を活用したアウグスブルグ大学の教員養成プロジェクト「LeHet（Förderung der Lehrerprofessionalität im Umgang mit Heterogenität；異質性に取り組む教職専門性の支援）」[30]などは，その参照軸の一つになりうる。また，教師をデジタル教材の「消費者」ではなく「生産者」「開発者」に位置づけようとする試みも増えているが，その際は教師同士の有機的な連携関係は勿論，研究者や出版社との互恵的な協働関係を育てていくことも重要である。

第三の課題は，子どもの学びである。West（2023）は，パンデミックのもとでグローバル且つ急速に進行した学校教育におけるEdTechの導入が，当事者である子どもと教師を置き去りにしていることに警鐘を鳴らす[31]。対面授業が遠隔授業に置換される状況は，対面でこそより多くの恩恵を受けられる社会・経済的に不利な状況下にある子どもたちの学びを危機に晒している。また，EdTechの多くは，ビジネスでの利用が発祥であるため，ルール，ロジックはいずれも企業のものである。子どもの声や利益が優先されることは稀であり，子どもがEdTechの規範や利益に自分を合わせる状況が生じてきた。しかしながら，今後のEdTechは，子どもの権利を中心に据え，対面での学校教育を補完し，拡張し，豊かにするものへと転換が必要であるという。

デジタル教科書・教材にとっても，子どもを中心に据えた考え方は同様に重要である。1960年代以降のドイツでは，教科書・教材の変容の背景に，必ずと言っていいほど子どもの学びのあり方に対する問い直しと捉え直しが存在してきた。それは教科書・教材の開発が教育学や教授学の研究との連関の中で行われてきたことの証左でもある。例えば，1960年代の西ドイツで，教科書が叙述ではなく作業（Arbeit）を構成の礎に据えるようになったのは，子ど

(27) „Neue digitale Lernmittel: Ein weiterer Schritt zur Stärkung des digitalen Unterrichtsgeschehens in Nordrhein-Westfalen" Pressemitteilung vom Ministerium für Schule und Bildung des Landes Nordrhein-Westfalen am 18.02.2021, https://www.schulministerium.nrw/presse/pressemitteilungen/neue-digitale-lernmittel-ein-weiterer-schritt-zur-staerkung-des-digitalen.（2023年9月30日閲覧）

(28) „NRW löst mit Erwerb von Brockhaus-Lizenz für Schüler Diskussion aus", Artikel von *Rheinische Post* am 19.02.2021, https://rp-online.de/nrw/landespolitik/nrw-loest-mit-erwerb-von-brockhaus-lizenz-fuer-schueler-diskussion-aus_aid-56359759.（2023年9月30日閲覧）

(29) Carl-Christian Fey / Eva Matthes (Hrsg.), *Das Augsburger Analyse- und Evaluationsraster für analoge und digitale Bildungsmedien (AAER): Grundlegung und Anwendungsbeispiele in interdisziplinärer Perspektive*. Bad Heilbrunn: Verlag Julius Klinkhardt, 2017, 197S.

(30) „LeHet: Förderung der Lehrerprofessionalität im Umgang mit Heterogenität", https://www.uni-augsburg.de/de/forschung/projekte/lehet/.（2023年9月30日閲覧）

(31) Mark West, *An ed-tech tragedy? Educational technologies and school closures in the time of COVID-19*, Paris: UNESCO, 2023, 652S.

もの自律的で探究的な学びに対する問い直しと捉え直しが行われ，批判的思考や創造的表現を支える教材の可能性が追求されたからである。今日，教科書・教材は，デジタル化の流れの中で，1960年代以上に根本的で大きな変容を迎えている。しかしながら，それが子どもの学びの何を問い直し，捉え直すものなのかはまだ充分に明らかではない。デジタル教科書・教材の普及が問いあるイノベーションとなり得るのか，子どものモノや事柄との出会いをより豊かで喜びあるものにできるのか，ドイツの教科書研究はその在り方を問われているように見える。

コメント：新たな秩序・新たな価値との可能な接続を目指して

林　志津江

Die Frage nach neuen Anschlussmöglichkeiten an die Zeitalter der AGI（Künstliche allgemeine Intelligenz）bzw. an eine neue Forschungsorientierung

Shizue Hayashi

1 はじめに

2023 年度日本ドイツ学会シンポジウムの表題「デジタル×ドイツ研究」に接し，そのスケールの大きさに驚いたのはおそらく私だけではないだろう。シンポジウムの冒頭，森田直子氏によって提示された「導入」によれば，本シンポジウムの「企画趣旨」が念頭に置いている「デジタル（化）」とは，①読み書きやコミュニケーションなどのインフラのデジタル化，②知識や情報のオンライン・データベース化，③コンピュータのアルゴリズムや AI 解析ツールの利用，の 3 つの次元で相補的に進む（「デジタル化」の）状況，であるという[1]（以下①，②，③は全て本導入での分類による）。

まず①について想起されるのは，例えばコロナ禍によってもたらされた変化に典型的に見て取れるものだ。Zoom のようなオンライン会議ツールの普及や SNS や LMS 等によるネットワーク構築の増進など，インフラのデジタル化の普及とコミュニケーションの質の変化は，研究の現場でもコロナ禍を経て一層顕著になっている。次に②について言えば，例えば本学会誌『ドイツ研究（Deutschstudien）』が 2022 年以降 J-Stage 上でのオンライン刊行へと移行したことを思い浮かべてみれば良いだろう。一般的に考えて，書物のオンライン刊行を推進する原動力とは，インターネット上でのアクセスに利便性を感じる読者層が拡大の一途を辿っているからにほかならない。他方，上記③についてはどうか。私事で恐縮だが，昨今話題の生成 AI や ChatGPT 等のデバイスツールなど，教育の現場でそれら

が自分の日常を侵食し始めていることは知りつつも，こと「研究」と言われると，それがどう自分の研究に関連づけられるかの意識には乏しい。私は文学・文化研究の専門家だが，少なからぬ人文系の研究者は，インターネット環境の整備や情報処理技術の多大な恩恵を受けつつも，進行し続けるデジタル化のダイナミズムに無自覚な傾向もないとは言えないのではないか。

本シンポジウムでの 3 つの講演・報告においては，デジタルが実現する教育・研究の実践・事例報告という共通点がある一方，それぞれの分野はデジタル・ヒューマニティーズ／古典語文献のデジタルコーパス化，文学テクストのテクストマイニング，デジタル教科書の普及とそれに付随する変化といった具合に，内容の広がりも際立っている。私見では，3 つの発表全てに共通するのは①および②の要素であり，うち③の要素を強く持っていたのは 3 つのうち 2 つだったが，以下ではこの広がりと相違のそれぞれを踏まえつつ，論点を整理しながら 3 者を横断する視座の様相について考えてみたい。

2 概要

2.1 宮川創氏の発表「ドイツにおけるデジタル・ヒューマニティーズ」

本発表で印象的だったのは，宮川氏の研究がいわゆるデジタル化された文献を分析するのみならず，その文献を自ら作る，すなわちコプト語文献のデジタルコーパスを作成する職務に従事され，しかもその過程がそのまま研究者と

（1）日本ドイツ学会 HP 森田直子「第 39 回日本ドイツ学会『シンポジウム デジタル×ドイツ研究』企画趣旨」（http://www.jgd.sakura. ne.jp　2023 年 10 月 20 日最終閲覧）

してのキャリア形成に直結していることだ。また発表の全体は「ゲッティンゲン大学で働きながら博士号を習得した経緯の紹介」とも受け止められたが，そのような発表・報告の構想がなぜ本シンポジウムにおいて成立するのかと言えば，ドイツで近年，リポジトリや分析ツール等のデジタルインフラストラクチャーを整備するプロジェクトが数多く進行し，その整備のコストをドイツ研究振興協会（DFG）が負担しているからだ。重要なのは，こうした政府系研究助成機関が支援する研究プロジェクトが実現し，もたらす恩恵が何かについてだろう。宮川氏がたどったキャリア，その最新の実践報告例を私たちが「日本ドイツ学会」のシンポジウムを通じて情報共有できるというこの事実こそが，学術研究を通じた知の創出とその社会的還元に他ならない。つまりドイツ政府が支援する「コプト語文献の効率的なデジタルコーパス化」という学術プロジェクトは，有能な研究者の発掘・育成を行いつつ，広く社会一般に向けては「デジタル技術で分析して初めて見える情報がある」という認識をもたらすことに成功しているということになる。

　一方で宮川発表の後半は，集積された知にアクセスする使用法の開発・使用の問題と，集積された知，画像の管理と秩序維持のための法整備という点にも触れていた。後者については後続の発表者との関連でまた触れるが，前者の部分，コーパスがその使用法も学んで初めて活用できるツールであるという前提は非常に示唆的だ。宮川氏が参加された学術プロジェクトは，データにアクセスするためのデバイス・アプリケーションの開発とそれらのスタンダード化を含むものだったとのことだが，先の前提は，図書館の普及には図書館分類の整備や司書の育成が不可欠であり，言語学の領域で研究者がコーパスを使いこなせるようになるのはせいぜい大学院に進学してからであり，文献学研究において「歴史批判版」のような全集を使いこなせるようになるのには経験と時間が必要であるといった事実との類比でよく理解できる。集積された知においては，その活用法の整備が同時に不可欠であり，新たな知の集積の様式は，つねに新たな能力の開発という課題を発生させる。

2.2　中村靖子氏の発表「デジタル×文献研究」

　中村氏の発表は，リルケやフロイトによるテクストを用いたテクストマイニングについて，具体的にはテクストマイニングを用いた使用語の統計的なグループ分けと比較・分析実践である。発表の全体は，例えば前者リルケについては，『マルテの手記』等に関する先行研究が行ってきた指摘をテクストマイニングによる計量的分析がいかに踏襲するのか，あるいはいかに別様な解析を示すのかなど，あらゆるデータが興味深かった。中村氏曰く「テクストマイニングは，文学を読んできた人なら『これは当たり前』と

なるものを排除しない」とのこと，つまりテクストマイニングに基づく研究の実践は，言語の意味の知覚が言語形態の知識に依存しているという一般的事実と，およそあらゆる文献研究は，それぞれの分野に相応しい水準の読解トレーニングを礎としていることを非常にクリアに示してくれる。

　加えて興味深いのは，テクストマイニングが行う計量的分析が，語の形態素解析は当然のこと，従来なら研究者が膨大な時間をかけて行った指摘，例えば作家が言語テクストとして実現した「破綻」や「撹乱」，「区切り」（『マルテの手記』について主要な研究テーマになってきた）の様相，転換点を，計量的なデータにして可視化してみせるという中村氏の指摘である。ただしここでも注意せねばならないのは，同じく中村氏の指摘にあった，「知りたいことが研究者の内で明らかにならないうちは，データ解析も不可能」という点だろう。データが示す数値を読み取り解釈できるかどうかは，研究者の腕にかかっている。そして以上のプロセスは，前述の宮川氏の研究同様，データを集積するソフトの操作方法のみならず，その解析結果を読み取る能力という課題が常に付随していることを示している。

　他方，以上の実践は，中村氏曰く「破壊と解体，新たな秩序の構築」というさながら「フーコー的な世界観」そのものであるが，テクストマイニングを用いた文学・文献研究の出現は，従来型の研究者としての能力を発揮する研究と，人間（当該言語話者）による読解では必ずしも知覚されない情報を露見させるテクストマイニングの両者が，今後果たして研究の現場で共存できるのかという問いを生むように思う。中村氏の発表を拝聴しながら思い至ったのは，言説分析の計量的分析は，可視化のスピード感もさることながら，データのビジュアルの面白さと相まって，表意文字を駆使する日本語話者にとってはそのわかりやすさや美しさが好まれるかもしれないという点だ。と同時に，テクストマイニングが研究者に与えるインパクトの大きさも想像に難くない。読解と分析にも実証的なお墨付きを与えるこの研究のツールは，従来自明とされてきた研究の価値そのものに疑問符を突きつけるものとなりそうだ。あくまで私見だが，文学研究では読解と分析によって導き出される解釈が必ずしも伝記的事実によって否定されるとも限らず，不明な事実の解明それ自体にも自明の価値はない。モダニズムの作家であれば，当然関連しているはずのものをわざと撹乱させることで読者を翻弄することもしばしばだ。その意味でも中村発表は，デジタル化がおよそ従来の研究の価値の転倒をもたらしうるという予感をも抱かせる。デジタル情報処理技術の浸透によってもたらされるディシプリンの混在が，文学研究者にとって自明の「読解」という専門知の能力の習熟や，それをもとにした研究と議論のコミュニティをどう維持しあるいは変容させてい

くのか，それとも今後，研究の現場ではフーコー的「権利の主体」の居場所が脅かされていくばかりなのか，その行末が気になるところである。

2.3　中園有希氏の発表「デジタル×『教科書研究大国』ドイツ——学校教育におけるデジタル教科書・教材の普及と課題」

　3つ目の中園有希氏の発表「デジタル×『教科書研究大国』——ドイツ学校教育におけるデジタル教科書・教材の普及と課題」は，教育現場の「デジタル化」についての現状報告と課題の提示・分析である。私見では，紙媒体からデジタルへとメディアが変化したことによる「教科書」の質の変化を問題にするという点で，同じ「デジタル化」でも先の2発表とは異なり，上記導入の①と②にフォーカスする部分が大きいと感じた。他方，拝聴しながらやはり思い至ったのは，「デジタル化」を問題にすることで，中園発表が同じく先の2発表の指摘する問題のどちらにも部分的に触れている点である。それは翻って，ドイツにおいて教育と研究が地続きとなる，そのスケールの証左とも言うべきなのかもしれない。

　中園氏曰く，ドイツは世界有数の教科書研究大国であり，世界有数の蓄積を持つ。こうした事実の背景に，良い教科書が良い教育を支えるという発想，書物一般に対する信頼の大きさを想像することは容易いが，発表でまず印象的だったのは，それにもかかわらず，近年のドイツが「教育のデジタル化」を実現するために用意しているその予算規模である。中園氏によれば，2019年4月のドイツ基本法改正104a条項と2019〜2024年にかけて行われる「学校デジタル協定」の発効が，連邦政府による州のデジタル教育インフラに対する50億ユーロの予算投入を実現しているという。私見では，ドイツにおいてはコロナ禍の最中，感染拡大の防止と相まって，さまざまな分野で多くの財政決定が速やかに進んだ印象だが，これは教育の現場における追加予算措置についても同様で，2020年7月には学校現場のICT化とオンライン化に15億ユーロもの予算が投じられたとのこと。先の宮川氏の発表が伝えているのは，デジタル化の実現とそれに向けたハードとソフト両面に対する投資が研究の現場を活性化させうる実態についてだったとも言えるが，この予算の話を聞くと，ドイツでは教育の現場においても同様のことが目指されているように感じる。

　中園氏の発表でもう一つ興味深いのは，デジタル教科書とその普及・推進が，教科書出版や教科書研究者の独占状態を解体しつつあるという指摘である。デジタル教科書の普及をもたらした規制緩和は，教科書を専門にする出版社

や研究者，専門家の権威を奪う契機となりうるもので，教科書はもはや「上から降りてくる知」一辺倒ではない。メディアの変化は教科書の形態の変化のみならず，権利の主体の変化をも加速させているわけだ。しかもここでは同時に，専門知の絶対性が崩壊することによる教育の質保証や評価枠組の作成・刷新の必要性が指摘されているとのこと，今後の制度整備の行末が気になるところだが，以上の経緯はやはり中園発表ですでに指摘された通り，「教育のデジタル化」によって「財政と並び法の問題がクローズアップされる」現実にほかならない。デジタル化が実現するデータの管理と新たな秩序づくり，法整備の必要性は，先の宮川発表でも言及されていた通り，メディアの置き換えが「主体の変化」であるということ，と同時に中村発表の指摘にもあった通り，「新たな権力／秩序」の発生である。そしてもう一つ，中園発表は先の予算規模の話の中で，ドイツが校外でのICT利用率について最も個人差がある国のひとつだとも指摘していた。「教育のデジタル化」を目指して国家が行う投資は，民主的であることの要請において，専門知の価値を一方で揺るがせつつ，今そこにある格差や不平等の全てを解消する訳ではない。「教育のデジタル化」がその機会平等にどう影響を及ぼしうるのか，その点にも注意が必要であるようだ。

3　おわりに

　3つの発表・報告に共通するのは，問題意識の持ち方や表現の仕方にはそれぞれ違いはあるものの，デジタル化によって新たな権力が出現するという指摘であるように思う。くしくも『ドイツ研究』第57号所収の相澤啓一による論考「コメント：ドイツ研究におけるさまざまな『危機』」で，相澤は「日本ドイツ学会は，歴史学や文学研究，政治学や教育学など，人文・社会系各分野を自らの専門領域とする多様な研究者が，ドイツ（本稿では便宜的にドイツ語圏の社会や文化を「ドイツ」と総称する）を主要な研究対象とし，あるいはドイツ語を共通の使用言語として幅広くゆるやかに集まっている集団である」「『ドイツ研究』との関わりには分野ごと・研究者ごと違いがあ」ると指摘している[2]。今年度日本ドイツ学会による本シンポジウムは，まさにこの「幅広くゆるやかに」という特長が大いに生かされたのではないか。

　シンポジウム終盤，企画趣旨の責任者である森田氏や青木聡子氏はともに，デジタル化を経てなお必要不可欠だと報告者が指摘した「読み解く」「読み取る」「活用する」能力の重要性に言及されていた。私自身も文学・文化研究を専門とするせいか，シンポジウムの間じゅう，デジタル化

（2）相澤啓一「コメント：ドイツ研究におけるさまざまな『危機』」『ドイツ研究』第57号（2023），19頁

が従来の価値の転倒をもたらすのか否かという点が気になってしまったのは否めないが，総じて私たちが「デジタル化」で対峙させられるのは，繰り返しになるが，旧来の主体が新たな主体と果たして共存していけるのか，新たな秩序・主体の構築が従来の価値と接続可能なのかという問いであろう。「デジタル化」は不可避の流れである。私た

ちがこれからも探究すべきテーマを自ら見出し，その共振や衝突を通じて私たちの「ドイツ研究」というコミュニティを活性化させ続け，論述や議論を通じて深まる学術研究の醍醐味を忘れずにいられるのか，「ドイツ研究」の現場にとっても問題は切実と言えそうだ。

コメント：現代美術の調査・記録における
デジタル化の可能性と課題

香川　檀

Chancen und Probleme der Digitalisierung bei der Analyse und Dokumentation von Gegenwartskunst

Mayumi Kagawa

■ はじめに

　ウェッブ上での情報検索が当たり前のこととなり，生成系 AI が文化のさまざまな領域に波紋を投げかけている昨今，デジタル化の波をまったく無視して研究・教育にあたることは，もはや不可能に近くなっている。人文学のためのシステム構築，言語芸術のテクスト分析，そして教育現場への応用，と本シンポジウムで報告されたデジタル化の現状と展望は，今後の動向を予測するうえで貴重な指針となることだろう。

　美術を専門とする私にとっても，ひたひたと押し寄せてくるデジタル化の波，とりわけイメージとドキュメントの膨大な情報ネットワーク空間であるデジタル・アーカイヴの出現と膨張は，たしかに自分の拠って立つ世界にも新しい地平が拓けたことを感じさせてくれる。しかし，日本における視覚芸術のデジタル化に関する議論では，画像のクオリティを高める高精細スキャンや撮影技術などのテクニカルな提案や，版権にまつわる法整備の問題などがもっぱら取り沙汰され，芸術の認識論的なレベルの議論がなおざりにされている感がある。

　ここでは，私が目下関わっているある美術大学の研究プロジェクトでの経験を基に，そこで調査対象としている日本人の現代美術家を例にとり，作家活動の記録と作品研究を行う上での，デジタル化の可能性と課題を考えてみたい。現代アートは作品だけを見てもよく分からないと言われるとおり，造形された最終成果物だけで完結しないものが多い。作品は，構想，制作過程，展示構成，そして一般の人たちを対象とした参加型ワークショップ，といくつもの局面から成り立っている。それらアートの制作と作品を，後世に継承するために記録として写真や動画やテクストなどのデータに落とし込んでいくことで，なにが新たに見えてくるのか。逆に，ネットでの作品受容が常態化し，芸術経験がリモート化していくことで，なにが失われるのか。ひとりの作家を具体例として取り上げ，イメージ表象論やデジタル・アーカイヴ論も参照しつつ，探っていく。

1 作品の「以前」と「以後」──岡部昌生の仕事

　ここで取り上げるのは，北海道札幌市近郊に在住で，国内外で広く活動する岡部昌生（1942 年─ ）という現代美術家である。岡部は 1970 年代からフロッタージュという，物に紙をあてて上から柔らかい鉛筆などで凹凸を擦り取る技法を駆使し，各地で制作を行なってきた。日本国内の工場跡や倉庫跡など近代化の産業遺跡，パリ市内にあるユダヤ人迫害の銘板，そして東日本大震災で壊れた防波堤など，災厄にまつわる場所の記憶を主題としたものが多い。代表作として知られるのは，広島の美術館から請われて 1980 年代後半から同市内で開始した，原爆の記憶にまつわる跡地の作品化であり，さらには広島港に隣接する旧国鉄宇品駅のプラットホームを擦りとった一連の作品である。後者は 2007 年にイタリアの国際アート展ヴェネツィア・ビエンナーレで，フロッタージュした約 2000 枚の紙を，その後解体されたプラットホームの縁石とともに，日本館で《わたしたちの過去に，未来はあるのか The Dark Face of the Light》と題して出展した。旧日本陸軍の軍港として日清戦争以来，海外への出兵の玄関口となったヒロシマ，それゆえの被爆の記憶を留めるものとして展示されたのである。

　こうした作家の作品と制作のありようを，デジタル媒体によってどう記録し，後世に残すか，またその制作の基本構想をメソッドとして方法論化し，記憶のネットワーク作りや平和学習に応用していけるか，が前述した研究プロ

ジェクトの課題である。

　岡部の場合，一般的な意味でいう「作品」は，フロッタージュ技法によって現場の物理的な表面を擦りとった，濃淡の不定形なかたちである。しかし，この作品には，前後に長い制作プロセスが存在するのであり，「以前」では，その場所の記憶について，そこにはどのような歴史と人々の営みがあったのか，の綿密な調査が行われる。現地での情報提供者やサポーターらも巻き込んでのリサーチが制作のベースをなすのである。また，作家個人による制作とは別に，地元の中学校など教育現場と協力したり，一般市民を募ったりして，ワークショップを行う準備も進められる。（過去への向き合いを，一般の人が追体験し共有する場である。）フロッタージュするために場に向きあうまでに，そこに対する思い，失われた命や生活などに対する敬虔な哀悼の念，「心構え」をしておくのである。そして，擦りとったあとの紙片を，どのように展示空間で見せるかという展示構成のプランや，郵便書簡で擦りとって知人に送る，場所と場所を結ぶメール・アートの試みが伴うこともある。つまり，擦りとった紙という「作品」は，長いプロセスの一断面に過ぎないのであって，しかもその紙面には，過去についての情報はなにもない。あえて言えば，そこにあるのは，擦り取るという作家の行為の痕跡だけなのである。

　伝統的な美術作品のように作品だけを高精細の画像でデジタル化し，ネット上で観覧に供するという作品のアーカイヴ化の常道は，岡部のような現代アートについてはほとんど意味をなさない。制作の「以前」と「以後」にわたる多くの局面について，記録の写真や動画，そしてなによりテクストによって補完していかなければならないのだ[1]。

2　デジタル化が拓いた新たな可能性

　では，デジタル・データとしてアートを記録していくことで，作品の鑑賞体験や研究においてどのような可能性が拓けただろうか。

　まず指摘できることは，作品じたいや制作風景を撮影したデジタル動画があれば，それをアーカイヴにアップロードできるということである。作品そのものが三次元の立体的なものや奥行きをもった空間構成が多い現代アートでは，展示空間をカメラで移動しながら記録した映像は，現実の鑑賞体験に近い視覚的，体感的な情報を伝えられる貴重な媒体といえる。

　しかし，それ以上にデジタル・アーカイヴのもつ大きなメリットは，書籍のように文字数や容量の制限がなく，アップした情報に後からいくらでも追加できることである。こうして，ドキュメントをいわば総舐めにするかたちで保存できるわけである。デジタル・アーカイヴのこの特徴を利用して，現代アーティストのなかには自身の作品をはじめからデジタル画像などの「デジタル・アート」として制作し，情報コンテンツ化する者も増えているほか，制作のプロセスをリアルタイムでネットに発信していく作家たちも多い。岡部昌生はそうしたネット発信型のアーティストではないが，記録をデジタル化してアーカイヴを作成する作業者がいれば，これまでの制作の膨大な資料を蓄えていけることになる。それは，制作の結果（＝作品）だけでなく，創造のプロセス全体が記憶可能になったことを意味するのである。

　その結果，ドキュメントのなかでも重要とは思われていない些末で周縁的なものや，まとまった意味をなさない一見，無意味なものもアーカイヴ化されることができる。作家が書いたなにげないメモ，現地調査で撮ったさりげない写真，等々。これまでなら書籍に収録されることなど絶対になかったものが，コンテンツとして保存されるのである。岡部の場合，そうした周縁的ドキュメントとして，日記帳のように使用している私的なスクラップ帖があり，制作の現地で出会った人々との会食の記録，購入した画材などの領収書，受け取った葉書など人々との交流のもようを伺うことができる。居酒屋の割り箸の袋，画材店のレシートなど，従来であれば後世にまで残されず，屑として捨てられかねないものたちである。こうしたものも，アーカイヴ化できれば，背後にある現地の状況など，テクストとして残されることもなかった事情があきらかになるかもしれない。そして，ひょっとするとそうした一見無意味な情報のなかに，作品の着想の契機となったものや，構想が具体化していくプロセスを辿る手がかりが潜んでいるかもしれないのである。

　吉見俊哉は，デジタル・アーカイヴを論じた講演のなかで，アーカイヴという言葉の語源に遡り，そこにある原理の二面性，すなわち一方で掟や法や統治という意味と並んで，もう一方に「始まり，物がいろいろ湧き上がってくる場所」という意味があることを指摘している[2]。上からの統治の原理としての公的記録の管理ではない，人間の無意

（1）旧東独に生まれた哲学者で美術批評家のボリス・グロイスは，現代アートがもつこうした傾向について，「ここ数十年で，美術界の関心はますます顕著に，芸術作品から芸術の記録へと移行してきた」と述べ，芸術の制作過程を記録する「アート・ドキュメンテーション」が芸術作品を凌ぐ重要性をおびていることを指摘している。ボリス・グロイス「生政治時代の芸術──芸術作品からアート・ドキュメンテーションへ」B. グロイス（石田圭子ほか訳）『アート・パワー』（現代企画室，2017 年），91-110 頁。
（2）吉見俊哉「なぜ，デジタルアーカイブなのか？──知識循環型社会の歴史意識」（2017 年 7 月 22 日第 1 回研究大会基調講演）『デジタルアーカイブ 学会誌』1 巻 1 号（2017 年），11-20 頁。
　　https://www.jstage.jst.go.jp/article/jsda/1/1/1_11/_article/-char/ja/　（2023 年 9 月 30 日閲覧）

識的な振る舞いや語りといった下層に根ざす「生成」の原理である。すべてを飲み込むデジタル・アーカイヴだからこそ，この無意識的で社会の集合的な記憶へと接続する作家の営みを，掬いとれるのではないだろうか。

ただし，そのためにはゴミのように見える記録をただ山積みするだけでは情報は活かされない。利用者がアクセスしやすい記録の再構造化のためには，アーカイヴ構築にかける膨大な労力と経費を前提としなければならない。ドイツの美術館では「芸術家アーカイヴ」が充実しており，資料のデジタル化も進んでいる。日本も，これからというところだろう。

3 芸術経験のリモート化による喪失・平板化

他方で，美術作品をウェッブ上で自宅に居ながら，あるいは移動中にモバイル端末から簡単に見られるようになり，「芸術経験のリモート化」が顕著になっている。もちろん，有名作家の美術展は相変わらず多くの観客を動員しており，本物を見るのが一番，という考え方は常識として揺らいでいない。だが，その反面でアートのヴァーチャル化が進み，アート自体がデジタル化した（つまり最初からウェブ公開を想定したデジタル画像で作品をつくる）デジタル・アートが加速していくなか，「本物が一番」というときの本物の価値とはなにか，という素朴な疑問が浮かぶ。それはすなわち，デジタル化によって失われるものはなにか，という自明すぎるほどの答えが返ってきそうな基本的な問いでもある。この点を，岡部昌生の作品について考えてみたとき，ふたつの要素が際立ってくる。ひとつは制作現場の「場所の記憶」というときの場所だけがもっている真正性，もうひとつはフロッタージュによって「触れる」という行為のもつ身体性である。岡部の作品の核心をなすもの，そのイメージの喚起力とは，畢竟，「場所に触れる」という経験のアウラであるからだ。

岡部が広島で旧宇品駅のプラットホームを擦り取ったとき，遺構という物理的な場所の臨場感，そのアクチュアリティが，あらかじめ漠然と予想していた内容を覆すほど大きな証言を引き出すことを可能にする。岡部自身は原爆の体験者ではないが，現場で起きたことを詳細に調査し，近隣住民からの情報提供もあって，作品の背後には大小さまざまの発見が隠れている。それは，ちょうどホロコーストの証言を記録したクロード・ランズマンの映画『ショア』冒頭，かつての絶滅収容所の生き残りであるシモン・スレブルニクが，現場に立って回想する場面を思い起こさせ

る。事前の撮影交渉では「現場に戻ってなんになろう」と渋るスレブルニクではあったが，「それでもなおの帰還」をはたした彼は，その場に立って，「毎日2000人のユダヤ人を焼いていたときも，同じように静かでした。…（略）…ひっそりとしていました。穏やかでした。今のように」と語る。それは，ディディ＝ユベルマンの言葉を借りるなら，「すでに用意された記憶を思い出すのとは正反対なもの（＝根本的な回想）を生み出す」ために，現場が彼に語らせた言葉なのである[3]。

もう一点，「触れる」という行為の身体性について，そこにある情報化できない哲学的次元に目を凝らしてみる必要がある。哲学者の坂部恵は『「ふれる」ことの哲学』[4]のなかで，「さわる」「ふれる」といった行為の本質について思い巡らせている。ふれるという経験は，坂部によれば，「（略）触感に限られるものではなく，より根源的な，すべての感覚の基層にある」もの，と定義される。そのうえで，「ふれることは，ふれるものとふれられるものとの区別があいまいで，相互嵌入，転移，交叉，ふれ合いといった力動的な場における生起という構造をもつ」として，触れる主体と客体とのあいだの境界が揺らぐ現象が指摘される。（岡部は実際，フロッタージュ作業の感覚を，「自分のほうが版に擦り取られている気がする」と語っている。）そしてさらに重要な点として，「ふれることは，それまでの差異化の構造を揺り動かすカタストロフィックな経験である」ともされる。言い換えれば，ふれるとは，それによって自他を分け隔てる認識のありかたが根底から覆されるような，衝撃的ななにかを受け取ることである。（岡部はまた，フロッタージュのワークショップについて，参加者のなかでなにかが変わる，という経験をしなければ意味がない，とも語っている。）

このような哲学的次元に照らしてみると，「場所に触れる」ということは，容易に視覚化・情報化できない体内感覚的な身体経験であることが分かる。それは写真に撮って記録しても漏れ落ちるものであり，文字によるテクストによって不十分ながら補完することでしか伝えられないものである。あるいはまた，写真や動画やテクストを総合して受け手がそれらの情報から追体験するリテラシーを涵養することが，求められるのだろう。このデジタル・メディアに対するリテラシーという点で，ネット空間での情報サーチは広範囲に浅く渉猟する「サーフィン的」であるのに対し，本というメディアでの読書は概して狭く深くもぐる「潜水的」であるといえるのではないか。アナログな本を作ることの意義は，まだそこに残っているのだと考える。

（3）ジョルジュ・ディディ＝ユベルマン（江澤健一郎訳）『場所，それでもなお』（月曜社，2023年），24頁。
（4）坂部恵『「ふれる」ことの哲学——人称的世界とその根底』（岩波書店，1983年），26-37頁。

公募論文

ドイツ商人領事についての序論的考察

青柳正俊

Einführung in die Geschichte der deutschen Kaufmannskonsuln

Masatoshi Aoyagi

1 はじめに

　日本の幕末維新期，諸外国が開港開市の領事として商人を任命したことは，我が国の対外関係における一つの懸案事項となった。彼らは，いわゆる商人領事であり，名誉職として領事を務めた。江戸幕府は，伝統的な身分秩序の観念を背景に彼らへの拒絶反応を示した。また，明治政府は彼ら商人領事による領事裁判権の行使を特に忌避し，条約改正交渉の過程においてもこのことを議論の俎上にあげた[1]。本稿では，そうした日本における商人領事をめぐる諸問題を念頭に置きつつ，ドイツにおける領事政策の発展過程を概観したい。

　では，我が国の幕末維新期における商人領事とドイツの領事政策史とがどう結びつくのか。まずこの点を説明したい。

　ドイツの商人領事について，本稿筆者はとりわけ次の2点に着目する。

　まず，ドイツは日本において主要国中もっとも華々しく商人領事を活躍させた国であった。一時期は条約上認められたすべての港市に商人領事を配置した[2]。この点でドイツは，同じくすべての港市に領事を配しながらも彼ら領事に商業活動への関与を厳しく禁じたイギリスとは正反対であった。しかし彼らドイツ商人領事は，やがて小規模領事館の閉鎖に伴って退任するか，あるいは主要な領事館では専任官吏，すなわち本国政府から俸給を与えられて領事としての職務に専念する者，へ置き換えられるかして，明治半ば（1880年代）までにすべて消え去った[3]。この点では，時代を下っても商人領事に頼らざるを得なかった欧州の小国とも異なっていた。日本におけるドイツ商人領事のそうした独特の消長や，彼らの個別具体的な動向を丹念に追うことで，冒頭に記した事柄をはじめ当該期の我が国の対外関係史や日独関係史の課題を追求するうえでの有用な知見が得られるのではないか。筆者の関心は，まずこの点に所在する。

　他方でドイツは，世界全体への領事任用という観点からすれば，近代を通じて「商人領事大国」とでも呼びうる国であった。すなわち，日本駐在のドイツ領事の動向にだけ着目すれば，領事業務を兼務する商人領事は，専任の領事官の配置に至るまでの過度的な存在と捉えられそうだが，実際には，ドイツは多数の自国商人領事の存在を，ライバ

（1）こうした商人領事をめぐる我が国政府の対外交渉については鈴木祥による研究がある。鈴木祥「幕末の商人領事問題」『東アジア近代史』17号（2014年），96-113頁；鈴木祥「明治期日本における領事裁判と商人領事」『外交史料館報』第31号（2018年），61-83頁。

（2）日本におけるドイツの商人領事任用の経過については別稿で詳述すべきであるが，ここでは以下略述しておきたい。1861年1月24日に日本・プロイセン修好通商条約が結ばれると，条約発効に合わせてプロイセン官吏ブラント（Maximilian von Brandt）が日本領事として横浜へ派遣され，貿易商人クニフラー（Louis Kniffler）が長崎副領事に任ぜられた。以降，ブラントが外交用務に専念した後の横浜を含め，通商のために開かれた日本の港市にはすべて居留商人が領事に任命された。条約の主体が北ドイツ連邦へ，ドイツ帝国へと変遷しても，この体制の大筋はしばらく維持された。この間，無給の名誉職として日本に駐在したドイツ商人らは，本国から任命を受けた正式な領事だけでも11名にのぼり，それら正式領事の代理者として実質的に領事業務に携わった商人を含めれば，その数はさらに倍増する。

（3）その後も，専任官吏が短期間不在とした際の商人領事による臨時的な領事業務執行の例はある。また，1895年に日本が併合した台湾においては，『帝国領事館リスト』によれば，清統治時代に引き続き翌1896年まで基隆に商人領事が任命されている。『帝国領事館リスト（Verzeichnis der Kaiserlich Deutschen Consulate)』については注26を参照。

ルの国々からの「遅れ」として意識しつつも，これを第一次世界大戦勃発に至るまで運用し続けていたのである。日本と同時期に条約を結んだ中国においてもそうであった[4]。後段で見るように，ドイツからすれば，早々に商人領事の任用をやめた日本は，むしろ例外の国だったのである。

　以上の2つの注目点を朧気ながらも把握した時点で，本稿筆者としては，前段の注目点についての子細な考察に着手する前に，後段の注目点を正確に把握しておく必要性を認識した次第である。ドイツの全体的動向と対日領事政策に齟齬が生じた背景は何であろうか。またそのことにはどのような意味があるのであろうか。しかし，その前にまず，日本における動向を正確に理解し解釈を加えていくためには，研究対象となることが多いとはいえないドイツの領事のあり方の全体を把握する必要がある。

　領事のあり方は近代を通じて国ごとの偏差が大きい，ということも認識しておくべきである[5]。職業的専門性を早くから重視した先述のイギリスとも，党派性の強い猟官制に特徴づけられたアメリカとも，ドイツのあり方は異なる

であろう。そこには，ドイツの国家形成の歴史や社会構造の特性が色濃く付着しているであろう。そうした観点からも，ドイツの領事政策史をその淵源から辿って概観することの意義が少なからずあるのではないかと考えた。

　ドイツ領事政策史についての先行研究を確認する。ドイツ帝国創建前の諸邦分立時代については，とりわけハンザ都市での領事発祥以来の経過に関して研究が積み重ねられている[6]。また，近代に入ってのその東アジア，とりわけ中国における展開についても研究が進んでいる[7]。ただ，ハンザ都市が任命した領事が北ドイツ連邦領事，ドイツ帝国領事へと引き継がれていく経過は，その間の法的枠組みの議論についてはかなり明らかにされているものの[8]，実際の領事らの動向はあまり意識されていない。また，帝国創建から第一次世界大戦勃発にかけての時期については，すでにベルクによる詳細な研究がある[9]。しかし，その研究は厳格に帝国創建以降を対象としており，統一に至る北ドイツ連邦期前後は射程外にある。だがこの時期は日本で多くのドイツ商人領事が活動していた頃と重なり，本稿の問題意識からすれば欠かすことができない時期である。さ

（4）中国では，数は少ないが商人領事の任用が帝国末期まで続いた。1913年時点でも商人領事2名がいた。表6を参照。Verzeichnis der Kaiserlich Deutschen Konsulate, 1913.

（5）領事機関の開設手続きや領事機関職員の派遣と接受，階級や特権など，領事に関する一般国際法の枠組みが制定されたのは，ようやく1963年の「領事関係に関するウィーン条約」においてであった。それ以前の領事制度の運用は，各国の国内法と二国間条約に基づいていた。横田喜三郎『領事関係の国際法』（有斐閣，1974年），1頁。なお，外交使節に関しては，すでに1815年のウィーン会議や1818年のエクス・ラ・シャペル会議によって国際的な枠組みの合意形成が始まっていた。横田喜三郎『国際法II〔新版〕』（有斐閣，1958年），251頁。

（6）ハンザにおける領事政策史については，次の論文を萌芽として，以降，史料分析が累次取り組まれている。Ludwig Beutin, „Zur Entstehung des deutschen Konsulatswesens im 16. und 17. Jahrhundert", *Vierteljahrschrift für Sozial- und Wirtschaftsgeschichte*, Bd. 21, H. 4, 1928, S. 438-448. リューベクの史料を主に活用したグラースマンの数多くの研究成果の中には，領事をテーマとした論述も見られるが，近年では次のものが挙げられる。Antjekathrin Graßmann, „Das Ende souveräner Außenpolitik der Hansestädte seit 1867 - nur ein Verzicht?", Holger Berwinkel / Martin Kröger (Redaktion), *Die Außenpolitik der deutschen Länder im Kaiserreich*, Auswärtiges Amt, 2012, S. 79-101. 19世紀におけるハンザと諸外国との通商条約締結の経緯とそれに付随する領事関連事項については，次の著作で網羅的にまとめられている。Jürgen Prüser, *Die Handelsverträge der Hansestädte Lübeck, Bremen und Hamburg mit überseeischen Staaten im 19. Jahrhundert, Veröffentlichungen aus dem Staatsarchiv der Freien Hansestadt Bremen*, Bd.30, 1962. リューベク・ブレーメン・ハンブルクの3都市が領事館設置を通じた遠隔地ネットワーク形成を図ったことの経済史的な意義づけ，及びそれまでのハンザ領事館研究史の整理は次の論文によって行われている。Magnus Ressel, „Von der Hanse zur hanseatischen Gemeinschaft. Die Entstehung der Konsulatsgemeinschaft von Bremen, Hamburg und Lübeck", *Hansische Geschichtsblätter*, 130. Jahrgang, 2012, S. 145-171. ハンザを除く諸邦の領事制度史についてもバイエルン，ザクセンなどに関する史料分析が進められている。Jörg Ulbert / Lukian Prijac (Hrsg.), *Die Welt der Konsulate im 19. Jahrhundert*, DOBU Verlag, 2010.

（7）ドイツ諸国による中国への進出に関する研究文献の中で，領事個々人の動向によく照準が当てられているものとして次の2つを挙げておく。Bernd Eberstein, *Hamburg – China –*, Hans Christian Verlag, Hamburg, 1988; Bert Becker, "The Merchant-Consuls of German States in China, Hong Kong and Macao (1787-1872)", Jörg Ulbert / Lukian Prijac (Hrsg.), *Die Welt der Konsulate*, S. 329-351. 邦文文献では，次の著作が条約締結以前の状況をまとめている。福岡万里子『プロイセン東アジア遠征と幕末外交』（東京大学出版会，2013年），44-59頁。また，北ドイツ連邦期の在華ドイツ人管轄をめぐる連邦政府とハンザとの確執について，具体的に分析している論考がある。鈴木楠緒子「ドイツ帝国成立期に於ける在華ドイツ人系領事館の統廃合問題──「大南澳事件」（1868-1869）への対応を例として」『東アジア近代史』17号（2014年），77-95頁；鈴木楠緒子『ドイツ帝国の成立と東アジア』（ミネルヴァ書房，2012年），111-142頁。

（8）前注に掲げた諸研究，及び注6に挙げたグラースマンの研究に加えて，法制史の観点から次の研究がある。大西楠テア「連邦国家における邦（ラント）の外交権──北ドイツ連邦成立期の議論とドイツ帝国期の国法学説を中心として」『年報政治学2022-II』（2022年），42-59頁。

（9）Inge Bianka von Berg, *Die Entwicklung des Konsularwesens im Deutschen Reich von 1871-1914 unter besonderer Berücksichtigung der außenhandelsfördernden Funktionen dieses Dienstes*, Universität zu Köln, Diss., 1995.

らに重要な点として，ベルクは領事代理（Konsularagent，詳細は後述）の存在をまったく研究対象外としており[10]，これでは商人領事の動向を総体として把握することができない。加えて，ベルクによる史料分析と考察の重点はヴィルヘルム2世が世界政策を展開する帝国後半期に大きく偏っており，そこから得られる結論は，筆者が照準を定めている日本幕末維新期に相当する時期のドイツの実情と合致しない部分が多いように思われる[11]。

本稿では，このような研究の現状を踏まえて，全体としては，近世から近代にいたるドイツ領事制度の歴史を以上の先行研究や当該時期の文献に依拠しつつ，大まかに接合して把握することとする。そして，その流れの中でも東アジアに関して特に重要性を有する1860年代から1880年代にかけては，先行研究が用いていない一次史料を加えて重点的に考察する。長い時代的スパンを対象とすることから考察は概観的なものとならざるを得ないが，先述した今後の関連研究への導入としたい。以下，ドイツ帝国の創建前，創建時，創建後の3期に分けて考察する。

2 帝国創建前──ドイツ商人領事の原像

諸研究はほぼ一致して，現在の領事制度の起源を中世後期のイタリア都市国家に求める[12]。11，12世紀以降，これらの国は東地中海（レヴァント）の港湾都市に領事を任命して利益の保護を図った。やがて絶対王政の時代を迎え，西欧諸国家が海洋大国としての覇権を争い始める。そうした中で領域国家による領土主権の概念が確立し，国家間の常駐外交使節の交換が一般化すると，領事の地位は大きく後退した。その後，条約に基づく通商体制が19世紀に進展すると，世界規模の通商ルールを監視する者としての領事の地位が確立した。独立国家が欧米に偏在しており，したがって外交使節（大使・公使等）の交換が欧州・大西洋地域やアジアの一部にほぼ限られていた時代には，領事制度の全世界的意義は現代よりも遥かに大きかったのである。

ところで，中世イタリアにおける領事の起源を典型とすれば，ドイツにおける領事制度の成り立ちはむしろ特徴ある非典型であった，と言えよう。北方（北海・バルト海）貿易圏に位置し，かつ領域国家たりえなかったハンザ都市と，絶対主義国家体制に遅れて登場し，かつ海洋大国たりえなかったプロイセン，という両者に規定されつつ，ドイツは近代後期に忽然と「商人領事大国」として立ち現れたからである。そのありようをまず辿ってみよう。

16世紀後半，すなわち領事制度の起源から数世紀の後，没落期を迎えていたハンザ同盟は，遠隔地貿易の覇権を誇る海洋大国スペイン・ポルトガルとの接点を求めていた。1570年，リスボンでハンザ兼オランダ領事を名乗った初めての者の名が記録されている。しかし，ハンザ本国によ

---

(10) ベルクは，領事代理（Konsularagent）は連邦領事館法上，領事官としての法的権限を有していないので同書では考慮しない，とする。Berg, *Die Entwicklung des Konsularwesens*, S. 36, 42. しかし，領事代理がドイツ領事体制の一環を成す，欠かせない存在として認識されていたことは，『領事執務参考書』や『帝国領事館リスト』の記述・数値等が常にこれを含めたものであることからしても明らかである（第3章を参照）。

(11) 例えば，本稿に関連する点としては，ベルクは職業領事館の手数料等収入と支出経費の経年比較を行い，全体として収入では支出が到底賄えないことから，職業領事館の拡充は連邦予算を圧迫した，と述べる。そしてその原因の一つとして，政治的配慮から財務省が外務省の領事館新設要求を認めざるをえなかったことなどを挙げて論述を進める（S. 74-92）。しかしこうした状況が顕著となったのは，ドイツが世界政策を展開する1890年代以降のことである。実際，ベルクが考察のために取り上げる史料は1900年前後かそれ以降のものが多い。ベルクが掲げる統計からは（S. 88, Tab. 8），1872年から1890年までの新設職業領事館1館あたりの支出の伸びは4,000マルク（27,000→31,000）にすぎず，その後の1890年から1914年までは，この伸びが12,000マルク（31,000→43,000）へと急増したことがわかる。帝国前半期では，豊富な手数料等収入が得られる名誉領事館を職業領事館に転換することで連邦予算からの持ち出しは相当圧縮できた，と解すべきであろう。また，ベルクは，職業領事官への任用希望者が多数殺到したため，実際に任用されるには外交官に近い条件（第2次法律学試験の通過者であること，高い社会階層の出身で十分な財産状況が確認できること，など）が要求されたことを述べる（S. 107-119）。しかしこれも，論述に用いられている史料からしても，帝国後期の実態なのではなかろうか。本稿筆者が実際に閲覧している1860年代後半から1870年代にかけての一次史料からは，とりわけ東アジアにおける，ベルクの例証とは違った実態が窺える。例えば，船員・商人としての経歴を有し，日本でブラント時代に現地採用され，その後駐日総領事まで務めたツァッペ（Carl Eduard Zappe）は，連邦領事法第7条第2項に基づく考査によって職業官吏の地位を得た，いわば「たたき上げ」であった。Politisches Archiv des Auswärtigen Amts（PA AA），RZ 613/252867, Das Generalkonsulat für Japan und die Konsulate in Japan, Allgemeines, Bd.2. また，中国駐在の職業領事官の任用をめぐっては，当初は，人材探しに相当苦労した様子が窺える（注35参照）。筆者は，ベルクの関心の中心である連邦領事制度の成熟期と，本稿が照準する初動期とでは，領事制度をめぐる実態がかなり異なっていたと推測する。

(12) 我が国の研究としては次のものが挙げられる。伊藤不二男「中世の領事制度──領事の名称と選任──」『法制研究』21巻2号（1954年），1-24頁；伊藤不二男「中世の領事制度の特色──領事の職務を中心として──」『法制研究』21巻3，4号（1954年），73-94頁；伊藤不二男「近世における領事の地位」『法制研究』23巻1号（1955年），1-22頁。また，ドイツの文献では，例えば次のもので言及されている。B. W. König, *Preußens Consular-Reglement in seiner heutigen Gestaltung und Anwendung*, 2. Ausgabe, Berlin: Verlag der Deckerschen Geheimen Ober=Hofbuchdruckerei, 1866, S. 3-5; Antjekathrin Graßmann, „Hanse weltweit? Zu den Konsulaten Lübecks, Bremens und Hamburgs im 19. Jahrhundert", Antjekathrin Graßmann (Hrsg.), *Ausklang und Nachklang der Hanse im 19. und 20. Jahrhundert*, Trier: Porta-Alba-Verlag, 2001, S. 44.

る任命意思とその者との関係は明確ではないとされる[13]。1601年のハンザ会議でハンブルクは，ハンザ商人の中から領事官を選んでリスボンとセビリアへ派遣することを提案した。この提案の背景には，イベリア半島の港においてハンザ船が理不尽な長期抑留や大西洋航路への強制徴発，あるいは船員の身柄拘束など，現地港湾官吏による恣意の被害を蒙っていることがあった。ハンブルクは，こうした被害を免れるには，ハンザの伝統手法である在外商館の設置よりも港の現場へ領事を派遣するほうが有効，と考えたのであった。この時のハンブルクの提案はそのまま実行されたわけではないが，やがてリューベク・ブレーメン・ハンブルクの3都市による共同領事か，または各都市単独による領事の派遣へと結び付いた。正式なハンザ領事は1607年に初めてスペインへ派遣されたとされる。その後の曲折はあるが，イベリア半島とその航路上，あるいは地中海の主要地で断続的に領事の派遣が続けられた[14]。

19世紀に入ると，ハンザ都市のネットワークは，通商条約を締結した中南米諸国をはじめ世界各地へと拡大した[15]。ハンザ領事はハンザ出身で富裕かつ信頼が置かれる商人が務めることが原則であった。それはきわめて名誉ある地位であり，領事の姿は威厳に満ちたものであったという[16]。1866年にはリューベク198，ブレーメン214，ハンブルク281の領事館が世界各地に存在した（うちハンザ共同領事は40ほど）[17]。

しかしながら，こうしたハンザのありようがその後のドイツ領事制度の中心に据えられたわけではなかった。プロイセンの領事任命は，その王国への昇格以降，すなわちハンザよりも大きく遅れた18世紀前半とされる[18]。ただ，当時のプロイセン海運が内発的に領事を必要としていたわけではなく，プロイセン領事の称号は，むしろ外国商人からの望みに応じて付与されたものであった。その反映として，彼ら領事に対するプロイセン商人・船主からの信用は低かった。こうしてハンザとは異なり他動性を帯びて発祥

表1　プロイセンの領事館数

	館数
1792 年	34
1806 年	71
1818 年	80
1824 年	114
1839 年	200
1853 年	275
1865 年	422

（出典）Preußens Consular-Reglement, 2. Ausgabe（1866）

したプロイセン領事制度ではあったが，その後の発展は目覚ましかった。1780年代以降，種々の規則が発令されたことにより領事官の規律は改善されていき，国力の充実とともに領事館数は飛躍的な増加を遂げた（表1）[19]。

ドイツ統一前夜の様子を伝える，ある文献からは，主要国が世界各地に設けた領事館のうち，政府から俸給を受けて派遣される領事官，すなわち専任官吏を長とする館の数を比較することが可能である（表2）[20]。プロイセンは，表1によればこの時点で約400の領事館を設けていたわけだが，表2によれば，そのうち専任官吏を長とする館はわずか16館であった。つまり，プロイセンにおいてもハンザ同様，専任官吏は例外的存在であった。専任官吏以外，すなわち名誉職の者を任ずる館は，政府とすれば本人へ任命状を交付し接受国へ宛てた委任状を用意すれば概ね事が済む。あとは受任者が接受国官憲らと自ら関係を築き上げる。受任者は制服制帽・事務スペース・備品・補助スタッフその他を必要に応じて自ら調達し，その代わりに自国居留民・入港船から手数料等を徴収する権利をプロイセン政府から認められる，というわけであるから，これを政府から見れば実に簡便で安上がりなシステムであった。だから

(13) Beutin, Zur Entstehung des deutschen Konsulatswesens, S. 439.

(14) Ressel, Von der Hanse zur hanseatischen Gemeinschaft; Hans Pohl, „Die diplomatischen und konsularischen Beziehungen zwischen den Hansestädten und Spanien in der zweiten Hälfte des 18. Jahrhunderts", *Hansische Geschichtsblätter*, 83. Jahrgang, Böhlau Verlag, 1965, S. 46-49, 61-76; Graßmann, Hanse weltweit? S. 44-45.

(15) Prüser, Die Handelsverträge der Hansestädte; Graßmann, Hanse weltweit? S. 45-46.

(16) Graßmann, Hanse weltweit?, S. 50. ただし，欧州外の遠隔地においてはハンザ出身の適任者を得られないことも多く，その場合には他国人からの任官要望に応じることもあった。その際の領事の質は一様ではなかったという。Eva Susanne Fiebig, "The Consular Service of the Hansa Towns Lübeck, Bremen, and Hamburg in the 19th Century", Ulbert / Prijac (Hrsg.), *Die Welt der Konsulate*, S. 255-256.

(17) Graßmann, Hanse weltweit?, S. 47-51. 邦文文献に3都市の領事館数推移の引用がある。谷澤毅「近代ブレーメンの都市発展── 19世紀前半の概況──」『長崎県立大学経済学部論集』第49巻第1号（2015年），49頁。

(18) Jörg Ludwig, „Geschichte des sächsischen Konsularwesens (1807-1933)", Ulbert / Prijac (Hrsg.), *Die Welt der Konsulate*, S. 366.

(19) König, *Preußens Consular-Reglement*, 2. Ausgabe, S. 5-8.

(20) Ryno Quehl, *Das preußische und deutsche Consularwesen im Zusammenhange mit der innern und äußern Politik*, Berlin: Gustav Hempel, 1863, S. 203-221. 同書では，領事機関の長のみならず官房職員や訳官を含めた専任官吏全体が論題とされているのであるが，本稿筆者はこれを館単位に整理し直して表2を作表した。

表2 専任官吏を長とする主要国の領事館数（1863年初）

国　名	専任官吏を長とする領事館数
イギリス	260
フランス	255
アメリカ	233
スペイン	83
ロシア	58
オーストリア	46
イタリア	43
プロイセン	16

［プロイセン16館の接受国別内訳］
トルコ10，中国1，日本1，チリ1，アルゼンチン1，ロシア1，デンマーク1

（出典）Quehl, *Das preußische und deutsche Consularwesen*

こそ領事官の急速な数的拡大が可能であった。

　こうした状況について，プロイセン国内はどう捉えていたか。政府の公式見解に近い文献[21]は概ね次のように記す。すなわち，確かに我が国の領事制度は未だ完成していない。領事は商業を営むべきではなく，かつ自国民であるべきだ，という考えを政府も否定していない。しかし国家として別に配慮すべきことがあり，そのため領事制度は改善に至っていない，と。ここで「国家として別に配慮すべきこと」とは，軍隊への国家資源の圧倒的注入の必要性を指すのであろう。また，この見解からは，プロイセン臣民以外の者が多く領事に任命されていた当時の実情も窺える。

　表2で示した主要国の専任官吏を数え上げた著者もまた，我が国は諸外国に遥かに後れを取っている，軍隊にかかる莫大な費用によってどの分野でも必要な改革が妨げら

れているのだ，と著書で嘆いている[22]。

3　帝国創建時―ドイツ統一領事の確立

　ドイツとしての統一領事はドイツ帝国創建と並行して実現された。本章では，統一領事体制が完成するまでのそうした様相を，連邦領事官の具体的な人選に即して見ていきたい。

　1867年4月，北ドイツ連邦憲法が制定された。そこでは連邦と邦の，各々の権限分野が定められたが，「領事に関する事項」は連邦の監督及び立法に従う分野に含められた（第4条）。そして，連邦領事は連邦参議院内に設置される通商運輸委員会での審議を経て連邦主席（プロイセン王）が任命することとされた（第56条第1項）。邦による新たな領事館の設置は禁じられ，現存する邦の領事館は連邦領事館の組織が整った時点で廃止されることとされた（同条第2項）。

　続いて同年11月，北ドイツ連邦領事館法が制定された[23]。同法が定める内容は多岐にわたるが，ここでは商人領事に直接関連する要点だけを以下に述べる。

　まず，法律全体が職業領事（Berufskonsul）と名誉領事（Wahlkonsul[24]）の別を前提に条文構成されている[25]。両者は様々な面で取扱いが異なっているが，法的権能において違いはない。連邦領事館法には，もっぱら名誉領事について定めた条文が2つある。一つは第9条で，名誉領事には連邦市民権を有する商人（Kaufmann）が優先的に任命される，とする。これが，筆者が本稿表題を「ドイツ商人領事」とした一つの根拠となっているのだが，実態としては商人が圧倒的多数ではあっても必ずしもすべてではないので，以降，厳密を要する際には「名誉領事」という語を用いることとする。名誉領事について定めたもう一つは第

(21) König, *Preußens Consular-Reglement*, 2. Ausgabe, S. 7. 著者ケーニヒ及び本書の性格については注37を参照。

(22) Quehl, *Das preußische und deutsche Conslarwesen*, S. 224-229.

(23) 連邦領事館法の正式名称は Gesetz, betreffend die Organization der Bundeskonsulate, sowie die Amtsrechte und Pflichten der Bundeskonsuln.

(24) 名誉領事官を意味するドイツ語として，現在は Honorarkonsul が一般的であるが，当時はむしろ，ラテン語の consul electi（政府派遣領事を意味する consul missi の対語）に由来する，この Wahlkonsul という語が用いられていた。

(25) 連邦領事館法における職業領事（Berufskonsul）と名誉領事（Wahlkonsul）は，「領事関係に関するウィーン条約（1963年）」第1条第2項が定める本務領事官（career consular officer）および名誉領事官（honorary consular officer）に対応する。また，連邦領事館法による広義の領事（Konsul）には総領事（Generalkonsul）・領事（Konsul）・副領事（Vizekonsul）の3種の階級が含まれ（第2条），これら階級を長とする領事機関として総領事館・領事館・副領事館が設けられる。これは1963年のウィーン条約と一致する。一方，連邦領事館法は，領事機関の長は連邦宰相の許可を得て Konsularagent（本稿では「領事代理」と訳出）を指名できる，と定めているが（第11条），ウィーン条約では代理領事（consular agent）が領事官の階級の一つとされているのに対して，連邦領事館法における領事代理（Konsularagent）は領事官としての権限を有しない，という点で明確に異なる。ウィーン条約において代理領事が領事機関の長となりうる階級に含められた経過については，横田『領事関係の国際法』，78-84頁。Konsularagent は通常，領事官管轄区域内のより小さな港市に配置される名誉職で，領事官に代わって一定の事務を行うもので，法律上の権限はない。とは言え，帝国ドイツ政府はこの領事代理（Konsularagent）を領事官とともに帝国領事体制の一環を成すものとして扱っている。なお，実際の港市の現地では，領事官の一時的不在時に法的には根拠なく（かつ，時には本国政府による認知なしに）領事官に代わって事務を執る者（Verweser）がおり，こうした場合にも一般的に「領事代理」「代理領事」という用語が充てられることがあるので，その区別には注意が必要である。

表3　帝国創建時の連邦領事体制（1872年）

領事館総数 （代理領事含む）	内訳	職業領事館	名誉領事館 （代理領事含む）
562		31 （総14・領13・副4）	531 （総10・領309・副150・代62）

［接受国別の領事館総数（海外領を含む）・上位5国］　括弧内は職業領事館数（内数）
1 イギリス 66（1）＋海外領 54（0）
2 スウェーデン・ノルウェー 59（0）
3 スペイン 30（0）＋海外領 16（0）
4 トルコ 48（14）
5 ロシア 37（2）

［職業領事館の接受国別内訳］　括弧内は領事館総数
トルコ 14〈48〉，中国 3〈7〉，日本 1〈7〉，シャム 1〈1〉，アメリカ 1〈22〉，メキシコ 1〈16〉，
コロンビア 1〈8〉，ベネズエラ 1〈5〉，ペルー 1〈6〉，チリ 1〈11〉，アルゼンチン 1〈4〉，
ロシア 2〈37〉，イギリス 1〈120〉，オーストリア＝ハンガリー 1〈8〉

総：総領事館，領：領事館，副：副領事館，代：代理領事
接受国の区分は原史料に基づく。イギリスはアイルランド全体を含む。
（出典）Deutscher Reichsanzeiger, 23. Januar 1872：Verzeichniss der Kaiserlich Deutschen Consulate,
Januar 1872

10条で，名誉領事は法定の（居留民・入港船からの）登録料・手数料を自らの収入とする。すなわち，名誉領事は政府から俸給を支給されることはない。なお，北ドイツ連邦憲法及び領事館法はそのままドイツ帝国に引き継がれた。

こうした枠組みの下，実際に連邦領事館を設定していく作業は北ドイツ連邦成立時，ドイツ帝国成立時の2段階で行われた。通例，一つの港市には1名だけ領事（広義の領事，すなわち総領事・領事・副領事・領事代理のいずれか。以下，本稿では広義の場合には「領事官」とする）が任命され，かつ領事官の大宗を占めるのは名誉領事官なので，政府が行う作業とは，そのほとんどが世界の主要港市に1名ずつの名誉領事官を人選することであった。その人選作業をひとまず終えた1872年初め，政府は最初の『帝国領事館リスト（Verzeichnis der Kaiserlich Deutschen Consulate）』[26]を発刊した。このリストに示された領事体制の概要を表3にまとめた。

帝国領事体制の初めての公表にあたり，政府系新聞は誇らしげに「これら領事館で全世界はほぼ網羅される。我が国の商業者と船舶は，欧州内及び我が国と貿易を営む国々すべての海岸で，自分たちを助言と行動で支えてくれるドイツ官庁を確実に見つけ出すことができる」と記した[27]。だが実態は，総数562館のうち31館に専任官吏を派遣しただけで[28]，名誉領事館（Wahlkonsulat）たる残りの531館については，「館」とは言っても政府は商人領事らを選んだにすぎない。職業領事館の大多数が非キリスト教国か中南米諸国での設置であるのは，表2で示したプロイセン領事体制を色濃く引き継いだ結果と言える[29]。

それでは連邦領事官の人選作業の経過を少し詳しく見てみよう。その第1段階にあたる北ドイツ連邦領事官の人選は連邦領事館法制定の翌月，すなわち1867年12月に開始され，以降2年半以上続いた。当該史料から分析可能な重要な点は，名誉領事官の現職別による概ねの内訳把握であろう[30]。当該史料には，連邦領事官として人選された者は現在どの邦の領事官なのか，あるいは領事官としては新

(26) 1872年から1913年までの毎年のVerzeichnis der Kaiserlich Deutschen Consulate（綴りは発刊年によって若干の異同がある）はベルリン州立図書館（Staatsbibliothek zu Berlin）で閲覧可能。ただし1877–79年及び1883年を欠く。
(27) Deutscher Reichsanzeiger und Königlich Preußischer Staats=Anzeiger, No. 20, 23. Januar 1872; PA AA, RZ 612/251067.
(28) この新聞記事では職業領事館数が31館とされている一方，『帝国領事館リスト』1872年版では29館だけが職業領事館として示されており，両者の数が合致しない。表3の「［職業領事館の接受国別内訳］」は，『帝国領事館リスト』に掲載されている29館に，同リストでは表示が脱漏していたと思われるニューヨーク総領事館を加えた30館につき作成した。
(29) 表2及び表3に見られるように，専任官吏の数がトルコにおいて突出しているのは，プロイセンないしドイツが有する領事裁判権が理由であろう。
(30) Geheimes Staatsarchiv Preußischer Kulturbesitz (GStA PK), I. HA Rep. 89 Nr. 12954, Preußische Konsuln, Bd. 7. 本史料では1868年1月からの記録が編纂されている。そのため，1867年12月にすでに人選された者は本稿での分析対象となっていない。『領事執務参考書』（S.4）によれば，1867年12月3日に連邦領事官として6名（エジプト総領事，及び日本・ベイルート・スミルナ（Smyrna，現在のイズミル）・ボスニア・モスクワの各領事）が最初に人選された。また当該史料（GStA PK, Nr. 12954）全体から推測すると，

表4 北ドイツ連邦名誉領事に選ばれた者の現職別内訳

	現　職	人数	
名誉領事	プロイセンのみ	232	267名 (57%)
	プロイセンと他邦を兼任	16	
	プロイセンと［ハンザ］を兼任	19	
	［ハンザ］と他邦を兼任	2	87名 (19%)
	［ハンザ］のみ	66	
	他邦のみ	10	
新任	商人	117	124名 (26%)
	商人以外	7	
	計	469	

［ハンザ］はハンブルク・ブレーメン・リューベックのうちの単独か複数の領事，及びハンザ共同領事として任命されていた者の合計。
本表での「他邦」とは，プロイセン，ハンザ3都市を除く連邦内邦国。
（出典）GStA PK, I. HA Rep. 89 Nr. 12954

任で本職は別にあるのか，といったことが記載されているので，これらを丹念に拾い上げていけば現職別の分類作業が可能なのである。その分類をプロイセンとハンザに着目して作表したのが**表4**である。この表は，連邦名誉領事官の半数以上は現職プロイセン領事官であったこと（267名，全体の57%），2割近くは現職ハンザ3都市の領事官であったこと（87名，全体の19%），を示している。ここでは，半数以上を占めるプロイセンの優越は明らかであろう。しかしながら，プロイセン名誉領事官は1866年の時点で400名以上いたはずなので（表1，2），彼らのうち連邦領事官としての選任から漏れた者も多くいたことになる[31]。一方で，その割には現職が「商人」などの新任の領事官が26%（124名）を占めるのが目立つ。これは，実数の把握は困難であるが，この機会に外国人領事が極力排除されドイツ国民に置き換えられた結果かもしれない[32]。

以上は定数的把握であるが，同じ史料を内容的に分け入ると，そこから窺えるのはプロイセンから見たハンザ重視である。例えば，カルカッタの領事にはそれまでのブレーメン領事が選ばれたのだが，その際，ビスマルクはこの委員会決定について，ブレーメン領事のほうがプロイセン領事よりも有能であることは委員会の一致した見解である，ブレーメン・ハンブルクが自分たちの利益を損なうとみなすような人選は避けるべきである，欧州以外の領事官選任に関してハンザに発言権があることは連邦領事館法制定の際に付帯決議されている，と国王ヴィルヘルムへ報告した。また，ニューヨークの総領事には同地駐在のハンザ公使が選ばれた。その背景には，このハンザ公使本人の高名さとともに，ニューヨークに入港するドイツ船舶のほとんどがブレーメン・ハンブルク籍であるという事実があった。

こうした例からすると，連邦領事官の人選に臨んでは，プロイセンとしても相当な譲歩をする覚悟があったものと捉えられる。北ドイツ連邦の憲法制定にも関わったサヴィニー（Karl von Savigny）による「北ドイツ連邦が大国（Großmacht）となるのはプロイセンによってであり，世界強国（Weltmacht）となるのはハンザ都市によってである」という言葉に端的に表現されるように，欧州外での通商におけるハンザ都市の優越は明らかであり，このことは当然ながらプロイセンも念頭にあったであろう。一方，ハンザ3都市としては北ドイツ連邦への併合によりハンザのそれまでの自由主義的通商体制が脅かされることを懸念していたが，連邦領事任命にあたってハンザへの特別な発言権が留保されたことで，連邦による領事権の早期の独占にそれ以上の異論を唱えなかった[33]。

なお，東アジアにおける北ドイツ連邦領事官の人選だが，日本については，その作業がちょうど戊辰戦争期の混乱と重なったものの，大きな問題もなく進捗した[34]。これに対して，中国については，いくつかの問題があり作業が大きく遅れた。詳細には立ち入らないが，ここでは，連邦成立当初に予算措置されていた上海・広東・天津の3つの職業領事官ポストの中で，予定どおりに人選できたのは上海だけであったこと，また，商人領事の配置を予定していた他のポストも，この頃，現地でハンザ商人領事が絡んだ不祥事が起きていたこともあり曲折を経たこと，の2点だけ述べておく[35]。

トルコ・ベルギーの領事官の多くは1867年中に人選されたものと考えられる。したがって，本稿での分析はあくまで概数によるものである。

(31) 当然ながら，それまでプロイセンから北ドイツ連邦を構成する他邦国へ派遣されていた領事は，あらかじめ差し引いて考える必要がある。

(32) 外国籍者の正確な数値は把握できない。他に，表4で示した分析結果に関しては，連邦成立時にプロイセンに併合されたハノーファー，フランクフルトなどの領事が新任扱いとして扱われた可能性なども加味する必要があろう。なお，ベルクは，帝国創建後10年の時点で名誉領事官600名のうち200名がドイツ国籍者以外である，としたドイツ政府の内部文書が存在する（典拠史料不詳），と述べるが，本稿筆者にはこの数値はやや過大と思える。Berg, *Die Entwicklung des Konsularwesens*, S.94.

(33) 大西「連邦国家における邦（ラント）の外交権」，47頁。Graßmann, *Das Ende souveräner Außenpolitik der Hansestädte*, S.87-95.

(34) 兵庫・大阪・江戸・新潟が開港開市し戊辰戦争が勃発した1868年前後は，まさに北ドイツ連邦領事の人選作業と時期的に重なったが，ブラントからの新規領事候補者の推薦などに基づいて，ほぼ問題なく領事任命が進んだ。PA AA, RZ 613/252866, Das Generalkonsulat für Japan und die Konsulate in Japan, Allgemeines, Bd.1: GStA PK, Nr. 12954.

(35) 職業領事館を予定していた広東では，暫定的にプロイセン時代からの商人領事を北ドイツ連邦領事として任命した。また天津につ

さて，北ドイツ連邦としての連邦領事官の人選作業は1870年6月の独仏戦争勃発後の同年9月まで続き，この時点でいったん中断となった。そして戦争終結後の翌71年2月に人選が再開された。今度は南ドイツ4邦を加えたドイツ帝国としての人選作業であった。審議は同じく連邦参議院通商運輸委員会で行われた。この第2段階の作業を記録する史料からは，帝国としての早期体制確立のため，第1段階よりも格段に作業を急いだことが看取される[36]。

以上，統一に際して2段階で行われた名誉領事官の人選作業は，プロイセンの優越を基調としつつも国家統合を強く意識して体制確立を目指した，とまとめられよう。

4 帝国創建後—領事体制の展開

4.1　前進に向けた議論

帝国創建時，以上のように整えられた体制は，その後どのように推移していったのか。ここではその前半に照準を定めて追跡していきたい。

まず出発点を確認しておこう。商人領事をめぐる政府の見解は，帝国期に版を重ねた『領事執務参考書（Handbuch des Deutschen Konsularwesens)』[37]から読み取ることが可能である。同書の初版（1875年）には次のようにある[38]。

我が国の領事館は圧倒的多数が名誉領事館である。

国家が比較的重要な地にのみ職業領事館を設置しているのは財政的な理由だけからではない。実際，職業領事館と名誉領事館を目的に適う形で結びつけることには様々な利点がある。職業領事官はドイツの事情及び利益が何たるかを知悉しており，その専門知識と外国からの完全な独立性を通じて国民の意思，及び祖国の利益を力強く推進することに優れているであろう。その一方で，多くが商人階層に属する名誉領事官は，純粋に商業的な目的や，あるいは土地の固有性やその地で適した方法への熟知が重要な場合には，特にその有用性が発揮されるであろう。

専任官吏と商人領事は双方に有用性があり，両者を目的に適う形で結びつけることこそが肝要である，というのが政府の見解であった。この時期，世論はすでに職業領事館の早期拡大を求めていたが，ドイツの長い伝統たる名誉領事官を保持しつつ，着実なテンポで職業領事官の配置を進める，という政府の方針は，この後も堅持されていく[39]。

帝国議会では，連邦外相フィリプスボルン（Maximilian von Philipsborn）が繰り返しこの方針を表明した。まずは名誉領事官を基調として徐々に専任官吏を増やすこと，その際，専任官吏を必要とする場所の抽出と，職業領事官として適当な人材の発掘に努力を傾注することを強調した[40]。

いては，ドイツ統一後にようやく職業領事を任命したが，その者が赴任早々に死去し，その後の中国における専任官吏の人繰りは難航した。PA AA, RZ 613/252803, RZ 613/252804: GStA PK, Nr. 12954. また1868年，中国駐在のハンザ領事・商人が，朝鮮での盗掘事件や，台湾当局との直接交渉により同島の土地を占拠した事件に関わったことから，北ドイツ政府とハンザ都市の間では在華ドイツ人の管轄問題が生じていた。鈴木楠緒子「ドイツ帝国成立期に於ける在華ドイツ人系領事館の統廃合問題」：鈴木楠緒子『ドイツ帝国の成立と東アジア』，111–142頁。

(36) 委員会での協議に先立って，連邦側（プロイセン）はバイエルンに対して妥協を旨として協議に臨むことを確認しており，バイエルンもまた，統一領事官が対外的にすみやかに示されるよう協力を約していた。PA AA, RZ 612/251067, Besetzung der Deutschen Konsulate, Bd.3.

(37) B. W. König, *Handbuch des Deutschen Konsularwesens*, 2. Ausgabe, Berlin: R. von. Decker's Verlag Marquardt & Schenck, 1878. プロイセン時代に発刊された „Preußens Consular-Reglement" （初版1854年，第2版1866年）を内容的に引き継ぐ刊行物である。ともに，領事官の執務参考とするため外務省から各種資料や助言を得て，ケーニヒ（枢密顧問官，法学博士）によって執筆された。統一後の „Handbuch des Deutschen Konsularwesens" としては初版1875年，第2版1878年，第3版1885年，第4版1888年と版を重ねた。著者のケーニヒは当該分野の権威とされ，本書は領事官の必読書とされた。Berg, *Die Entwicklung des Konsularwesens*, S. 95, 116)。彼の逝去後は彼の子である B. von König が改版の刊行を引き継ぎ，さらに第5版1896年，第6版1902年，第7版1909年，第8版1914年が出版された。Gottfried Hecker, *Handbuch der konsularischen Praxis*, München : C. H. Beck'sche Verlagsbuchhandlung, 1982, Vorwort. 本書は各版の刊行時点での関連の法令改正や各種数値などを反映していることから，帝政期における領事制度を通観するには格好の史料である。本稿における同書からの引用は，別記がない限り第2版（1878年）による。

(38) König, *Handbuch des Deutschen Konsularwesens*, 1. Ausgabe, S. 15-16.

(39) 1871年10月の『ブレーメン商業紙』では，職業領事館は増加しているものの連邦政府の努力は不十分だとして，「ドイツは他国より大きく立ち遅れている。職業領事館は以前のプロイセンと同様レヴァントに偏っており，全世界的に見れば領事職を担う商人のなかにポツリと専任官がいるだけだ」と論じられていた。*Bremer Handelsblatt*, Nr. 1046, 28. October 1871, S. 1-2. 商人領事の長い伝統を有するハンザ都市においても，時代情勢の変化とともに専任領事官の充実が求められていたことが窺える。この新聞論調に対して，現職のカラカス総領事は外務省に宛て，ドイツで広範に運用されている商人領事はフランスでも再評価されており，「海外で実際に長く職務にあたっている自分の考えとして，専任領事の数的拡大が緩慢であることはむしろ賢明な方策であり，ドイツにアプリオリに備わっている名誉領事の伝統はしっかりと保持していくべき」と意見を表明し，「官庁は，職業領事官とする有能な人材の発掘にこそ力を入れるべきだ」と付け加えた。Friedrich von Gülich an das Auswärtige Amt, Caracas, 12. Dezember, 1871; PA AA, RZ 612/251067. カラカス総領事ギューリヒは長らくプロイセンの職業領事官を務めていた数少ない者であった。

(40) 1871年5月17日及び1874年12月5日の発言。Verhandlungen des Reichstages. Stenographische Berichte Bd. 24, S. 441, Bd. 34, S. 517-518.

1874年の議会では，名誉領事館に収支内訳書の政府への提出を義務づけるよう求める決議が行われた。それまで収支内訳書は，名誉領事館に支出超過があって，その補填を政府に求める場合にだけ提出されていたのである。提案した議員らは，領事官はこれまで外務省の中でいくらか部外者扱いとされ，厳密に官僚ヒエラルヒーに属しているわけではなかったが，今後は正確な収支把握が必要である，と論じた。居留民・商船からの手数料等収入により採算が取れる名誉領事館は職業領事館に置き換えるべき，というのであった[41]。

この手法は職業領事館の拡充に向けた追い風になったようである。1880年代に入ると，職業領事館への置換の動きは，帝国議会の議員の目にも成果が認められる段階に至った。議員らからは，政府が関連予算額を圧縮しつつ職業領事館を着実に増やしていることへの肯定的な評価が表明された[42]。

しかし，採算が取れる名誉領事館を職業領事館へ置き換えるということは，反面ではそれまで名誉領事官が自分の懐に入れていた収入を国家が奪うことを意味する。果して世界各地の現場ではどのような状況だったのだろうか。

このことについて，少なくとも日本での事情は把握できる。北ドイツ連邦からドイツ帝国への移行時，政府が引き続き居留商人を名誉領事官として任命したことを知った兵庫・大阪の居留ドイツ人は，1872年4月，一致して職業領事館の設置を政府へ陳情した。陳情の理由は，そのほうが今日の状況に適う，領事官が商人による兼務では専任官吏が派遣されている他の主要国と太刀打ちできない，そのために結局はドイツの利益が損なわれている，というものであった。その後，当の名誉領事官もこの考えを支持した[43]。駐日代理公使ブラントもまた，この頃の日本の一般状況について，かつて船の入港が稀な時には商人による領事兼務は十分に可能だったが，郵便船が毎日1便以上出発している現在では，兼任領事官は領事としての仕事を後

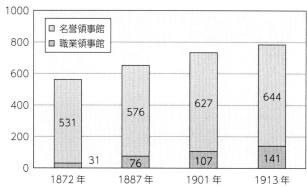

表5 ドイツ帝国における領事館数の変遷（職業領事館・名誉領事館の別）

（出典）Deutscher Reichsanzeiger, 23. Januar 1872：Handbuch des Deutschen Konsularwesens, 2. Ausgabe（1888）, 6. Ausgabe（1902）, 8. Ausgabe（1914）

回しにせざるをえない，と伝え，専任官吏の更なる派遣を要望していた[44]。

こうした，職業領事官の配置こそが現状に即して妥当であり，これは名誉領事官当人さえ納得できること，といった状況は，通商が輻輳する世界各地の多くの港市で発生しつつあったのではないか。

それでも，専任官吏への置換は適当な人材が得られる限りで徐々に，という政府の方針は貫かれた。帝国期の職業領事館の増加は年平均で2，3件のペースにとどまった（表5）。政府予算の大幅増を必ずしも伴わず，かつ商人領事からの大きな反発も見込まれないようでありながら，職業領事館の増加が一定限度を超えなかったことには，他に理由があったと考えられる。それは，職業領事官の任用をめぐる事情である。

ドイツ統一に際して定められた専任官吏としての領事官任用条件は，第1次法律学試験を通過し，行政官庁または裁判官庁における試補としての実務経験3年，及び連邦または邦の領事館における実務経験2年，とされた（連邦領

---

(41) 帝国議会議員カップ（Friedrich Kapp）及びオッペンハイム（Heinrich Bernhard Oppenheim）による1874年12月5日の発言。Ebenda, Bd.34, S. 516-517.

(42) 例えば，カップは1881年11月30日の議会で，アメリカ合衆国にある5つの職業領事館では，領事官の俸給合計と領事館で徴収する手数料収入合計を差し引きすれば，わずか8万マルク弱の予算持ち出ししかない，と述べた。Ebenda, Bd. 66, S. 114. また，1883年2月5日の議会では，この予算持ち出し額が前年度よりさらに約1万マルク減少していることに触れ，職業領事館拡充への政府の取組を称賛した。Ebenda Bd. 69, S. 1293.

(43) 1868年初め，北ドイツ連邦領事代理としてクニフラー商会の共同経営者エーフェルス（August Evers）が任命された。PA AA, RZ 613/252866. 1871年11月，エーフェルスは引き続きドイツ帝国の同地領事に任命されたものの，同年5月にはすでに同地を離れて横浜に居を移しており，以降，兵庫・大阪での領事業務を同じ会社の代表者であるイリス（Carl Illies）に譲った。本文の1872年4月付の兵庫・大阪居留民からの陳情書には，同地で活動する14社が署名している。この陳情書と並行して，イリスが領事館管理の任から解かれることを望んだため，同年6月，ブラントは横浜の総領事館に勤務していたアタッシェであるフォッケ（Focke）を兵庫に派遣して当座の業務にあたらせた。一方のエーフェルスは，一度住んだ横浜を離れてその後ドイツに滞在していたが，1872年11月，再び来日するにあたり，自分はもはや兵庫・大阪で商業活動を営む意向がない，として領事タイトルを正式に返上することを申し出，併せて，同地居留民の職業領事館設置の希望を叶えてほしい，と付け加えた。1873年12月，フォッケは正式に兵庫・大坂領事に任命された。PA AA, RZ 613/252869, Hiogo, Osaka, Kobe, Bd.1.

(44) Brandt an Otto von Bismarck, 27. Feb.1872; PA AA, RZ 613/252867.

事館法第7条第1項）。ただしこの他に，特別に設ける考査を通過することで任用される道も開かれていた（同第2項）。こうした領事館法の枠組みは，当時一般に外交官など高級官吏の資格条件が試補4年でかつ第2次法律学試験を通過することであったことを考えれば，そうした高級官吏のやや下方の人材の獲得を指向し，かつ実務の経験を重んじた，と解せられよう[45]。

帝国議会においては，1880年代に入ると領事官任用条件の厳格化が議論された。具体的には，連邦領事館法第7条第2項は，連邦領事制度立ち上げ前からの領事館勤務経験者に道を開くための暫定措置を意図したものであり，もはや削除すべき，という声が上がった。領事官が他のキャリアで失敗した者ばかりでは国の名誉や信用に傷がつくのではないか，第2項によりプロイセン貴族出身者が優遇されている，といった議員発言もあった[46]。これらは，帝国前半期における職業領事官任用をめぐる実態を，少なくともある程度反映していたのではないか。そもそも第1項が定める任用条件を他の高級官吏並み，すなわち第2次法律学試験の通過者とすべき，といった声もあった[47]。終身雇用の官吏たる領事官の質を落とさず適任者を採用していくにあたっては，政府としても慎重を期す必要があり，そうした事情からも職業領事館を短期で急激に増やすことは難しかったことが窺えよう。

4.2　国民経済と領事官

こうした議論に加えて，1880年代には領事官に対する別の資質への期待が高まった。全世界に何百と広がる領事館はドイツ製品の輸出増大のために貢献すべき，との声が産業界で大きくなっていた。ドイツはいよいよ不況期から脱却して飛躍に向けて始動していた。本稿では，この時期のそうした流れの象徴と言える動きを2つ挙げておこう。

1882年5月，『ドイツ領事館新聞（Deutsche Consulats-Zeitung）』が発刊された。発刊前月の予告号（図1）は，その第1面に「我々が望むもの」と題された記事において，次のように創刊の趣旨を熱く伝えた[48]。

国民の経済活動と物質的生活は，今や何よりも輸出を増大する努力にかかっている。本週刊新聞の創刊が目指すものは，その努力への最大限の寄与である。ど

図1　『ドイツ領事館新聞』1882年4月予告号
（所蔵）Staatsbibliothek zu Berlin

うかドイツ領事の皆さんからの支援をお願いしたい！皆さんが法律で謳われている職業的義務を果たすため，我々はあらゆる分野の詳細な情報をお届けしたい。

以降，1886年まで発刊されたこの新聞の紙面には，商品市況・経済団体などの一週間の動き，業界ごとの近年の動向や今後の方向性，政府や産業界の国際的プロジェクト，さらには輸出関連企業各社の製品情報や連絡先一覧など，まさに輸出増進のための実用的情報が満載されていた[49]。

1883年5月，ドイツ工業者中央連盟は「ドイツ領事館制度改革に関する決議文」を発した。そこでは，「高い品質の製品を国外市場へ送り出すことは産業界の責務であるが，我が領事館からの組織的支援があってこそ英仏の競争相手に勝ち抜く見通しが開かれる。そのためには領事館改革は避けて通れない」として，名誉領事館が主体の現在のあり方を抜本的に改め，ドイツ製品の主な輸入港や商業拠点港市に職業領事館を置くことや，領事館と工業者との双方向の情報交換をより密接に行うことなどが提唱されていた[50]。

帝国議会でもまた，商工業や港湾の現地での経験を任用条件に加えることなど，国民経済に関する知識・経験を重

(45) 近代ドイツの官吏資格については，野村耕一「官吏資格の制度と機能」望月幸男編『近代ドイツ＝「資格社会」の制度と機能』（名古屋大学出版会，1995年），17-46頁を参照。

(46) 1881年11月30日の議会ではカップらが，1883年2月5日の議会ではカップ，ゾンネマン（Leopold Sonnemann）らが，こうした発言を行った。Stenographische Berichte Bd. 66, S. 113-121, Bd. 69, S. 1293-1296.

(47) Ebenda, Bd. 69, S. 1295.

(48) *Deutsche Consulats-Zeitung*, Probe-Nummer, 1. April 1882, S. 1.

(49) Ebenda, 1882-1886.

(50) Arnold Steinmann-Bucher, *Die Reform des Konsulatswesens aus dem volkswirtschaftlichen Gesichtspunkte*, Berlin: R. von Deckers Verlag Marquardt & Schenck, 1884, S. 110-113.

視した領事官のあり方が論じられていた[51]。この提案の実現に前向きな宰相ビスマルクによる答弁も記録されている[52]。こうした議論からは，領事館による国民経済への貢献に対する期待の高さとともに，法学重視の官吏任用制度の体制の中から領事官の適性者を任用していくことの難しさが窺えよう。

5 帝国領事体制の到達点

前章で見た帝国領事館の進展において，議論の中心はもっぱら職業領事館の拡充にあり，名誉領事館は蚊帳の外に置かれたかのような印象を受ける。しかし，『領事執務参考書』及び『帝国領事館リスト』に基づいて帝国末期の状況（表6）を確認すると，名誉領事館もまた増加を見せている。帝国創建以来，職業領事館・名誉領事館はともに館数的にはほぼ等しい程度に拡充していたのである（表5も参照）。改革議論の中では存在感が希薄な商人領事であるが，決して縮小してはいなかった。

もっとも，領事館体制の階層化はかなり進展した。帝国末期では，総領事館はもっぱら職業領事館が担っており，名誉領事館の中では代理領事の割合が増えた。職業領事館

管内の一地域を名誉領事館が管轄する，という上下関係が顕著となった。領事体制を担う専門スタッフの充実も進み，重要な領事館では複数人の専門スタッフが配置されていた[53]。これらに，同時期における外交使節（大使・公使等）の充実[54]を考え合わせれば，外交使節—職業領事館—名誉領事館（中でも正式な名誉領事館—領事代理）と階層化された役割区分が明確となってきた，と言えるのではないか。一部の領事官が外交官の役割を兼ねていたような時代は去り，領事官は「自国民の保護」という現在の機能に近いものとなっていった。その中で，商人領事が大多数を占める名誉領事館は，職業領事官を派遣するほどの重要性がない地，といった，領事体制全体の末端側を受け持つ存在であることが明確となってきた。もっとも，だからこそ多くの商人らが本業の傍ら兼務で領事官としての役割を果たし続けられたのであろう。しかしそれは，ドイツが国家として膨張していく過程で，新たな商取引や船舶往来が生じた小港湾などではまず領事代理が指名され，さらに名誉領事館が設けられる，という形で領事体制の機動性を確保するための装置であったとも言えよう。

前章冒頭で確認した『領事執務参考書』には，その初版（1874年）とほぼ変わることなく，最終版（1914年）に至っ

表6 帝国末期の連邦領事体制（1913年）

領事館総数 （代理領事含む）	内訳	職業領事館	名誉領事館 （代理領事含む）
785		141 （総36・領102・副3）	644 （総0・領/副531・代113）

［接受国別の領事館総数（海外領を含む）・上位5国］　括弧内は職業領事館数（内数）
1 イギリス 62（2）＋海外領 68（9）
2 ロシア 45（12）
3 トルコ 32（14）
4 イタリア 30（5）＋海外領 1（0）
5 スペイン 29（2）＋海外領 1（0）

［職業領事館の接受国別内訳・上位のみ（5館以上）］　括弧内は領事館総数
トルコ 14〈32〉，中国 14〈16〉，アメリカ 13〈29〉，ロシア 12〈45〉，イギリス 11〈130〉，ブラジル 8〈23〉，フランス 6〈23〉，オーストリア＝ハンガリー 6〈11〉，イタリア 5〈31〉，日本 5〈5〉

総：総領事館，領：領事館，副：副領事館，代：代理領事
接受国の区分は原史料に基づく。イギリスはアイルランド全体を含む。
（出典）Verzeichnis der Kaiserlich Deutschen Konsulate, Mai 1913：Handbuch des Deutschen Konsularwesens, 8. Ausgabe（1914）

---

(51) Stenographische Berichte Bd. 66, S. 115-121.
(52) Ebenda, S. 116.
(53) 例えば，帝政末期の上海総領事館は，領事機関の長たる総領事のほか領事・秘書官など合わせて13名のスタッフを擁している。Verzeichnis, 1913.
(54) ドイツ帝国による外交使節の派遣は，創建期1874年度の予算ベースでは26使節（大使4，公使14，弁理公使8）であった。Hans Philippi, „Das deutsche diplomatische Korps 1871-1914", Klaus Schwabe (Hrsg.), *Das Diplomatische Korps 1871-1945*, Boppard am Rhein: Harald Boldt Verlag, 1982, S. 41. また末期（1913年）においては43使節（大使9，公使20，代弁公使10，代理公使3，その他1）へと変遷した。König, *Handbuch des Deutschen Konsularwesens*, 8. Ausgabe, S. 6-7.

ても「職業領事館と名誉領事館を目的に適う形で結びつけることには様々な利点がある」という政府の基本的見解が記されている。帝国創建時，ある現役総領事が「ドイツにアプリオリのもの」とまで評した[55]，この国の伝統ある商人領事は，19世紀外交の枠組みの変化の中で，その役割を変遷させつつも，帝国末期に至っても十分に有用性を保持し続けた存在だったのである。

6 おわりに

　本稿では，前半において，ドイツ領事制度の発生から帝国創建までの領事官任用をめぐる流れを全世界的な視点でたどった。そこからは，ドイツに深く根差した商人領事の伝統，及びドイツ統一期のハンザとプロイセンの関係性が概観できた。また後半において，それ以降，1880年代までの領事体制をめぐる動向と議論を追い，併せて帝国末期の様相を確認した。その結果，議会や経済界からは商人領事に依存する体制からの脱却が強く求められる中，政府はこれと方向性を共有しつつも，実際の専任官吏の任用は一定のペースにとどめ，そのため，商人領事は意味合いを変えつつ帝政末期に至るまで有用性を保持し続けていた，ということが確認できた。

　今後は，本稿でたどったドイツ領事政策史を，その日本における動向と重ね合わせながら，冒頭に掲げた点について考察していくことが課題となる。ドイツの全体的動向と対日領事政策との齟齬に関しては，日本では主要貿易港が比較的早期に横浜・神戸・長崎へ収斂していたことがあろうし，ドイツ人の移民先やドイツ経済の戦略的進出先，といった，密度の高い領事官配置を促す要素を日本が欠いていたことなどが原因として考えられよう。ドイツと並行した日本の国際的地位の向上も1つの要因であろう。対日外交を代表する者の肩書が領事から代理公使，弁理公使，特命全権公使，さらには特命全権大使へと格上げされていった例は他にない。複合的な条件の中で，日本だけを例外とする状況が生まれたのではないか。商人領事に関する史料をさらに紐解きながら考えていきたい課題である。

　本研究は日本学術振興会・科学研究費補助金（課題番号20H01464）の助成を受けたものである。

（55）注39を参照。

公募論文

カール・フォン・シューベルトの対外政策構想
——国際連盟外交と中ソ紛争への対応をめぐって

井上健太郎

Der außenpolitische Grundgedanke des leitenden Beamten Carl von Schubert über den Völkerbund und seine Reaktion auf den chinesisch-sowjetischen Konflikt

Kentaro Inoue

■ はじめに

　1919 年 6 月 28 日，パリ講和会議でヴェルサイユ条約が締結され，新生ドイツは戦勝国中心の国際秩序に法的に組み込まれた。本稿は，戦間期国際秩序を支えた国際連盟（以下，連盟）へのドイツの対応と加盟後の活動について，カール・フォン・シューベルトら外務官僚の連盟構想と，その解決にドイツが深く関与した国際紛争である 1929 年の中ソ紛争への対応を中心に分析することを目的とする。

　ところで，一国の対外政策というものは，外務省内で国際問題の分析と情報収集に基づいてその枠組みが立案され，その後政府レベルでの検討を経て決定される。その際，政策の基本的構想を練るのが専門的知識と技能を身に付けた外務本省所属の外務官僚たちである。ところが，これまでのドイツ外交史研究においてヴァイマル共和国時代の外務官僚の課題認識や政策構想に焦点を当てたものは，管見の限り見当たらない。その要因として考えられるのは，外務官僚に関する研究が 2000 年代以降になって進展を見たことである[1]。これと関連して，ヴァイマル時代の外交は往々にしてグスタフ・シュトレーゼマン外相の名と結びつけて検討されてきたことがもう一つの理由である[2]。

　これに対して，英国外交史研究者の藤山一樹は，一般に「政治家の政策決定を準備するのは情報を専門的に収集および分析できる官僚機構」であり，それゆえ対外政策案には「起草者の主観的判断が少なからず反映される」と指摘している[3]。また，本稿の分析視点である「構想」に着目する意義について，安達宏昭は，当時の政策決定者が持っていた課題認識を明らかにできる点，課題に取り組む中で明確になる矛盾や限界を解明できる点，構想を分析する以上，政策決定過程の中心にいるアクターに注目することになる点に求めている[4]。それゆえ本稿は，以上の分析視点をドイツ外交史研究に応用することで，これまでのシュトレーゼマン中心の外交史研究に対して，シューベルトら外務官僚の構想が政策決定過程で小さくない役割を果たしたことを指摘し，ドイツ外交史像の新たな側面を照射することを試みる。

　次に先行研究の整理を行う。まず，本稿の検討対象であるシューベルトは 1920 年 8 月から外務省の要職に就いて対英・米政策を担当し，シュトレーゼマン外相の下では外務次官として省内の様々な構想をまとめる立場にあり，閣議への出席や国際会議での交渉にも関与した。また，1920 年代後半になると，病気でベルリンを留守にすることが多くなったシュトレーゼマンに代わり，外相代理として国際

（1）例えば以下を参照。Niels Joeres, *Der Architekt von Rapallo*, Diss., Heidelberg, 2006; Peter Krüger, *Carl von Schubert. Außenpolitiker aus Leidenschaft*, Berlin: Duncker & Humblot, 2017.

（2）Eberhard Kolb, *Gustav Stresemann*, München: Beck, 2003; Wolfgang Michalka / Marshall M. Lee（Hrsg.）, *Gustav Stresemann*, Darmstadt: Wissenschaftliche Buchgesellschaft, 1982; Karl Heinrich Pohl（Hrsg.）, *Politiker und Bürger. Gustav Stresemann und seine Zeit*, Göttingen: Vandenhoeck & Ruprecht, 2002; Jonathan Wright, *Gustav Stresemann. Weimar's Greatest Statesman*, Oxford: Oxford University Press, 2002. 2010 年代までのシュトレーゼマン研究史については以下を参照。北村厚『ヴァイマル共和国のヨーロッパ統合構想——中欧から拡大する道』（ミネルヴァ書房，2014 年），5–10 頁。

（3）藤山一樹『イギリスの対独「宥和」一九二四-一九三〇年——ヨーロッパ国際秩序の再編』（慶応義塾大学出版会，2019 年），16 頁。

（4）安達宏昭『「大東亜共栄圏」の経済構想——圏内産業と大東亜建設審議会』（吉川弘文館，2013 年），3–4 頁。

社会で精力的に活動した。

このようにヴァイマル共和国の対外政策において極めて重要な役割を演じたシューベルトは、ペーター・クリューガーを例外としてあまり研究されてこなかった[5]。クリューガーの功績は未開拓だったシューベルト研究の端緒を開いたことであり、彼の一連の研究で、西欧諸国（特に英・仏）との協調や国際貿易の促進といったシューベルトの対外政策構想が明らかとなった[6]。もう一つの貢献は、シュトレーゼマン外相期に本格化する対外政策の基本的構想が、1923年以前にすでにシューベルトらによって準備されていたという示唆を後続の研究に与えたことである。だが、クリューガー自身の死によって、そのシューベルトの伝記的研究は未完成のままとなり、その後の個別研究もまだ進展はない。だが、彼の政策構想が外務省指導部の共通認識と政策方針を明らかにする点で不可欠な要素であることは疑いない。それゆえ、シューベルトの個別研究をさらに進める必要がある。

ところで、第一次世界大戦後の国際秩序は当初からドイツの封じ込めを想定したものであり、この秩序を支えた国家間国際組織の一つが国際連盟であった。その連盟とドイツとの関係については、すでにいくつかの優れた研究がある。まず、連盟に関しては、それが持つ紛争防止の機能に近年注目が集まっている。「戦争を防止するための国際組織」として創設された連盟の中心的役割が集団安全保障であるが、この機能は1920年代全般にわたって強制措置（制裁措置）よりも、むしろ連盟規約第11条に依拠する国際紛争の平和的解決に重点を置いて発展した点が明らかにされた[7]。次に、ドイツの連盟外交をめぐっても優れた研究が残っている[8]。もっとも、ユルゲン・ヨーンとユルゲン・ケーラーの論考は通史的性格が強く、連盟外交における外務省と外務官僚の役割には焦点を当てていない。その点でヨアヒム・ヴィンツァーは、外務省を含めた多様なアクターを取り上げており、1926年9月の連盟への加入に至るドイツの連盟外交の変遷を詳細に分析している。だが

その反面、検討対象を広げ過ぎており、結局どのアクターが連盟外交において決定的な役割を担ったのかが不明瞭となってしまっている。また、加盟後のドイツの連盟外交に関してクリストフ・M・キミッヒは、連盟におけるラインラント問題、賠償問題、少数民族問題へのドイツの取り組みを検討しているが、一方で国際紛争の平和的解決に対するドイツの態度には言及していない。先述のクリューガーも、シューベルトは連盟を「利害調整、より緊密な経済連携、連盟理事会における制度として新たに作り変えられた欧州協調という欧州政策のための機構と基盤」として認識していたと述べている[9]。

周知のように、ドイツは加盟と同時に連盟理事会の常任理事国のポストを与えられたが、それは国際の平和維持に主体的に参画する機会と義務がドイツにも与えられたことを意味した。そのようなドイツの連盟への態度が最も如実に表れたのが、1929年8月に帝政ロシア時代の鉄道経営権をめぐって勃発した中ソ紛争である。中ソ紛争については、日本外交史に先行研究があるものの、それらの問題関心は日・中・米・ソ相互の利害や駆け引きに向けられている[10]。また、ドイツ語史料集『独中関係　1928〜1937年』にある中ソ紛争史に関する叙述は通史の域を出ていない[11]。それに対して本稿は、中ソ紛争をドイツ外交史の中に位置づけ直すことを試みる。本稿がドイツ＝連盟関係の観点で中ソ紛争に着目するのは、この事件がラインラント問題などと異なり、従来のドイツ＝連盟関係史研究では注目されてこなかった、ドイツの利害に直接絡んでいない国際紛争という視点から、ドイツと連盟との関係を再検討できると考えるからである。

以上の先行研究の残した課題に鑑みて本稿は、連盟加盟後のドイツが連盟の平和維持機能に信を置かず、むしろ少数の大国間での問題解決を志向し続けた点を明らかにする。本稿は、このようなドイツ外交の志向性を「旧外交の残滓」[12]と捉えることで、ヴァイマル期の対外政策の「旧外交」的な一側面を明らかにするものである。

（5）以下の文献は数少ないシューベルト関連の研究書であるが、内容の点では概説書の域を出ない。Pouyan Shekarloo, *Carl von Schubert, Auswärtiges Amt, and the Evolution of Weimar Westpolitik, 1920-1924*, Norderstedt: GRIN Verlag, 2011.

（6）Krüger, *Carl von Schubert.*

（7）帯谷俊輔「「強制的連盟」と「協議的連盟」の狭間で——国際連盟改革論の位相」『国際政治』193号（2018年）、79頁；柴田祐輔「国際連盟期における防止措置」柘山堯司編『集団安全保障の本質』（東信堂、2010年）、114頁。

（8）Jürgen John / Jürgen Köhler, „Der Völkerbund und Deutschland zwischen den Weltkriegen", *Zeitschrift für Geschichtswissenschaft*, 38. Jahrgang, Heft 5, 1990, S. 387-404; Christoph M. Kimmich, *Germany and the League of Nations*, Chicago / London: The University of Chicago Press, 1976; Joachim Wintzer, *Deutschland und der Völkerbund 1918-1926*, Paderborn: Schöningh, 2006.

（9）Peter Krüger, „Carl von Schubert und die deutsch-französischen Beziehungen", Stephen A. Schuker (Hrsg.), *Deutschland und Frankreich. Vom Konflikt zur Aussöhnung. Die Gestaltung der westeuropäischen Sicherheit 1914-1963*, München: Oldenbourg, 2000, S. 90.

（10）臼井勝美「一九二九年中ソ紛争と日本の対応」『外交史料館報』7号（1994年）、24-39頁；服部龍二『東アジア国際環境の変動と日本外交 1918-1931』（有斐閣、2001年）、255-263頁。

（11）*Deutsch-chinesische Beziehungen 1928-1937. „Gleiche" Partner unter „ungleichen" Bedingungen*（以下 *Deutsch-chinesische Beziehungen* と略記）, hrsg. von Bernd Martin, Berlin: Akademie Verlag, 2003, S. 225-231.

（12）本稿では「旧外交」を、公開の討議や多国間会議ではなく、大国間の非公式会談や二国間交渉による紛争解決を志向する外交とい

以下，本稿の構成を示す。まず，ドイツの封じ込めを前提とした戦間期国際秩序を概説した後，第2節でシューベルトら外務官僚の連盟構想を検討し，第3節で中ソ紛争の平和的解決へのシューベルトらの対応を分析する。最後に，全体のまとめを行う。

1 戦間期国際秩序と国家間国際組織

戦間期国際秩序は，英・米・仏ら主要戦勝国の手で当初よりドイツをターゲットとした封じ込め体制を前提に構築された。この国際秩序の支柱となったのは戦勝国を中心とする3つの体制（System）であり，それらはヴェルサイユ体制，国際貿易（自由貿易）体制，国際連盟を中核とする国際平和機構体制であった[13]。大戦終結後早くもパリ講和会議において今後の重大な政治的課題として講和条約の履行，欧州経済の再建，国際関係の構造的再編が認識されていた。だが，これらの課題には包括的枠組みが必要であり，そのための連合国間ないしは国家間国際組織の設立が急務となった。その国家間国際組織とは最高理事会，大使会議，国際連盟，そして連合国軍事管理委員会のような各種委員会である[14]。以下では，ヴェルサイユ条約の規定に基づいて設けられた各種委員会は除外して，より広範な問題に取り組んだ最高理事会，大使会議，国際連盟に論述を絞る。

最高理事会と大使会議は連盟とは対照的に，1920年代前半の国際紛争の調停に際し一定の成果を上げたが，徐々にその機能を連盟に譲っていった。最高理事会の起源は1917年11月に創設された最高戦争評議会であり，パリ講和会議でこの評議会は，戦勝国が交渉のイニシアティブを保持するために最高理事会へと改組された。ヴェルサイユ条約調印後，最高理事会は講和条約の基本的問題の考究を主要な課題とし，1923年1月までに18の国際会議の開催に関わった[15]。その一方で，講和条約の解釈と履行という具体的な作業はやがて大使会議に委託されることとなっ

た。大使会議自体はウィーン会議後のパリ大使会議を嚆矢とし，限定的な領土問題や経済問題の解決に取り組んできたが，大戦後アルバニア国境紛争（1921年）の調停を機に，講和条約に関連する領土問題の他，軍事・経済・金融・交通・少数民族問題の解決のために復活した。会議の主要なメンバーは米・英・仏・伊・日の五大国であり，またベルギーのような他の戦勝国も参加することもあった[16]。

以上の両国際組織が大国の協議機関であったのに対し，国際連盟は「普遍的国際機構であることを前提に創設された機構」と位置づけられる[17]。アントワーヌ・フリューリーは，連盟規約に体現される国際政治上の新潮流として一方で集団安全保障と連帯責任を，他方で経済・社会・科学・技術・文化の領域における国際協力機構の創設を挙げている[18]。前者が政治的機能，後者が非政治的機能に相当するが，本稿では政治的機能に着目する。

ところで，1920年代の連盟は集団安全保障の強化を目指して，侵略国と見做された国家に対する制裁措置の強化・拡充を試みた。ところが，実際には，連盟は集団安全保障の手段として制裁措置よりも紛争の平和的解決方法（防止措置）の整備の方に重点を置いていた[19]。1924年以降，連盟は制度的に安定していき，1925年10月のギリシャ・ブルガリア国境紛争の平和的解決の成功を転機に，大使会議の役割は連盟へ引き継がれた[20]。この傾向を決定的にしたのが，ロカルノ条約の調印と翌年のドイツの加盟であった。このように，1920年代後半になると連盟は平和的解決を優先しつつ国際紛争への対処を担うようになった。

2 シューベルトの連盟政策構想

2.1 外務官僚シューベルトの経歴

本節ではシューベルトの連盟構想について分析していくが，その前にシューベルトの経歴を簡単に確認しておく[21]。1912年10月以来シューベルトが駐英大使館で二等

う意味で用いる。旧外交の定義については以下を参照。千葉功『旧外交の形成——日本外交一九〇〇～一九一九』（勁草書房，2008年），ⅱ頁；細谷雄一『外交——多文明時代の対話と交渉』（有斐閣，2007年），第2章，第3章。

(13) Wintzer, *Deutschland und der Völkerbund*, S. 59.

(14) Jürgen Heideking, „Oberster Rat – Botschaftskonferenz – Völkerbund. Drei Formen Multilateraler Diplomatie nach dem Ersten Weltkrieg", *Historische Zeitschrift*, Bd. 231, 1980, S. 590; Wintzer, *Deutschland und der Völkerbund*, S. 64-65.

(15) Heideking, „Oberster Rat", S. 593-594.

(16) Ebenda, S. 594, 604-609; 柴田祐輔「防止措置」，87-90頁。

(17) 帯谷俊輔『国際連盟——国際機構の普遍性と地域性』（東京大学出版会，2019年），201頁。

(18) Antoine Fleury, "The League of Nations. Toward a New Appreciation of Its History", Manfred F. Boemeke / Gerald D. Feldman / Elisabeth Glaser (ed.), *The Treaty of Versailles. A Reassessment after 75 Years*, Washington, D.C. / Cambridge: German Historical Institute / Cambridge University Press, 1998, pp. 508-509.

(19) 樋口真魚「第一次世界大戦後の東アジア国際秩序と日本外交——多国間枠組みと集団安全保障をめぐって」『東アジア近代史』27号（2023年），11-12頁。

(20) Heideking, „Oberster Rat", S. 627; 篠原初枝『国際連盟——世界平和への夢と挫折』（中央公論新社，2010年），143頁。

(21) なお，第一次世界大戦直前までのシューベルトの出自と経歴については以下を参照。拙稿「ヴァイマル期ドイツ外務省における

書記官として勤務していたとき，第一次世界大戦が勃発する。学生時代に予備役将校の肩書を取得していたシューベルトは1914年10月に兵役に就いた。1915年7月に外交官職に復帰し，終戦まで駐スイス公使館に勤務した。1919年4月，外務本省へ召還されたシューベルトは翌月にパリ講和会議のドイツ代表団の一員に加わった。会議の間，シューベルトは代表団内で様々な作業グループの調整役を務め，同代表団政治委員会ではロシア諸国家，オーストリアのドイツ系地域，占領地域における軍事問題を担当した[22]。

講和会議での活動を終えると，シューベルトは再びスイスへ戻るが，1919年11月に外務本省に復帰し，翌年1月には参事官に昇進した。1920年2月，英国との外交関係が回復して間もない駐英大使館の新任大使フリードリヒ・シュターマーを補佐するために，代理大使として二度目の渡英を果たす。8月，本国に帰任したシューベルトは第V局長（英国とその帝国を管轄）に就任した（1921年10月から第III局長）。このときベルリンでは，エドムント・シューラー人事局長による外務省改革が混乱を招いており，そのためシューベルトはシューラー改革の是正に取り組むことになる[23]。1924年12月，アゴ・フォン・マルツァーンの後任として外務次官に抜擢され，1930年6月の駐伊大使館への転属まで長きに渡りドイツの対外政策に関与した。1925年10月のロカルノ会議に出席するなど，シュトレーゼマン外相の右腕としてヴァイマル外交を支えたが，1930年以降冷遇され，1933年7月には退官を余儀なくされた。クリューガーの研究には，退官後の1947年6月1日にトリーアで死去するまでのシューベルトの活動への言及が少なく，ナチ期における彼の具体的な活動ははっきりしていない。

2.2 シューベルトの連盟構想
2.2.1 パリ講和会議からルール占領直前まで

ここからは，シューベルトら外務官僚の連盟構想や連盟外交案を検討していく。

初期のドイツの連盟観としては，1919年5月29日にパリのドイツ代表団が戦勝国の講和条約草案に対して提示したドイツ側対案が知られている[24]。シューベルトも代表団の一員としてこの対案作成に関わっていたことは，十分考えられる。実際，ドイツ側対案が提示された直後，ヒュー・ギブソン駐ポーランド米国全権代表との会談に，初期のシューベルトの連盟構想を読み取ることができる。この会談でギブソンはドイツの連盟への早期加盟を勧めたが，シューベルトは連盟設立の前提（自由貿易と加盟国間の平等）を侵害する講和条約はドイツの主張する加盟条件と相容れないと返答した[25]。だがシューベルトは連盟そのものに否定的ではなく，1919年6月14日に自ら作成した「講和条約草案に関する覚書」の中で，連盟を通じた条約草案の修正に言及している。すなわち，ドイツは戦勝国の世論の間で「条約には過酷すぎる条項が含まれており，力の平和の徴候が露骨に現れているという声」が高まるまで条約に署名すべきではなく，その間，「講和問題が解決されないなら国際連盟の誠実な手に，あるいは国際連盟がまだ発足していない間は将来の連盟理事国である敵国5ヵ国の手に，我々の国家を委ねる用意があることを協商国に表明する」ことをシューベルトは提案した。それはドイツの「誠意」の証であり，「一方で履行不可能な講和への署名を禁じられ，他方で署名の拒否に底意はないこと」を示すことができるからである[26]。これはヴァイマル共和国初期のシューベルトの政策構想と言えるが，実際の交渉はシューベルトの思惑通りにはいかず，ドイツは戦勝国の要求をほぼすべて呑む形で講和条約に調印した。

こうして，ヴェルサイユ条約への反発や，さらにオーバーシュレージエン帰属問題への連盟理事会の介入等が原因となって，外務省の連盟評価は否定的なものへと転じた。オーバーシュレージエン分割決議直後の1921年11月5日付の回状（マルツァーン第IV局長が送付）は，同問題を連盟理事会に委任した最高理事会の決定を法的根拠薄弱

シューラー改革の教育社会史的考察」『Sprache und Kultur』41号（2022年），45-46頁。また，以降の本項の叙述は以下の史料・文献に基づく。*Biographisches Handbuch des deutschen Auswärtigen Dienstes 1871-1945*, hrsg. vom Auswärtigen Amt, Bd. 4, Paderborn: Schöningh, 2012, S. 178-179; Martin Kröger, „Carl von Schubert (1882-1947). Eine biographische Skizze", *Carl von Schubert (1882-1947). Sein Beitrag zur internationalen Politik in der Ära der Weimarer Republik. Ausgewählte Dokumente*（以下 *Carl von Schubert* と略記），hrsg. von Peter Krüger, Berlin: Duncker & Humblot, 2017, S. 9-31; Krüger, *Carl von Schubert*, S. 21-22, 30-31, 47, 132.

(22) *Carl von Schubert*, Nr. 3, Anm. 1, S. 95-96.

(23) シューラー改革については以下を参照。Kurt Doß, *Das deutsche Auswärtige Amt im Übergang vom Kaiserreich zur Weimarer Republik*, Düsseldorf: Droste-Verlag, 1977; Peter Krüger, „Struktur, Organisation und außenpolitische Wirkungsmöglichkeiten der leitenden Beamten des Auswärtigen Dienstes 1921-1933", Klaus Schwabe (Hrsg.), *Das diplomatische Korps 1871-1945*, Boppard am Rhein: Boldt, 1985, S. 101-169; 拙稿「シューラー改革の教育社会史的考察」，41-61頁。

(24) ドイツ側対案における連盟観については以下を参照。Alma Luckau (ed.), *The German Delegation at the Paris Peace Conference*, New York: Columbia University Press, 1941, pp. 314-315, 320-323.

(25) *Carl von Schubert*, Nr. 3, Anm. 1, S. 96.

(26) *Carl von Schubert*, Nr. 3, S. 97, 99.

として批判した[27]。また、シューベルトと親交の深いフリードリヒ・ガウス（1923年に外務省法務局長に就任）もオーバーシュレージエン問題等を挙げて、連盟を「これまでヴェルサイユ条約を履行するための便宜しか協商国に与えていない機構」と見做した[28]。一方で外相と政府与党は、1922年7月25日のヨーゼフ・ヴィルト首相兼外相の発言[29]のように、連盟へのドイツの加盟に対し慎重な姿勢を維持しつつ、基本的に1919年以来ドイツが連盟に敵対的であるという印象を与えないよう配慮し、連盟への加盟を不可避なものと考えていた[30]。実際、1922年5月9日の政府・諸政党間会議ではドイツの連盟への加盟が議題の一つに上った[31]。

2.2.2 ルール占領期における構想の変化

このように、1922年末までの外務省では反連盟的な意見が多数を占めたが、1923年1月のフランス・ベルギー軍のルール占領を境に、こうした連盟観は大きく変容する。

ルール占領初期にはシューベルトは従来の連盟への不信感をなお持ち続けていた。1923年1月29日付のドゥフォール＝フェロンス駐英大使館参事官宛て書簡の中で、「国際連盟には私は全く何も期待しておりません。反対に、もし国際連盟にルール占領問題と賠償問題が委託されれば、極めて憂慮すべきものになると考えております」と述べているように、シューベルトは連盟の介入をなお警戒していた[32]。ところが、ルール占領から約2ヵ月が経つと、シューベルトは連盟外交の見直しを検討し始めた。3月末のドゥフォール＝フェロンス宛て書簡で、「私は、以前あなたが送られた手紙の一つにお書きになっていたことの中で、我々が国際連盟に対して何らかの立場を表明しなければならないとあなたがご意見なさったことが全く正当であったと徐々に分かってきました」と述べ、連盟への態度を軟化させた[33]。

さらに、シューベルトの連盟構想の変化は外務省内でも

共有されていたようである。7月8日付のシュターマー駐英大使宛て機密文書は、連盟へのドイツの加盟をより現実的な問題として取り上げている[34]。すなわち、ドイツは「国内および国際関係の展開によって、近いうちに国際連盟への加盟が欧州問題を解決する不可欠の要素になる」ことを考慮せねばならない。その際、「適切な時期においてなるべく有利な条件が揃ってはじめて加盟が実現するように、事態の展開に影響を及ぼすこと」が肝要である。また、米国が打診してきた常設国際司法裁判所への加入が、ドイツと連盟との結びつきをもたらすかもしれず、これによって「ベルリンとジュネーヴの間に現在ある大きな隔たりが架橋され、必要になりつつある国際連盟へのさらなる接近が容易になり、ジュネーヴの機構（国際連盟——筆者）の組織改革が開始される」と連盟外交構想が述べられている[35]。

2.2.3 ドイツの連盟加盟をめぐるシューベルトと外務省の構想

本項では、1924年中のドイツの連盟への加盟をめぐるシューベルトと外務省の構想から閣議決定までの過程を述べる。というのは、この年の外務省側の構想が翌年10月のロカルノ会議での条約交渉に影響を与え、また同会議でドイツの連盟加入がすでに既定事項とされていたことに鑑みて、本稿では加盟問題の重要な画期を1924年と考えるからである。

前項の通り、ルール危機を契機にシューベルトの連盟構想は根本的に変化したが、一方で外務省には依然として連盟に対し距離をとる高官も存在した[36]。ところが、1924年5月にフランスで穏健派のエドゥアール・エリオが首相に就任したことが、シューベルトら連盟積極派に有利に働いた。熱烈な連盟支持派のエリオはドイツの加盟にも原則的に反対しなかったからである。こうして、外務省では加盟への動きが活性化していく。実際、8月にシューベルトは加盟を前提とした上で、常任理事国のポストがドイツに

---

(27) *Akten zur deutschen auswärtigen Politik 1918-1945 aus dem Archiv des Auswärtigen Amts*（以下 *ADAP* と略記）, Serie A, Bd. V, Göttingen: Vandenhoeck & Ruprecht, 1987, Nr. 170, S. 346.

(28) *ADAP*, Serie A, Bd. VI, Nr. 41, S. 81.

(29) エドガー・ヴィンセント・ダバーノン子爵駐独英国大使との会談で、ヴィルトはドイツでは「国際連盟はヴェルサイユ条約と完全に同一視されており、この条約を履行するための手段としか見做されていない」と語った（*ADAP*, Serie A, Bd. VI, Nr. 162, S. 336-337）。

(30) Kimmich, *Germany and the League of Nations*, pp. 37-38; Wintzer, *Deutschland und der Völkerbund*, S. 163, 191.

(31) *Akten der Reichskanzlei. Weimarer Republik. Die Kabinette Wirth I und II*, bearb. von Ingrid Schulze-Bidlingmaier, Boppard am Rhein: Boldt, 1973, Bd. 2, Nr. 267, S. 770.

(32) *Carl von Schubert*, Nr. 56, S. 236.

(33) *ADAP*, Serie A, Bd. VII, Nr. 171, S. 416.

(34) この機密文書はシューベルトとガウスによって作成され、フリードリヒ・フォン・ローゼンベルク外相の名で送付された（*Carl von Schubert*, Nr. 61, Amn. 10, S. 254）。

(35) Politisches Archiv des Auswärtigen Amts, Büro Staatssekretär（以下 PA Sts. と略記）, R 29376, E177630-32.

(36) アドルフ・ミュラー駐スイス公使やベルンハルト・ヴィルヘルム・フォン・ビューロー外務省国際連盟特別課長らは、ドイツの加盟に極めて慎重な態度をとった（Kimmich, *Germany and the League of Nations*, pp. 52-53）。

与えられるべきことを主張している[37]。

だが，決定的な後押しを与えたのは，9月4日のラムゼイ・マクドナルド英首相による加盟要請だった。この唐突な英国政府の意向を受けた外務省では，これまでのドイツ＝連盟関係の軌跡を整理した上で，加盟のための外交交渉を行うことが決定された[38]。この外務省の構想は覚書としてまとめられ，23日の閣議に提出された。外務省からはマルツァーン外務次官が参加したこの閣議で，シュトレーゼマン外相は外務省覚書に基づいて，ドイツが原則的に加盟に賛成である旨を表明すると同時に，常任理事国ポストのドイツへの付与や連盟規約第16条のドイツへの適用問題等に関して全連盟理事国に対し問い合わせることを提議した。この提議に対して数名の閣僚から質問が出たが，閣議出席者の大多数の賛成を得て，ドイツの加盟が正式に閣議決定された[39]。1年後のロカルノ会議では，ドイツ側はこの閣議決定をベースに多国間条約と加盟のための「なるべく有利な条件」を協議することとなる。

2.2.4　加盟後の連盟外交

1926年9月，ロカルノ会議で合意された予定日から半年遅れてドイツの加盟が実現した。その直後，シューベルトはチェコスロヴァキア外相エドヴァルド・ベネシュのもとを訪れ，連盟の印象についてベネシュから尋ねられると，「様々な政治的問題を率直な話し合いで解決する好機」が与えられたと述べ，「重要なことを成し遂げようと本気でいるなら，ここジュネーヴでは非常に有意義な仕事ができると考えている旨を答えた」[40]。

ところが，加盟後もドイツは連盟における多数国間交渉よりも，ロカルノ条約を締結した大国（特に英・仏）との間での小規模な非公式会談を志向し続けた[41]。ドイツの加盟以後，連盟総会や連盟理事会会議が開催される際にオースティン・チェンバレン，アリスティード・ブリアン，シュトレーゼマンの三者が正式の会議とは別に非公式の会談を行い，そこで事前に合意を得る試みが行われるよ

うになった（「ジュネーヴの茶会」）[42]。これら英・仏・独の三外相にとって，「個人による協議は結果を生み出して障害物を取り除き，対面での交渉は外交使節を介したやり取りや外交上の覚書よりも効果的である」と考えられたからである[43]。

その最たる例が，ドイツ加盟直後に独仏間で行われたトワリー会談である[44]。9月17日，トワリー村のホテルの一室で独仏両外相が非公式に会談し，ラインラント問題などの政治的懸案でフランスが譲歩する代わりに，ドイツが経済支援を行うことが合意された。このような連盟を介さないロカルノ条約締結国間の直接交渉に対して，シューベルトはドイツ国内の世論に好印象を与えることを理由に積極的であった。このような会談によって，次回の連盟理事会の会合までに「少なくとも，今後も（トワリー会談に関する——筆者）話を進めるための何らかの基盤が整えられることが望ましい」と彼は考えていた[45]。また，1927年9月にも，ロカルノ条約締結国のみの非公式会談開催に対する自国報道陣の批判を恐れるブリアンに対して，シューベルトは開催に積極的な姿勢を示している[46]。

このように，加盟を果たした後もシューベルトは連盟を全面的に支持したわけではなかった。ドイツと連盟の間に微妙な距離がある中で，連盟の本質的機能である集団安全保障，特に国際紛争の平和的解決において，シューベルトと外務省はどのような対応を示したのか。次はこの問題を検討する。

3　中ソ紛争の平和的解決へのシューベルトの対応

3.1　中ソ紛争の展開[47]

1924年5月，中ソ両国は外交関係回復を目的に北京協定を締結し，同時に旧ロシア帝国の保有していた中東鉄道に関する暫行管理協定が結ばれたが，東三省自治政府（奉天政権）の反対に遭い，9月に改めてソ連と東三省自治政

(37) *ADAP*, Serie A, Bd. XI, Nr. 19, S. 46.
(38) *Akten der Reichskanzlei. Weimarer Republik. Die Kabinette Marx I und II*, bearb. von Günter Abramowski, Boppard am Rhein: Boldt, 1973（以下 *AdR. Marx I / II* と略記），Bd. 2, Nr. 303, S. 1044-1050. このときシューベルトは長期休暇中だったが，同僚から詳細な情報を得ていた（*Carl von Schubert*, Nr. 92, Anm. 2 und 3, S. 314-315）。問題の外務省覚書の内容はシューベルトの構想と基本的に軌を一にするものであり，それゆえ外務省の連盟構想はシューベルトのそれとほぼ同一のものだったと言ってよい。
(39) *AdR. Marx I / II*, Bd. 2, Nr. 304a, S. 1050-1057.
(40) *Carl von Schubert*, Nr. 154, S. 435.
(41) Kimmich, *Germany and the League of Nations*, p. 95.
(42) Jon Jacobson „Die Locarno-Diplomatie", Michalka / Lee (Hrsg.), *Gustav Stresemann*, S. 217-218.
(43) Kimmich, *Germany and the League of Nations*, p. 96.
(44) トワリー会談については以下を参照。Peter Krüger, *Die Aussenpolitik der Republik von Weimar*, Darmstadt: Wissenschaftliche Buchgesellschaft, 1985, S. 356-364.
(45) *Carl von Schubert*, Nr. 155, Anm. 5, S. 440.
(46) *Carl von Schubert*, Nr. 165, S. 459.
(47) 本項の叙述は以下の文献に基づく。*Deutsch-chinesische Beziehungen*, S. 225-231; 臼井「中ソ紛争と日本の対応」，24-39頁；服部『東アジア国際環境の変動』，255-263頁。

府との間で奉ソ協定を結び，中東鉄道の共同経営が決定された。ところが，同協定締結直後から中ソ間で管轄や人事をめぐる争いが絶えず，また1927年以降になると中国側はソ連による共産主義宣伝を警戒するようになった。

1929年5月27日，東三省自治政府はソ連共産党の秘密会合が行われたと主張して，ハルビンのソ連総領事館の強制捜査に踏み切ると同時に，国民政府の後押しを受けて中東鉄道の接収に乗り出した。7月17日，拘束されたソ連人の釈放の要求が拒否されると，ソ連政府は国民政府に対し国交断絶を通告した。緊張緩和を目指して東三省自治政府とソ連との間で行われた交渉は，国民政府の強硬姿勢に押されて失敗し，7月末に中ソ間の緊張が一気に高まった。一方，不戦条約が発効した翌日の7月25日にヘンリー・スティムソン米国務長官は主要な不戦条約批准国（日・英・仏・独・伊）の参加の下，紛争を多国間交渉で解決する提案を行った（第一次スティムソン提案）が，日本の反対に遭い実現しなかった。

8月中旬に中ソ両軍間で戦闘が始まった。国民政府は中国大陸に何らの権益も持っていないドイツに対ソ交渉の斡旋を依頼したが，10月に交渉が再び行き詰まると，ソ連軍は攻勢を仕掛け中国軍の劣勢が決定的となった。11月下旬に国民政府は連盟への提訴を検討し始める一方，スティムソンも二度目の調停案を計画した。だが，日本やドイツが同案にも難色を示したため，各国の足並みが揃うことはなかった。その間，東三省自治政府はソ連側の要求を全面的に受け入れることを決定し，12月3日に中東鉄道の原状回復を規定したハバロフスク協定が締結され，紛争は奉ソ直接交渉によって幕を閉じた。

3.2 中ソ紛争におけるシューベルトの政策方針

ソ連政府による国交断絶通告直後，蒋作賓駐独中華民国公使がソ連における中国人の保護を要請してきたことに対し，シューベルトはこれを承諾するとともに，中国におけるソ連人を保護するようにというソ連側の要請もドイツが引き受けることを伝えた[48]。この両国の要請を政府が早期に承諾することをシューベルトはヘルマン・ミュラー首相に進言し，合意を得た[49]。これに対しソ連政府は，第三国による紛争当事国の国民の保護を「外交上の慣例では

ない」として批判したが，シューベルトは，第一次世界大戦時にセルビア，英国，日本におけるドイツ人やその資産の保護を米国が引き受けたことを前例として持ち出し，「中国側の要請に応じることは，国際的な慣例に完全に一致している」と反論した[50]。

だが，シューベルトはあくまでも中ソ両国による直接交渉を望んでおり，ドイツや第三国，国際連盟が仲裁に乗り出すことには消極的で，そのような動きを警戒さえしていた。1929年7月の時点でシューベルトは，ソ連の求めに応じてドイツが仲裁を引き受けた場合，中国への影響力を持たないがためソ連の希望を容れることはできず，その上中国や日本の対独感情を害するリスクを恐れていた[51]。このようなシューベルトの懸念はゲルハルト・ケプケ外務省第II局長も共有するものであった。その際ケプケは，戦争の回避の要請と仲裁行為を明確に区別しており，ドイツは戦争回避の働きかけを行ったが，「両当事国に要請されない限り・・・仲裁行動への参加を望まない」立場だった[52]。第一次スティムソン提案に対するドイツの立場を問われた際も，ケプケは同提案に直ちに賛成はできない旨を駐在国政府に伝えるよう，各国に駐在するドイツ外交使節団と領事館に要請している[53]。

先述のように，8月に入って中ソ間の局地的対立が国際紛争に発展すると，国民政府は連盟への提訴を考慮に入れるようになった。9月3日に蒋作賓とジュネーヴで会談したシューベルトは，中ソ両国の交渉が失敗した場合国民政府が連盟への提訴を視野に入れていることを知り，外務省に対して「通常の協議ですでになされているのであろうが，中国が実際に紛争を国際連盟で処理し，場合によってはロシアの言い分を激しく批判するなら，我々は当然のことながら非常に厄介な状況に陥るだろう」と警告した[54]。14日と17日の蒋作賓との会談においても，「中国が連盟理事会に斡旋を求めることによって我々が実際に極めて厄介な状況に陥ってしまうことは明白」であり，連盟による仲裁は「中国にとって極めて不都合なものになりうる」と述べて提訴を思いとどまらせようとした[55]。一方ケプケは，日・英・仏・米の動向に鑑みて，国民政府による連盟への提訴の見通しは低いと判断していた[56]。オスカール・トラウトマン外務省第IV局長は，仮に連盟への提訴が実

(48) *ADAP*, Serie B, Bd. XII, Nr.105, S. 230-232; *Deutsch-chinesische Beziehunge*, Nr. 60, S. 240-241.
(49) Bundesarchiv Berlin-Lichterfelde, R43 I/138, L195618.
(50) *ADAP*, Serie B, Bd. XII, Nr. 115, S. 251.
(51) *ADAP*, Serie B, Bd. XII, Nr. 108, S. 236-237; Nr. 116, S. 253.
(52) *ADAP*, Serie B, Bd. XII, Nr. 122, S. 266.
(53) *ADAP*, Serie B, Bd. XII, Nr. 131, S. 285.
(54) *ADAP*, Serie B, Bd. XII, Nr. 233, S. 540-541.
(55) *Carl von Schubert*, Nr. 218 und Anm. 7, S. 606.
(56) *ADAP*, Serie B, Bd. XIII, Nr. 1, S. 4-5.

現しても，それは「宣伝的な効果」しか持たないと観測した[57]。

シューベルトら外務官僚が中ソ両国の直接交渉にこれほど固執したのは，連盟による仲裁が「全く予測不可能な政治的帰結」をもたらすと考えられたからである[58]。つまり，ソ連が加盟していない連盟理事会で中ソ紛争の仲裁が行われれば，1926年のベルリン条約を紐帯とする独ソ関係を損なう恐れがあった。シューベルトはソ連との関係を悪化させてまで紛争の調停に乗り出すことには反対だったのである。また，ドイツも含めた連盟による仲裁によって中国側に不信感を植え付け，独中関係が悪化することが危惧された。紛争の仲裁ではなく，国民政府とソ連政府間の意見交換の中継地となることがドイツの役割であるとシューベルトは考えていたのである[59]。むしろシューベルトは紛争への関与を人道的観点での介入に限定し，中ソ両国に対して，両国でそれぞれ不当に拘束されている当事国の国民の早期釈放を要請した[60]。さらに，当事国同士の直接交渉はシュトレーゼマン外相が望むものでもあった。彼はスティムソン提案のような「大国側からのどんな行動も望まれざる介入と解釈され，交渉への両国の前向きな姿勢に悪影響を及ぼしてしまう」ことを懸念したのである[61]。

こうして，ドイツは外務省の方針に沿う形で紛争への直接介入を回避し続けた。11月中旬になると，ソ連軍の攻勢を前に国民政府は連盟への提訴を決意し，英国外務省もドイツを動かして紛争を連盟理事会で取り上げさせようとした[62]。また，この頃には米・仏・英・伊が不戦条約の規定により中ソ紛争の調停に乗り出そうとしていた。だがシューベルトは，ドイツは従来の立場を堅持すべきであるという意見を変えなかった[63]。結局，関係各国の足並みの乱れもあって，連盟や不戦条約締結国による仲裁を待たずに中ソ紛争は終結を見た。

おわりに

本稿は，1920年代の国際秩序を支えた国際連盟とその紛争解決に対するドイツの対応を，シューベルトら外務官僚の政策構想の分析を通じて検討した。

シューベルトは大戦終結直後には連盟にわずかな期待を抱いていたが，ヴェルサイユ条約の調印後は連盟批判に転じた。一方，内閣レベルではルール占領以前に加盟問題が議題に挙げられることがあったが，外務省はなお慎重な姿勢を崩さなかった。だが，ルール地方が占領されるに及んで，シューベルトは連盟を選択肢の一つに数えるようになった。このような連盟構想の変化は，外務省指導部内でも共有されていた。実際，1924年秋のドイツ加盟問題のイニシアティブをとったのは政府ではなく外務省であった。これ以後，シュトレーゼマンやその他閣僚は外務省の方針を基本に加盟交渉を進めていった。だが，1926年9月に加盟した後もドイツは少数の大国による非公式会談を志向し続けた。このような連盟に対する曖昧な態度は，中ソ紛争の際に連盟を通じた平和的解決ではなく，当事国間の直接交渉を勧めるシューベルトをはじめとする外務省の姿勢に体現されていた。シューベルトは，ドイツが「（紛争当事国間の——筆者）仲裁者（Vermittler）ではなく単なる転送者（Übermittler）として行動することに細心の注意を払っていた」のである[64]。

このように，戦間期国際秩序の中でドイツは，連盟をはじめとする戦勝国中心の国際組織に依拠するのではなく，少数の大国との合意形成を志向し，国際紛争の際には多国間協議ではなく直接交渉を好んだ。それゆえ，このような対外政策方針を構想・策定したシューベルトら外務官僚の思考・行動様式には，なおも旧外交の残滓が命脈を保っていたと言える。そもそも，ヴァイマル共和国の外務官僚の多くは旧外交時代に外交官養成教育を受け，キャリアを形成してきた。その意味で，彼らが旧外交的な考えで構想を練るのは十分首肯できることである。もっとも，彼らの構想が実際の対外政策の中で貫徹されたわけではない。だが，シューベルトら外務官僚がドイツ＝連盟関係において決定的な役割を担い，連盟の介入を避けるという彼らの方針に沿ってドイツが対応した結果，中ソ紛争は当事国による直接交渉で終わった。これらの点に鑑みると，彼らの政策構想は現実の対外政策に決して小さくない影響を与えていたのである。

【付記】

本稿はJST次世代研究者挑戦的研究プログラム（JPMJSP2138）およびJSPS特別研究員奨励費（23KJ1423）による研究成果の一部である。

（57）PA Sts., R 29229, E151393.
（58）*ADAP*, Serie B, Bd. XIII, Nr. 28, S. 65.
（59）PA Sts., R 29229, E151362-E151364.
（60）*Deutsch-chinesische Beziehungen*, Nr. 63, S. 245-247.
（61）*ADAP*, Serie B, Bd. XII, Nr. 143, S. 312-313.
（62）帯谷『国際連盟』，75-76頁。
（63）*ADAP*, Serie B, Bd. XIII, Nr. 177, S. 367-368.
（64）*Deutsch-chinesische Beziehungen*, S. 231.

公募論文

「まんなかの国」ドイツ
──トーマス・マンとアジア

小野二葉

Deutschland als „das Reich der Mitte".
Thomas Mann und Asien

Futaba Ono

■ はじめに

　トーマス・マンのいわゆる政治的「転向」[1]，そして長編『魔の山』（1924）に関するこれまでの研究では，しばしば「西」と「東」の二項対立が注目されてきた。『魔の山』では，西欧的啓蒙主義を標榜する人文主義者セテムブリーニが「西」を，ロシア人ショーシャ夫人や，セテムブリーニの論敵で東欧出身者のイエズス会士ナフタが「東」を代表する人物として登場するが，速水淑子は，第6章「雪」の場面において描かれる「礼儀正しく親しみのある共同体」（III 686）[2]に着目し，東方的「共産主義的恐怖政治」と西方的「自由主義的議会政治」の「中間にある共同体像」が主人公であるドイツ人青年ハンス・カストルプに託されている，と見ている[3]。その際，「東西」の対比において速水が含意しているのは，「『考察』において次第に明確化しつつあった東（ロシア）とも西（ローマ・フランス）とも異なるドイツの像」[4]という箇所からも明らかなように，当時の政治情勢に由来するロシアとフランスの対比である。一方友田和秀も，東西の対比をロシアとフランスの対比とみなしている。友田によれば，『ドイツ共和国について』（1922。本論では『共和国』と略記）においてデモクラシー支持表明する前のマンは，「協商国にたいする，西欧デモクラシーにたいするアンチテーゼとしての社会主義ロシアに大きな共感を寄せていた」[5]が，ドイツがボルシェヴィズム化することは望んでおらず，あくまで『非政治的人間の考察』（1918。本論では『考察』と略記）において自身が擁護した「ドイツ文化，ドイツ性を保持しつつ，『新たな，より倫理的な世界へ移行』する方向」を，「東と西の『あいだ』に」探っていた[6]。またマン自身が『魔の山』出版後，「雪」の理念，「生そのものの，人間性の理念」について，それは「まんなかの理念」であり「ドイツ的な理念」なのだと語っていたことを踏まえて（XI 396），友田は「その理念が『生そのものの，人間性の理念』であるとするならば，政治的，また思想的に見たばあい，この『まんなか』の理念を『フマニテート』と結合させるのが，〈雪山の夢〉の中心的な内容のひとつであったということ

（1）『考察』ではデモクラシーに反対し君主制を支持していたマンは，講演『共和国』においてワイマール共和国支持を表明した。マンがこの講演をもって「転向」したのかどうかはつねに論争の対象となってきたが，マンの日記が公開された1975年以降，「転向」か「継続」かという二者択一的な議論は減り，変化と継続性のどちらをも認めつつ，思想の変化の細部を分析する傾向が強まった。速水淑子『トーマス・マンの政治思想──失われた市民を求めて』（創文社，2015年），90頁；拙著「トーマス・マンにおける国家・有機体アナロジー」『ドイツ研究』54号（2020年），56頁脚注33。
（2）多くの先行研究が依拠していることから，本論では基本的にマンの著作は以下の全集を参照し，括弧の中に巻号と頁数のみを記す。なお本論中の引用はすべて筆者訳。Thomas Mann, *Gesammelte Werke in dreizehn Bänden*, Ungekürzte Ausgabe, Fischer Taschenbuch, 1990.
（3）速水『トーマス・マンの政治思想』，113頁。
（4）速水『トーマス・マンの政治思想』，98頁。なお，フランスとローマが等置されるゆえんは，『考察』において紹介されているドストエフスキーの議論にある。ドストエフスキーによれば，ヨーロッパ文明は人類の普遍的統合というローマ的理念によって形成された。ローマ的理念はキリスト教と結びつき，教会分裂ののち西欧に引き継がれ，発展してフランス革命にいたった，という（速水『トーマス・マンの政治思想』，98頁参照）。
（5）友田和秀『トーマス・マンと1920年代──『魔の山』とその周辺』（人文書院，2004年），89頁。
（6）友田『トーマス・マンと1920年代』，87頁。

ができる」と述べている[7]。速水と友田はいずれも，「西と東」の対比を「フランスとロシア」の対比と見なしたうえで，「西と東のあいだに位置すべきドイツ」という理念が，『魔の山』第6章「雪」の場面に，理想的な形で反映されていると考えている点で共通している。

しかし，「東」に「ロシア」ではなく「アジア」を見る先行研究では，「西と東のあいだ」に関する解釈も大きく異なっている。アーラティ・ゲーオサムリットは，『魔の山』における3人のヨーロッパ人（セテムブリーニ，カストルプ，ペーペルコルン）はいずれも，文明化されておらず理性に敵対するものとしてアジアを評価している，としたうえで[8]，植民地インドシナで感染したマラリアに苦しむオランダ人ペーペルコルンの姿において，アジアがヨーロッパ植民地主義にたいする脅威として性格づけられていると述べている[9]。田村和彦もまた，「魔法の山の東へ」という論文において，ドイツの東方政策と植民地主義の観点から，ロシア以外の「東」に着目し，やはりペーペルコルンの姿に「富と刺激を求めて貪欲に『外部』を取りこんで消費してきたヨーロッパ世界が，（・・・）ついに自己を維持しきれなくなり，破綻する様」を見ている[10]。これらの研究では，「ヨーロッパ」と「アジア」が対比され，その「あいだ」に宥和はないということになる。

マンの「西と東のあいだにあるドイツ」は，このように西と東を「フランスとロシア」と見るか，「ヨーロッパとアジア」と見るかによって，大きく意味が変わる。マンにおけるロシアとアジア両方を論じている研究としてはクリスティアーネ・ガブリエルのものがあるが，ゲーオサムリットが指摘しているように，東欧（ロシア），オリエント（エジプト）への言及に比してアジアへの言及は少なく，マンにおいてロシアは「魅惑」と「脅威」というアンビヴァレントな価値を持っているのに対して，アジアはもっぱら「野生性と文化への敵対」を表しているのはなぜなのか，という考察はなされていない[11]。このような先行研究の状況から，本論は，「西と東のあいだ」というテーマ

に関し，一方では「仏露」，他方では「欧亜」の二項対立が並存している状況を整理し，それぞれの立場から導かれる二つの異なる見解が，マンにおいてどのような関係にあるのかを明らかにすることを目的とする。

考察のための補助線として，本論は，マンにおける「東」を「黙示録（的な意識）」という観点から分析する。小黒康正は，ロシアの文筆家ドミトリー・メレシコフスキーの「異教世界とキリスト教世界，肉体と精神，旧約聖書と新約聖書を統合する第三のもの」を待望する「三位一体の宗教」，「黙示録的宗教」が，マンに与えた影響を論じている[12]。本論ではマンにおけるロシア由来の黙示録思想を，「親ロシア的黙示録」と呼ぶこととする。他方，アジアに関する当時の言説の中でも，しばしば「黙示録的な意識」が確認される。ヘルヴィヒ・シュミット＝グリンツァーは，近代ヨーロッパのテクストや寓意画に表れた，黙示録的色彩を帯びた黄禍の例を紹介している[13]。この場合の「黙示録的」というのは，メレシコフスキーとは異なり宗教的性格は薄く，異人種によって白人ヨーロッパ世界が脅かされる，という「ヨーロッパの没落」への危機感を指す。後述するように19世紀終わりから20世紀初めの「まんなかの国」議論は，しばしば黄禍論と接点を持っており，マンがヨーロッパの危機を言う際も，ヨーロッパの対立項としてしばしばアジアが念頭に置かれている。本論ではこれを，マンにおける「反アジア的黙示録」と呼ぶこととする[14]。このように，マンにおいては「親ロシア的黙示録」と「反アジア的黙示録」という位相の異なる「黙示録」が問題となるのだが，本論ではこの二つの「黙示録」がマンの文章のなかでどのように表れているか，両者はどのような関係にあるのかを考察する。結論を先取りすれば，両者は第一次世界大戦から1920年代のマンにおいて，交互に現れる。しかし互いに無関係ではなく，20年代後半に，ロシアに対し距離を取るようになるにつれ，「親ロシア的黙示録」に関する「沈黙」と「反アジア的黙示録」とが軌を一にするようになり，それにともなって「まんな

（7）友田『トーマス・マンと1920年代』，183頁。
（8）Aratee Kaewsumrit, *Asienbild und Asienmotiv bei Thomas Mann*, Peter Lang, 2007, S. 209.
（9）Ebenda, S. 163.
（10）田村和彦「魔法の山の東へ」小黒康正編著『トーマス・マン『魔の山』の「内」と「外」——新たな解釈の試み』（日本独文学会，2006年），56頁。
（11）Christiane Gabriel, *Heimat der Seele. Osten, Orient und Asien bei Thomas Mann*, CMZ-Verlag, 1990, S. 11, 101; Kaewsumrit, *Asienbild und Asienmotiv bei Thomas Mann*, S. 22.
（12）小黒康正『黙示録を夢みるとき——トーマス・マンとアレゴリー』（鳥影社，2001年），164-170頁。ここでメレシコフスキーの言う「黙示録的宗教」とは，12世紀の修道院長フィオーレのヨアキムの黙示録解釈にさかのぼる。メレシコフスキーは世紀転換期ロシアの「ネオ・ヨアキム主義」の担い手の一人であり，「第三かつ最終の局面」など「三」の思想へのこだわりを特徴とする（小黒『黙示録を夢みるとき』，165頁）。
（13）Helwig Schmidt-Glintzer, „Die gelbe Gefahr", *Zeitschrift für Ideengeschichte*, Heft VIII/1, Frühjahr 2014, S. 43-58.
（14）「親ロシア的黙示録」とは異なり，マン研究において「反アジア的黙示録」がテーマとなることは，管見の限りなかった。ゲーオサムリットや田村は，先に見たようにマンにおけるアジアへの否定的評価が，ヨーロッパの没落への危機感の裏返しであったことを指摘しているが，それを「黙示録的」と形容しているわけではない。

かの国ドイツ」の意味付けも少しずつ変わっていくことになるのである。

1 黄禍論と「まんなかの国」ドイツの東方政策

マンの文章を扱う前に，この章では，当時のアジア観を少なからず規定したであろう，黄禍論について見ていく。黄禍とは，黄色人種，特に中国人や日本人が白色人種に与える脅威のことをいう。ハインツ・ゴルヴィツァーによれば，どのような脅威なのかはいろいろな解釈があり，一つ目には，中国からやってくる低賃金労働者と白人労働者との競争という脅威，二つ目には，日本製品の成功による経済的脅威，三つ目には，「黄色人種たちが近代兵器に身を固めて蜂起し，数的優勢のもとにヨーロッパ人やアメリカ人を東アジアから追い出し，アジアでの優位を確立し，さらには世界支配までもやりとげるのではないかという」心理的脅威があった[15]。本論では，この三つ目の「脅威」に焦点を当てる。なお，こうした脅威論は，地理的・民族的にアジアの要素を含むロシアに対する反感ともしばしば結びついたように[16]，必ずしも中国・日本だけではなく，広くアジア（あるいは「アジア的」とされるもの）に対する恐れや差別的な考え方となって表れた。

黄禍というスローガンが流布するきっかけとなったのは，ヴィルヘルム2世が自身で描いた下図を基に1895年に宮廷画家クナックフースに作成させ，のちに「黄禍の図」と呼ばれるようになる『ヨーロッパの諸民族よ，汝らの聖なる財産を守れ』という題の絵画だった。この絵は西洋に対する「黄色人種の脅威」を訴えるべく，ロシア皇帝ニコライ2世をはじめ各国元首へ送られた[17]。絵に描かれた天使と十字架がキリスト教を，大仏が仏教を表していることは明らかであり，ヴィルヘルム2世が黄禍に対する西洋の戦いを，キリスト教の聖戦と考えていたことがわかる[18]。なお，ドイツ帝国政府の公式解釈によれば，大仏が乗っている「中国の龍」は同時に「破壊の悪魔」を表している[19]。中国を「龍」の姿で表象することは慣例になっているとはいえ，ヨーロッパに破壊をもたらす悪魔として

のアジア像に，黙示録的な意味を読み込むことも可能だろう。ドイツは同じ年に三国干渉に参加しているが，このときも，ヴィルヘルム2世は東アジアにおける欧州各国の利権争いに乗り遅れないための口実として，「黄色人種」の脅威を説き，ヨーロッパの団結を訴えている[20]。

このように，黄禍論はドイツの東方政策と密接に結びついていた。たとえばデンマークの作家ヨハネス・V・イェンセンは，ドイツの東方進出を支持する1914年のエッセイにおいて[21]，ドイツを「まんなかの国」として名指ししているが，その際ヨーロッパの対立項としてアジアを念頭に置いている。イェンセンは，ドイツ精神の伸長に「新しいヨーロッパ」の輝きを見る一方で，目下の敵を「非ヨーロッパ的なもの」，とりわけアジアに見出している[22]。さらに，「ロシアの霧と日本の蛇の毒が古い，そして新しいゲルマンの規律を打ち負かすか，今に分かるだろう。私はそんなことが起きるとは信じない，武器を帯びることのできる白人の男が一人でもいるうちは」と述べる[23]。田村も指摘しているように，マンが「まんなかの国」を口にする少し前の時代背景を見る限り，「中間」（まんなか）思想は，決して調停を目指す穏当な思想などではなく，第一次世界大戦前のドイツの東方政策と結びついていたのである[24]。

2 『戦時随想』──反アジア的黙示録

前章で見たような「ヨーロッパ」対「アジア」の構図は，第一次世界大戦開戦直後に書かれたマンの『戦時随想』（1914）にも見ることができる。このエッセイにおいてマンは，連合国側の「文明（Zivilisation）」とドイツの「文化（Kultur）」を対置させ，後者を支持するとともに戦争を正当化した。マンは「文明と文化は，同じものでないのみならず，対立概念である」と述べた上で，「文化は明らかに，野蛮と対立してはいない」と言う（XIII 528）。文化は統一（Geschlossenheit），様式，形式，心の持ち方，趣味であり，「ある種世界の精神的組織化」であるが，それはこうしたものすべてが「冒険的で，奇妙で，野性的で

---

(15) ハインツ・ゴルヴィツァー（瀬野文教訳）『黄禍論とは何か』（草思社，1999年），19頁。
(16) ゴルヴィツァー『黄禍論とは何か』，35-36頁。
(17) 川島隆『カフカの〈中国〉と同時代言説──黄禍・ユダヤ人・男性同盟』（彩流社，2010年），28頁。
(18) 飯倉章『黄禍論と日本人──欧米は何を嘲笑し，恐れたのか』（中央公論社，2013年），55頁。
(19) 飯倉『黄禍論と日本人』，54頁。
(20) 飯倉『黄禍論と日本人』，47頁。
(21) Johannes v. Jensen, „Das Reich der Mitte", *Neue Rundschau*, Band 2, 1914, S. 1316-1318. ドイツの東方進出を支持していると解釈できるゆえんは，イェンセンがドイツの鉄道の「交通による勝利（Verkehrssieg）」やドイツの兵器を称賛していることにある（Ebenda, S. 1317）。兵器はもちろん，鉄道もまた，ドイツの領土拡張の重要な手段であった（田村「魔法の山の東へ」，47頁）。
(22) Jensen, „Das Reich der Mitte", S. 1317-1318.
(23) Ebenda, S. 1318.
(24) 田村「魔法の山の東へ」，49頁。

(wild)，血なまぐさく（blutig），恐ろしいものであったとしても」そうなのである（XIII 528）。それに対し文明は「理性，啓蒙，温和，良風美俗（Sittigung），懐疑，解体」であり「精神（Geist）」に過ぎない，とマンは述べる（XIII 528）。こうした文章は，マンがドイツの文化を「野蛮を排除しない」ものとして定義したというロマン・ロランの批判を引き起こすことになった[25]。しかしマンは，敵の目にドイツが「野蛮」に見えるとしても，ヨーロッパを「外部の」野蛮から守ることがむしろドイツの役割であると考えていたようである。『戦時随想』の終わりの方ではこのような記述がみられる。

　ドイツの勝利だけがヨーロッパの平和を保証するのだ。彼らは（原語は man だが，文脈から言えば連合国側の人々を指す――筆者）それがわからないのだ。彼らはドイツのやり方に野蛮さ（Barbarentum）を見て，その野蛮な力は力ずくで手段選ばず粉砕されなければならないと思っている。彼らは，ドイツに対し，キルギス人，日本人，グルカ人，ホッテントット人をけしかける権利があると思っている。――これは侮辱だ。類例のない，途方もない，あの言葉の最も強い意味において許しがたい，ドイツに対する無知がなければ考えられないほどの（侮辱である――筆者）[26]。（XIII 544）

　マンはここで戦争に乗じてドイツの東方進出を支持しているわけではないので，その意味では前章で見たヴィルヘルム期の言説と異なる。しかしヨーロッパ外の世界に脅威を見ている点で，黄禍論と接点を持つ。マン自身がのちに，開戦時を振り返って，「世界の終わりに対する黙示録的意識」が自分を一種の高揚状態に置いたと述べているように（XII 608），開戦によって引き起こされた終末感が，ヨーロッパ外の勢力に黙示録的脅威を見る言説に，奇妙な形で結びついているのである。

3　ロシアに接近するマン

　戦中のマンは「文明」と「文化」の対立に拘泥していたが，敗戦にかけてその語勢は弱まっていく。『考察』においてマンは，ロランからの批判に反論して次のように述べている。文化の擁護者ビゼーが文明の進歩をイローニッシュに承認していたように，「私もそれ（文明――筆者）を

信じている。文明の未来を信じている。どうして私が信じてならないことがあろう」（XII 171）。『考察』を執筆していた当時のマンは，「文化」を擁護しながらも，いずれ「文明」が勝利するものと諦観していた。こうした状況から，次に進むべき方向性を暗中模索する中でマンが接近したのが，西欧に対置するものとしての「ロシア」であった。

　『ロシア文学アンソロジー』（1921）においてマンは，戦中ドイツとロシアが敵対したことを「まちがった，錯誤による，呪うべき戦争」，ロシアとフランスが同盟を結んだことを「人間味と政治との木に竹を接いだような同盟」と言って批判する（X 596）。マンの考えではロシアとドイツこそは「手に手を取って未来へと進んでゆくべき」なのである（X 603）。マンはメレシコフスキーの名前を挙げて述べる。「彼は『批評』を，『宗教の始まり』と呼ぶのである。宗教の始まりとしての批評！　それはまさしくニーチェである！」（X 598）。マンによれば，ニーチェもメレシコフスキーも宗教的性格と，「第三の国」を求める志向において共通している。「その（「第三の国」の――筆者）ジンテーゼは，啓蒙と信仰，自由と拘束，精神と肉体，『神』と『この世』とのジンテーゼである。それは芸術的に言うなら感覚性と批評性のジンテーゼであり，政治的に言うならば，保守と革命とのジンテーゼである」（X 598）。「保守と革命とのジンテーゼ」という言葉に付け加えるならば，メレシコフスキーの「第三の国」は，保守革命家メラー・ファン・デン・ブルックの『第三帝国』（1923）に直接の影響を与えていることは，友田も指摘する通りである[27]。

　とはいえマンは，ドイツが「ロシア」と同化することを望んでいたわけではない。1921年9月の講演「ゲーテとトルストイ」（なお，この講演の内容は1925年に評論集に収録された同名講演の内容とはかなり異なっている）においてマンは次のように言う。「西の人文主義的リベラリズム，政治的に言うならデモクラシーは，わたしたちのところで多くの地歩を占めています。けれども全ドイツを手中に収めているわけではありません」[28]。さらにマンは，アルフォンス・パケの『ラインとドーナウ』にある「ローマかモスクワか」という二項対立を援用しつつ，モスクワを選んだ若者たちは，ドイツの若者の最悪の部類では決してないとした上で，「しかしながら，この若者たちは間違っています。答えはこうでなければならないのです。ローマでもなく，モスクワでもなく，ドイツ」と呼びかける[29]。

　この講演においてマンは，ルネサンスに始まってフラン

---

(25) ロマン・ロラン（宮本正清ほか訳）「偶像」『ロマン・ロラン全集18』（みすず書房，1982年），62頁。
(26) なお，「ホッテントット人（Hottentotten）」というのはアフリカのコイ人の蔑称であるが，テクスト執筆時の時代背景にかんがみ，そのまま訳出した。
(27) 友田『トーマス・マンと1920年代』，105頁。
(28) Thomas Mann, „Goethe und Tolstoi", *Deutsche Rundschau*, Bd. 190, März 1922, S. 246.
(29) Ebenda, S. 246.

ス革命によって頂点に達した地中海的・古典的・人文主義的伝統は永遠のものなのか，それとも市民的でリベラルな時代の付属物に過ぎず，その時代とともに滅んでしまうのか，という問いを立てている[30]。この問いは，後述する通り『魔の山』ではナフタによって立てられ，1920年代のマンの複数のテクストでも繰り返されている。ここで言われている「リベラルで市民的な時代とその精神形式としての人文主義，啓蒙，個人主義，自由の理念がいまや滅びつつあるという，ヨーロッパ各地に漠然と広がる認識」を，速水は（おそらくはナフタの「プロレタリア的黙示録」を念頭に）「黙示録的意識」と呼んでいる[31]。1921年時点のマンはこの黙示録的意識，または黙示録的な問いかけに対し答えを保留し，ローマに淵源をもち，フランス革命によって頂点に達した「人文主義」は確かにロシアでは滅んでしまったが，ドイツではその運命は未決定である，と述べるにとどめている[32]。マンはここでロシアに共感を示してはいるが（その背景には，メレシコフスキー由来の「保守と革命のジンテーゼ」への共感と結びついた，社会主義ロシアに対する共感が示唆される）[33]，あくまでローマ・フランスでもモスクワでもない「まんなか」に，ドイツの位置は求められるからである。

4 西と東の「まんなか」へ

　マンが『共和国』において民主主義を支持するに至った経緯については，すでに多くの研究があるが，ここでは「フマニテート」の理念に着目したい。1922年3月1日に行われた講演『告白と教育』において，『考察』では批判的であった「政治的なもの」も含めた「フマニテート」を，マンはゲーテに見出す。「ゲーテの領域においては，自伝的・告白的なもの，教育的なものだけではなく，政治的なものもまた教養理念によって取り入れられているのであり，まさにその点において，かつそのことによって，それがフマニテートの領域であることが実証されているのです」（XIII 255）と，マンは述べる[34]。
　『共和国』においてマンはついに，フマニテートを媒介にして，「ドイツ」と「民主主義」という組み合わせを「有機的に正しい組み合わせ」と述べるに至る（XI 825）。フマニテートはまた，「ロマン主義的態度と啓蒙主義，神秘主義と理性との間で美しい，気品ある——あえて言えばドイツ的な中間（eine deutsche Mitte）を保つ」「第三のもの」とも言い換えられる（XI 830-831）。フマニテートと「第三のもの」は，さらに「宗教的フマニテートの第三の国（das Dritte Reich der religiösen Humanität）」（XI 847）という理念に集約されることになるが，小黒の指摘する通り，この理念にはメレシコフスキーの「第三の国」の影響がある[35]。マンは，ロシアから学んだ「宗教性」とフランス的民主主義とを，「フマニテート」によって媒介することで，「ドイツ的な中間」の立場を表明することができたのである。
　『魔の山』においても，少なくとも第6章「雪」まではこれと並行する関係が見いだせる。西と東の対立は，まずイタリア人の人文主義者セテムブリーニとロシア人ショーシャ夫人の対比として描かれる。セテムブリーニは主人公ハンス・カストルプに警告する。「ここの空気に染まらずに，あなたのヨーロッパ的な生活様式にふさわしい話し方をなさってください，若い方！　ここの空気にはわけても多くのアジア的なものが蔓延しています」（III 339）。彼は人文主義者として，ヨーロッパの伝統とは異質な「アジア」に対し警戒感を抱いている[36]。
　他方，「キルギス人の目」（III 200, 247, 288, 326）をもったショーシャ夫人に主人公は次第に強く惹かれていく。「西と東」の対比においてショーシャ夫人が「東」に属することは間違いないが，彼女はロシアだけでなくアジアの要素を強く体現している。ロシア人としてのショーシャ夫人には，マンが高く評価したロシア文学の痕跡がある[37]。他方，アジア人としてのショーシャ夫人は主人公を市民的な世界から離反させる「誘惑者」である[38]。とはいえショーシャ夫人は「誘惑者」ではあっても『戦時随想』において言及される「キルギス人」とは異なり「野蛮人」ではない。ともに市民的価値とは異なる価値としてのロシア的・アジア的なものを体現するショーシャ夫人への愛によって，カストルプは錬金術的「高揚」を体験し，死を越えて

---

(30) Ebenda, S. 245-246.
(31) 速水『トーマス・マンの政治思想』，154頁。
(32) Mann, „Goethe und Tolstoi", S. 246.
(33) 友田『トーマス・マンと1920年代』，89，104頁。
(34) ルソーの「人道主義」とは異なるゲーテの「フマニテート」，またそれと同一視しうる「ドイツのデモクラシー」に関しては，拙著「トーマス・マンにおける国家・有機体アナロジー」，56-57頁も参照されたい。
(35) 小黒『黙示録を夢みるとき』，168頁。
(36) なお，セテムブリーニはロシアとアジアを同一視しているが（III 312），後述するようにショーシャ夫人の造形においてロシア的要素とアジア的要素は分けて考えるべきであることからも，この見方は小説自体の見方とは異なっていると考えられる。
(37) 速水は，ドイツ語版ドストエフスキー作品集に寄せたメラー・ファン・デン・ブルックの序文が，ショーシャ夫人の人物造形に影響を与えたとするミヒャエル・ノイマンの指摘を受けて，ショーシャ夫人を「ドストエフスキーのロシア」を体現する人物とみなしている。速水『トーマス・マンの政治思想』，103-104頁。
(38) Kaewsumrit, Asienbild und Asienmotiv bei Thomas Mann, S. 139.

生にいたる「天才的な道」を洞察する（III 827）のであるから，ショーシャ夫人の造形には，『戦時随想』のアジア像とも，後述する20年代後半の「東」像とも異なる肯定的な側面が見いだせるだろう。

ショーシャ夫人が一度サナトリウムを去った後，入れ代わりに登場するのが，イエズス会士ナフタである。ユダヤ人である彼もまた「東」を代表しているが，プロレタリア革命を標榜するナフタはセテムブリーニと次のような論争をする。「永遠の財宝を守ることを知っているヨーロッパは，あちらこちらで夢みられているプロレタリア的黙示録などは無視して，古典的理性による今日の問題へ悠々と進むことだろう」とセテムブリーニは言う（III 719）。それに対しナフタは，「地中海的，古典的，人文主義的伝統が全人類の遺産であり，したがって人間的，永久的なものであるかどうか――それとも，市民的リベラルな時代という一時代の精神形式と付属物に過ぎなくて，その時代とともに滅びるのかどうか」という問題に関し，楽観的にならない方が賢明だろうと応じる（III 720）。人文主義的伝統の存続を疑っていないセテムブリーニは，人文主義の終末が近いうちに訪れるだろうという黙示録的見解を一蹴するが，ナフタはそうではない。この黙示録的問題は，マン自身が「ゲーテとトルストイ」中で投げかけた問題でもある。ナフタはロシア人ではないが，人文主義的伝統の存続に対し懐疑的であるところから，先の講演で言えばロシア的な立場をとっていると言うことができる。

さて，セテムブリーニは「ヨーロッパの幸福と将来とにとって非常に重大な意義を持つ決断」は，「東方と西方のあいだにおかれた」国，つまりドイツによってなされなければならない，と言って，西と東二つの世界のどちらを選ぶのか，という決断をドイツ人青年カストルプに迫る（III 714）。それに対し彼はその場では何も答えないのだが，少し先の方で「人間らしさとか人間的とかいうものは，論争される二つの極端のどこか中間，饒舌な人文主義と文字を

知らない野蛮の中間にあるように思える」と考えながら，セテムブリーニとナフタの論争を眺めている（III 722）[39]。速水は，主人公が学んだ生物学的見地，そして第6章「雪」で彼が見る夢を詳細にたどって，彼の立場がマンの向き合っていた課題に対する一つの解答になっていると述べる[40]。カストルプが夢うつつのうちに達する見解は次のようなものである。「死の混乱は生の中にあり，それなくしては生が生でなくなるだろう。そしてその中間にこそ，神の子たる人間の位置がある――混乱と理性の中間に――（・・・）人間は対立項の主人であって，対立項は人間によってもたらされるのだから，人間は対立項よりも高貴なのだ」（III 685）。速水の言うように，確かに「雪」において主人公が到達する，「神の子たる人間の位置」は「対立項」の「まんなか」にあるのだ，という認識と，特に『共和国』に表れているマンの政治的認識には共通点を見出すことができる。また，セテムブリーニとナフタのあいだ，という意味では，ローマ・フランス的なものとロシア的なもののあいだ，という読み替えも可能である。本論冒頭でも述べたように，マン自身の言を踏まえて，友田もまた「政治的，また思想的に見たばあい，この『まんなか』の理念を『フマニテート』と結合させるのが，〈雪山の夢〉の中心的な内容のひとつであったということができる」と述べている[41]。フマニテートに媒介されて，対立項の「まんなか」へ，という構図はマン自身の共和国支持への変遷に通じる。

しかし，「雪」の理念を，「生そのものの，人間性の理念」，「まんなかの理念」であり「ドイツ的な理念」とするのは（XI 396），あくまでマン自身が，読者にそのように解釈してほしいと願った解釈に過ぎない。また，その解釈に従うならば，第6章「雪」でクライマックスに達した後に第7章が付け加えられていることは，作者マンの言う通り「構造的欠陥」ということになってしまう[42]。本論は作者の言に反し，第7章が存在する必然性をマンの「東（ロシ

(39) なお，「文字を知らない野蛮」という表現は，ナフタが「非識字（Analphabetentum）」さえ恐れないことを指す。
(40) 速水『トーマス・マンの政治思想』，108-113頁。なお，マンにおけるアジア像の否定的な側面に注目しがちであるゲーオサムリットさえ，「雪」の共同体には肯定的なアジアイメージを見ている。『共和国』においてマンは，異なる文化間に相互理解はないとするオスヴァルト・シュペングラーの文化観を批判し，古代中国の詩と西欧音楽を融合させたマーラーの《大地の歌》を，「有機的人間的統一」「比類ない愛の作品」として称賛している（XI 842）。ゲーオサムリットによれば，《大地の歌》の歌詞の一部は，マンが「雪」の「太陽の子ら」の美しい共同体を描写する際の典拠になっている可能性がある（Kaewsumrit, *Asienbid und Asienmotiv bei Thomas Mann*, S. 149-152）。しかしそうだとしても，マンはもとの歌詞に色濃く表れている道教的なペシミズムを反映させることはなく，このときの中国詩との取り組みは表面的なものだったと言わざるを得ない（Ebenda, S. 151-152, 209）。したがって，『共和国』における言及も含めて，《大地の歌》をマンにおける「ヨーロッパとアジアの宥和」の例として過大に評価することはできないと，筆者は考える。
(41) 友田『トーマス・マンと1920年代』，183頁。
(42) 小黒康正「『魔の山』を見渡す――研究史概観」小黒康正編著『トーマス・マン『魔の山』の「内」と「外」――新たな解釈の試み』（日本独文学会，2006年），4頁。なお，小黒は作者の言う「構造的欠陥」を否定して，第6章と第7章のあいだに構造的対応関係を見出している。それによれば，主人公が「雪」で獲得した理念をすぐに忘れ，小説がその後も続くのは，「雪山での理念を単なる唐突な理念の提示に終わらせないためにも」，理念を肉付けする内容（ペーペルコルンの登場，《菩提樹》，心霊術）が続く章によって補われる必要があったためである（小黒『黙示録を夢みるとき』，100頁）。筆者もまた，「西と東」というテーマに関し，第6章と第7章のあいだに対応関係を見る。次章で述べるように，「雪」に描かれた「西と東の宥和」は，第7章のペーペルコルンの挿話

ア・アジア）」への立場の変化から考察する。小説第6章では、「西と東のあいだ」に人間の位置が見いだされた。これは『共和国』における「宗教的フマニテートの第三の国」に通底する理念であり、ロシア的黙示録思想とフランス的民主主義を調停するものであった。とはいえ、マンが『魔の山』においても『共和国』においてもメレシコフスキーの名前を挙げていないことに注意が必要である。自己の作品について語ることを常とするマンは、『魔の山』の典拠についても多くを語っているが、黙示録に関しては一切口をつぐんでいることは、小黒が指摘する通りである[43]。この「沈黙」の理由として、「宗教的フマニテートの第三の国」は、「一方では、共和国を擁護するマンの新たな所信表明でありながら、他方では、保守革命の理念の密かな継承でもあったからである」と小黒は述べる[44]。本論でも述べてきたように、メレシコフスキーに由来する「保守と革命のジンテーゼ」、「第三の国」はドイツの保守革命と直接のつながりを持つ。次章に見るように「親ロシア的黙示録」に関する沈黙は、1920年代半ば以降のマンの「東」イメージにも変化をもたらすことになる。

5 西に顔を向けるマン

まずは小説第7章で初めて登場する、オランダ人ペーペルコルンに注目したい。ペーペルコルンは、セテムブリーニとナフタの論争を中和し、矮小化してしまう存在として描かれる（III 818）。ペーペルコルンが、『共和国』において「共和国の王」と称えられたハウプトマンをモデルとしているということは、示唆的である[45]。しかし、対立項を中和するこの「王者的男」（III 782）は、「生に対する感情の敗北（性的不能を指す——筆者）」を「この世の終わり」と恐れるあまり（III 784）、自死してしまう。対立項を中和する男の破滅、これは「西と東のまんなか」という観点から見て、何を意味しうるだろうか。

ペーペルコルンは植民地インドシナでマラリアに感染し

ており、ゲーオサムリットはこれを、「植民地化されたアジアの復讐」と呼んでいる[46]。植民地主義と黄禍論が表裏をなしていることは本論でも述べてきたが、『ヴェニスに死す』（1912）におけるコレラが黄禍の一種として描かれているのと同様[47]、マラリアもまたヨーロッパを脅かすアジアの病として描かれている。他方、「苦悩する男の姿」と「衣の裾をからげて踊り狂う異教の司祭」の二重の形姿において描かれるペーペルコルンは（III 863）、イエス・キリストと「インドから来た神」であるディオニュソスとの二つの姿を持っている[48]。マラリアの薬であるキニーネがもたらす陶酔は、ペーペルコルンのディオニュソス性を高めるのに一役買うことにもなる。つまりペーペルコルンの身体においては、西と東の「神性」が統合されているのであり[49]、それを促進しているという意味では、病気を含むアジアの要素もまた両面価値を持っていると言える。西と東を統合しているかにも見えるペーペルコルンの身体はしかし、薬物などの外的刺激に依存しており、閉じた有機体として己を持ちこたえることができない。ペーペルコルンの死因は、マラリアではなく、毒物による自死である。これを読み替えるならば、ヨーロッパの没落は、アジアからの直接的な脅威によるのではなく、「富と刺激を求めて貪欲に『外部』を取り込んで消費してきた」[50]植民地主義ヨーロッパの自滅であると言える。その意味で、マンはアジアに脅威を仮託しているとはいえ、この時点では、ヨーロッパへの自己批判的な視点を有していると言える。

ペーペルコルンの自死に始まって、小説世界は終末感を帯び始め、最後には第一次世界大戦の戦場に至る。小説は、「雪」の場面を回想しつつ、次のように閉じられる。「君は（カストルプを指す——筆者）『陣取り』によって（regierungsweise）、死と肉体の放縦から、愛の夢が明けそめるのを体験した。世界が死に狂乱しているさなかからも、雨もよいの夕空を焦がしている陰惨な熱狂のさなかからも、いつか愛がさしのぼるだろうか」（III 994）。「陣取り」

においても試みられる（が、成功しない）。最終場面の戦場においては、「雪」の理念を回想しつつ、「雪」の宥和的な理想とは裏腹な現実が描写されるのである。

(43) 小黒『黙示録を夢みるとき』、11頁。

(44) 小黒『黙示録を夢みるとき』、169頁。

(45) 田村和彦『魔法の山に登る——トーマス・マンと身体』（関西学院大学出版会、2002年）、197頁。

(46) Kaewsumrit, *Asienbild und Asienmotiv bei Thomas Mann*, S. 160.

(47) 田村『魔法の山に登る』、26頁。

(48) 「踊り狂う異教の司祭」がディオニュソスを指すことは先行研究でも言われている（小黒『黙示録を夢みるとき』、124頁）。なお、ディオニュソスの発祥は実はインドではないのだが、マンはフリードリヒ・ネッセルトの『女学生と教養ある婦女子のためのギリシア・ローマ神話読本』とニーチェの『悲劇の誕生』にならって、ディオニュソスをインドからギリシアに移動した神と見なしていた（千田まや「よそから来た神とよそから来た病——トーマス・マンの『ヴェニスに死す』におけるコレラについて」『和歌山大学教育学部紀要　人文科学』第54号（2004年）、230頁）。

(49) なお、小黒はペーペルコルンのエピソードにもヨハネの黙示録的意味合いを読み取っている（小黒『黙示録を夢みるとき』、126–127頁）。

(50) 田村「魔法の山の東へ」、56頁。

というのは，カストルプがさまざまな異なる思想を自分の頭の中で考量し，それぞれを評価しようと試みていた思考プロセスのことを指す。たしかに，「雪」においては彼の試行錯誤は実を結び，夢の中で「まんなか」，「フマニテート」の理念に至ることができた。しかしその愛の夢が，兵士たちの命が失われる戦争という現実の前に実現することは，非常に望み薄である。前章の分析に引き付けて言えば，共和国を擁護しつつ保守革命の理念を継承する「雪」のフマニテートは，実現の可能性が疑問視されている。であるのでなおさら，この結末においてもマンは「親ロシア的黙示録」の痕跡について口を閉ざすことになった。

『魔の山』第7章においては，ペーペルコルンのエピソードにおいてアジアの脅威が示唆され，最終場面では「親ロシア的黙示録」への沈黙が確認できた。こうした傾向は，1920年代半ば以降のマンにおけるロシア・アジア観において一層先鋭化する。すなわち，ロシアとアジアが同一視され，ともに否定的に扱われ始めるのである。1925年3月の評論『ドイツとデモクラシー――西側との協調の必要性』においてマンは，ボルシェヴィズム化したロシアは，明らかにヨーロッパではなくアジアの方に向かっている，と見る。さらに，西欧においてロシアのボルシェヴィズムに相当するものとしてイタリアのファシズムを挙げ，その本質が「フマニテートへの敵意」にあることはその「擬古典的な身振りと仮面によっても」ごまかしようがないのに対し，フランス以上に市民的古典的伝統に忠実な国はなかった，と対比する（XIII 572）。つまりここでは，「ヨーロッパ的」人文主義的伝統のフランスに対し，「アジア的」，すなわち反ヨーロッパ的であり，ボルシェヴィズム化したロシアが対置され，後者はイタリアのファシズムともども「反フマニテート的」であるとして断罪されているのである。

このような状況においてドイツはどうするべきか，マンは述べる。人文主義的教育を「ドイツの原始的本質」の伸長のために駆逐しようという「ドイツのファシズム」（XIII 577）に荷担することは，反ドイツ的で保守的な人文主義者であるポワンカレの見解を正当化してしまう[51]。ドイツ人は，ポワンカレに見られるような，フランス人のドイ

ツ人にたいする不信を払しょくし，「われわれの偉大でフマーンな伝統を，力を込めて強調し厳かに守っていくべき」である（XIII 578）。「まんなかの国」であるドイツには「東と西のあいだでの『フリーハンド』の政治」（XIII 578）が宿命づけられているが，今はドイツにとって「反人文主義的にふるまったり，トルストイの教育的ボルシェヴィズムを手本にしたりする」べき時ではない（XIII 577-578）。「ドイツは再びそのまなざしを西に向け始める」（XIII 579）からである。こうしてマンは「西」，つまりフランスとの協調をはっきりと支持するのである。

1921年時点では，「地中海的・古典的・人文主義的伝統」を否定したロシアに対して，マンは共感を示していた。1925年の評論においてはまったく異なり，ロシアに関しては「ボルシェヴィズム化した」という点が強調され，「アジア」的であり，「人文主義」のみならず「フマニテート」にも反していると否定的に評価される[52]。ドイツが今手を組むべきであるのは，古典的伝統に忠実なフランスであって，独仏はともに「フマーンな伝統を」守っていかなければならない，とマンは言うのである。

「地中海的・古典的・人文主義的伝統は市民的リベラルな時代とともに滅びるのか」という黙示録的問いは，1920年代のマンにおいては「まんなかの国」ドイツの位置をめぐる問いでもあった。1920年代初めまでは「まんなかの国」は，「親ロシア的黙示録」に影響されつつ，ロシアと同化するのではなく，ロシアとフランスのあいだを調停するという方向をとった。しかしその後，「親ロシア的黙示録」に距離を取るにつれ，「親ロシア的黙示録」とはそれまで別の位相に存在していた「反アジア的黙示録」と，ロシアへの否定的態度が方向を同じくするようになる。ファシズムの台頭に伴って，マンのなかで「（人文主義，フマニテートを象徴するものとしての）ヨーロッパと，それに敵対するアジア」という構図に「フランス対ロシア」という構図が重なり，後者に対し前者を支持する姿勢が明らかになるのである。このように，マンの「まんなかの国」ドイツの変遷は，「欧亜」「仏露」二つの異なる対立構図を分けて論じつつ，その差異と重なりを分析することで，よりよく理解されるだろう。

(51) ミュンヒェンに住んでいたマンにとって，1925年時点ですでにファシズムの気運，特に反ユダヤ主義の高まりは不安を感じさせるものだった。マンによれば，ドイツファシズムの反ユダヤ主義は，ユダヤ人の宗教であるキリスト教への反対という形でも表れている。ファシストが代わりに持ち出すのが「ドイツの原始的本質」にかなう宗教，すなわちゲルマン神話であり，マンはここでキリスト教のみならず人文主義的教育をも「フェルキッシュな異教」の教義にとって替えようとするドイツファシズムに対し警戒している（XIII 577）。
(52) フランスに対し敵対的であった時期のマンでさえ，ロシアの「コミュニズム」には期待を寄せても，マルクス主義労働者による独裁である「ボルシェヴィズム」には嫌悪を抱いていた（1919年1月11日の日記参照。Thomas Mann, *Tagebücher 1918-1921*, hrsg. v. Peter de Mendelssohn, S. Fischer, 1979, S. 132）。なお「人文主義（Humanismus）」と「フマニテート」とは同じものではないが，「フマーンな（human）伝統」という言葉によってこの二つは架橋されている。「フマニテート」と「人文主義」の関係については拙著「トーマス・マンにおける国家・有機体アナロジー」，57頁参照。

公募論文

ベウジェツ裁判の中の「普通の人びと」 あるいは「普通のナチ」

武井彩佳

„Normale Männer" oder „normale Nazis" im Belzec-Prozess

Ayaka Takei

はじめに

2011 年 5 月 11 日にミュンヘン地方裁判所で，ナチの絶滅収容所ソビブルの看守であったウクライナ人，イヴァン（ジョン）・デミャニュクが少なくとも 28060 人に対する謀殺幇助により有罪となった時，判決は驚きをもって迎えられた。裁判所が示した判断が，それまでのドイツ連邦共和国におけるホロコースト関連裁判の判例から大きく方向転換するものであったためである。

1960 年代以降の連邦共和国によるナチ犯罪者の訴追では，ホロコーストを計画し実行に移した「主犯」は典型的にヒトラー，ヒムラー，ハイドリヒとされてきた。刑法 211 条の謀殺罪（Mord）には「謀殺者とは，殺人嗜好から・・・物欲から，もしくはその他の下劣な動機から，背信的に，もしくは残酷に，もしくは公共の危険を生ぜしめるべき方法を用いて・・・人を殺した者である」とあり，これに合致するのは，ホロコーストを立案し命令した最上層部のみとされてきたからである。これに対して，上官の命令に従っただけの者，殺害において特段の残虐性を示したと認められない者，物欲や性欲の充足といった「下劣な動機」を欠く者には謀殺幇助罪（Beihilfe zum Mord）が適用されてきた。さらに，個別の殺人が立証できない者——典型的には強制収容所の看守が該当した——は，謀殺幇助にさえ問えないとするのが従来の理解であった。したがってデミャニュクのように，絶滅収容所に勤務した事実はあるが，ナチ強制収容所システムの命令系統の最下位に位置し，自らの意思による行動の余地がほとんどない者が罪を

問われることは，おおよそなかったと言える[1]。

ところが 2011 年の判決は，アウシュヴィッツに代表される絶滅収容所における行為全体を一つの犯罪と見なした。つまり，ここで勤務した者は看守であろうと，清掃員であろうと，調理人であろうと，殺害のための欠くべからざる一部を構成したのであり，言い換えれば，絶滅収容所にいたという事実だけで犯罪となるということだ。こうした見方は，早くは 1960 年代にフリッツ・バウアーが主張していたが，主流となることはなかった[2]。

このため 2011 年以降，アウシュヴィッツ等の絶滅収容所での勤務経験のある者は，比較的犯罪への関与の度合いが弱い場合でも起訴対象となり，「アウシュヴィッツの帳簿係」であったオスカー・グレーニンクなど，存命していた関係者に対する起訴が続き，2021 年には当時 96 歳であった秘書さえも訴追されたニュースが紙面をにぎわした。

こうした解釈上の変化は，突然やってきたわけではない。逆に，長年の歴史研究がホロコーストの詳細をつまびらかにしたため，末端の外国人看守の責任さえも問えるような知識の積み上げが判決に影響したとも言い難い。実際には，各地の検察と，特に 1958 年以降はルートヴィヒスブルクの「ナチ犯罪追及センター」を中心に捜査が行われ，事実が照合され，犯罪の実態が明らかになってゆくとともに，裁判において法理の解釈・分析が繰り返され，犯罪人に相応の処罰を与えられるような体制が構築されてきたのだと言える。

こうした理解から本稿では，ポーランド・ユダヤ人の抹

（1）参照，武井彩佳『＜和解＞のリアルポリティクス—ドイツ人とユダヤ人』みすず書房　2017 年，147−156 頁。

（2）Sebastian Hennel, *Das Erbe von Fritz Bauer: Öffentliche Wahrnehmung justizieller "Vergangenheitsbewältigung"*, Baden-Baden: Tectu, 2022, S.43; Raphael Gross/Werner Renz（Hrsg.）, *Der Frankfurter Auschwitzprozess (1963-1965) Band 1: Kommentierte Quellenedition*, Frankfurt am Main: Campus, 2013, S.97.

殺を試みた「ラインハルト作戦」で設置された絶滅収容所ベウジェツで，ユダヤ人殺害に関与した者たちに対する1960 年代半ばの裁判を取り上げる（以下，「ベウジェツ裁判」と表記）。ベウジェツ裁判は，2011 年のデミャニュク判決とは対照的に，関係者がほぼ全面的に免責された事例である。起訴された 8 人のうち 7 人が，公判に至ることなく放免されている。これは，同じく 1960 年代半ばに行われたトレブリンカ，アウシュヴィッツ，ソビブルなど，他の絶滅収容所に関する裁判と比べても不十分とされる。

ではなぜそのような結果となったのか。被告人らは，裁判において自らの行為をどのようなものと主張したのか。これに対して裁判所はどのような見解を示したのか。検察調書，起訴状，判決文などの司法史料から，裁判において当時ナチのテロ支配の末端近くに位置したドイツ人の責任がどのように扱われたのか分析する。またナチ時代からの連続性と，「生ぬるい」判決がこれまで批判の対象となってきた西ドイツ司法だが，こうした評価はどこまで妥当なのか。これらの問いを通して，司法判断と歴史研究の間の溝は架橋可能なのか考える。

1　絶滅収容所ベウジェツと「ベウジェツ裁判」

ラインハルト作戦は，ハインリヒ・ヒムラーがトリエステ出身の親衛隊大将，オディロ・グロボチュニクに委託し，ルブリン地区親衛隊・警察が中心となって実施した極秘の作戦である。ルブリンにはラインハルト作戦関連の部署が置かれ，ラインハルト作戦本部（本部長ヘルマン・ヘーフレ），ユダヤ人財産の把握，管理，売却等を担当する第 IVa 課（課長ゲオルク・ヴィッパーン），ラインハルト作戦監督課（課長クリスティアン・ヴィルト）があり，その業務は一部重複した[3]。ベウジェツは，この作戦においてポーランド総督府の東端に 1941 年末に設置された。

ルブリンの親衛隊・警察には，ラインハルト作戦関連の部署以外にも，ナチ東方支配に関連する重要な部署がいくつかあり，ポーランド人の強制移住，民族ドイツ人の帝国への「帰還」，占領地域の「ドイツ化」など，相互に関連する事業を担っていた。特定の集団の移住・殺害と，財産の奪取，ドイツ人の生存圏（Lebensraum）の確保は，ナ

チ・イデオロギーの中核的部分であり，その意味でルブリンの親衛隊・警察の特別な位置づけがうかがい知れる。ルブリンには全体で 450 人ほどが配属されていたが，主たる部署はむしろ移住関連であったため，ラインハルト作戦関係では 100 人ほどであった[4]。

ユダヤ人の大量殺害が，1939 年から帝国内で実施された安楽死作戦（T4）の延長線上にあったことは知られている。ラインハルト作戦関連の部署は T4 出身者が大半を占めたが，それは 1941 年夏にヒトラーが国内の反対に配慮して安楽死を表向きに中止し，これに関わった者たちが多くルブリンに配属されたためである。安楽死作戦実施の主体は医師や看護師であったが，患者の移送や遺体の焼却といった周辺業務が発生したため，これらに従事した者たちがルブリンに送られている。この事実は，これまで大量殺人のノウハウの移転という観点から語られることが多かったが，実際には T4 の中止で浮いた人員をラインハルト作戦に横滑りさせる組織構造上の人員配置でもあり，知識の移転はむしろその結果であった。

ラインハルト作戦が動き出すと，グロボチュニクはベルリンの総統官房第 II 局に人員の追加的な配置を要請し，増員された。総統官房から 100 人弱がラインハルト作戦部署に送られている。つまり，もともと親衛隊・警察内の異動でルブリンに来たごく少数の者を除くと，ラインハルト作戦関係者はほとんどが T4 出身者であったということだ。このため絶滅収容所に勤務した者たちの多くは，自身を最後まで T4 の所属だと考えていた。本稿で扱う被告人らの何人かは，ベウジェツからの配置換えを願い出る際に，グロボチュニクではなく T4 の上司に掛け合っている。それは自身をルブリン親衛隊・警察の所属というより，ベルリンからの「出向」であると理解していたためである。実際に作戦参加の手当も，T4 部署から支払われていた[5]。

ではベウジェツとは，具体的にどのような場所であったのか。殺人工場としてのベウジェツは 1941 年末に建設が始まり，1942 年 3 月頃にガス殺が行われるようになった。最初は 100 人から 150 人ほど収容できる木造バラックでガス殺が試行され，十分なノウハウが蓄積されるとバラックは解体され，4 メートル四方のガス室を 6 つ備えた施設が1942 年 6 月に完成した。これにより一度で 1500 人までの

（3）Institut für Zeitgeschichte（IfZ），Gh.02/38.1（a），141 Js 573/60, 01.15.1969. ルブリン親衛隊・警察の部署ごとの職員リストとその仕事内容，戦後の訴訟状況に関する検察史料である。ヘーフレ（1912–1962）は，戦後オーストリアで勾留中に自殺した。同姓同名の親衛隊大将で 1947 年にスロヴァキアで処刑されたヘルマン・ヘーフレ（1898–1947）とは別人である。第 IVa 課は，実務的にはラインハルト作戦本部の一部と見なされていた。

（4）Philipp Rohbach/Christian Schwaninger（Hrsg.），*Beyond Hartheim: Täterinnen und Täter im Kontext von 'Aktion T4' und 'Aktion Reinhard'*, Innsbruck: Studien Verlag, 2019, S.38.

（5）ラインハルト作戦とベウジェツについては，以下を参照。Sara Berger, *Experten der Vernichtung: Das T4-Reinhardt-Netzwerk in den Lagern Belzec, Sobibor und Treblinka*, Hamburg: Hamburger Edition 2013; Yitzhak Arad, *Belzec, Sobibor, Treblinka: The Operation Reinhard Death Camps*, Bloomington: Indiana UP, 1999; Stephan Lehnstaedt, *Der Kern des Holocaust: Bełżec, Sobibór, Treblinka und die Aktion Reinhardt*, München: C.H. Beck, 2017; Robert Kuwałek, *Death Camp in Bełżec, Lublin*: Państwowe Muzeum na Majdanku, 2016.

殺害が可能となった[6]。

ベウジェツの初代所長クリスティアン・ヴィルト（1885
-1944）は刑事警察出身で，暴力的で容赦なく，部下から
恐れられていたが，実務能力に長けた人物として知られて
いた[7]。ヴィルトは1942年の8月からラインハルト作戦
の三つの絶滅収容所，ベウジェツ・ソビブル・トレブリン
カの総監となったため，所長はゴットリープ・ヘーリンク
（1887-1945）に交代し，後者が1943年3月の解体まで所
長を務めた。ヘーリンクもヴィルトに劣らず残酷な男で
あったとされる。ただしヴィルトは東部の複数の絶滅収容
所を実質的に監督していたため，ベウジェツという場所と
ヴィルトという名前は最後まで結びついていた。

スターリングラードの戦い以降，ドイツが守勢に回る
と，1942年11月にベウジェツでのガス殺は停止されてい
る。これがポーランド総督府の東端に位置していたことも
あり，当地は最初に閉鎖された絶滅収容所となった。その
後，犯罪の隠ぺい工作が開始され，巨大な穴に埋められて
いた死体の焼却がはじまった。1943年春には完全に解体
されて均され，カモフラージュのための植林さえされてい
る。ガス室の稼働期間は比較的短かったが，死亡者数は推
定で約45万人から70万人の間とされる[8]。

ベウジェツは，ユダヤ人生存者がほとんど存在しない場
所として知られている。戦後，ベウジェツの生存者として
知られているのは2人のみで，裁判の時点で生存していた
のはカナダに移住したルドルフ・レーダーのみであった。
このため収容所の実態については，犠牲者の側からの証言
を得ることはほぼ不可能であり，加害者の証言に頼らざる
を得ない。早期の記録としては，親衛隊員クルト・ゲル
シュタインが毒ガスの搬入について証言した「ゲルシュタ
イン報告」があり，また戦後にポーランドが戦犯の訴追の
ために行った捜査の史料なども存在する。

本稿では，主にミュンヘンの現代史研究所文書館と，
ルートヴィヒスブルクの連邦文書館分館に保管される西ド

イツ検察と裁判所による史料を使用する[9]。ただし，これ
ら史料に問題がないとは言えない。先述のように，犠牲者
側の証言を欠くため，加害者側をどこまで信用すべきかと
いう問題がある。またラインハルト作戦において意思決定
できる立場にあった指揮官の大半は——ここにはグロボ
チュニクやヘーフレ，ヴィルトなどが含まれる——裁判時
までに死亡している。これに対して秘書のような下位の職
員には生存している者が多かったが，後者に対しては十分
な証拠がない，犯罪に関わっていないことが明白である，
西ドイツに管轄権がないなどの理由で，公訴されていな
い[10]。

実際には公訴提起できない本質的な理由は，西ドイツで
1949年と1954年に刑免除法が施行され，比較的軽い犯罪
が恩赦されたのと，1960年に故殺（Totschlag）の時効が成
立し，謀殺と謀殺幇助を除くと，罪に問うことができない
状態となっていたためである。たとえば殺害されたユダヤ
人の財産を管理・売却し，これを帝国銀行に送ったライン
ハルト作戦第IVa課にいた人間は，財産の処分自体はユダ
ヤ人殺害の結果として生じたにすぎないため，謀殺，謀殺
幇助ともに問うことは困難だった。

ここで，ベウジェツ裁判に至るまでの司法的な流れを整
理しておこう。

ラインハルト作戦関係者の捜査が始まるのは，1960年
代に入る頃である。それ以前も絶滅収容所での犯罪が問わ
れることはあったが，むしろ特定の個人に対する単発的な
裁判事例にとどまっていた[11]。遅延の理由はいくつかあ
る。まず連合軍占領下で「人道に対する罪」を裁く根拠と
なっていた管理理事会法第10号は，ドイツの裁判所に対
して，ドイツ人によるドイツ人に対する犯罪の訴追を認め
ていたが，連合国国籍者に対する犯罪については管轄外と
していた。このため，犠牲者の大半が外国人であったホロ
コーストに関しては，ドイツ検察は深く関わることができ
なかった。西ドイツの主権回復と連動する管理理事会法第

（6）Budesarchiv Außenstelle Ludwigsburg (B162)/3172, „Beschluß der 4. Strafkammer des Landgerichts München", 30.01.1964, S.4.
（7）ヴィルトの経歴については，Klaus-Michael Mallmann/Gerhard Paul (Hrsg.), *Karrieren der Gewalt: Nationalsozialistische Täterbiographien*, Darmstadt: WBG, 2011, S.234-251.
（8）死者数は，約60万人とするのが現在の共通理解だろう。
（9）ミュンヘンの現代史研究所は，戦後のナチ犯罪の裁判を網羅する独自のデータベース（NSGデータベース）を有し，研究所内で利用できる。下級審からの裁判の流れや，相互に関連する裁判，判決の概略などを知ることができる。1958年に「ナチ犯罪追及セン
ター」が設けられ，予備捜査が一本化されるまでは，各地の検察がそれぞれに捜査・起訴を進めたため，これらが後に重複を理由
に中止されたり，統合されたり，分離されたり等を繰り返し，判決に至るまでの過程はかなり複雑である。また現代史研究所は当
データベース記載の裁判史料のごく一部を保管しているにすぎない。対して，ナチ犯罪追及センターの史料は，ルートヴィヒスブ
ルクで閲覧することができる。また東西両ドイツの裁判所による重要な判決を集めた *Justiz und NS-Verbrechen* がアムステルダム大
学から刊行されてきた（以下，*JuNSV* と表記）。現在はオンラインで無料公開されているが，収集事例は有罪判決が確定したものに
限られる。
（10）IfZ, Gh.02/38.1 (a), 141 Js 573/60, 01.15.1969.
（11）例えば1950年の，ソビブルの「ガスマイスター」と呼ばれたエーリヒ・バウアーに対するベルリンの裁判，フーベルト・ゴメルス
キに対するフランクフルトの裁判などである。戦後のナチ犯罪裁判を以下が時系列で網羅している。C.F. Rütter/D.W.de Mildt
(Hrsg.), *Die westdeutschen Strafverfahren wegen Nationalsozialistischer Tötungsverbrechen 1945-1997: Eine systematische Verfahrensbe-
schreibung*, München: K.G. Sauer, 1998.

10号の正式な失効は，1956年まで持ち越された。

　これに対して，犠牲者の多くがドイツ人であった安楽死作戦の関係者に対しては，早い段階から訴追が始まっていた。安楽死は犯罪の場所の多くが帝国領内であったため，証拠・証人の確保の点でも占領地での犯罪より扱いやすく，また東欧の共産主義国家との司法協力の必要性が少ない点でも有利であった。

　つまり先行した安楽死に対する捜査が拡大してゆく過程で，T4関係者らによるラインハルト作戦への関与が浮かび上がってきたのである。そして1958年にルートヴィヒスブルクに「ナチ犯罪追及センター」が設けられ，集中的に予備捜査を行う体制が構築されことで，東部の絶滅収容所での犯罪や前線背後での大量銃殺などを問う体制ができあがってきた。

　こうした中，検察は1960年に入る頃からベウジェツの関係者の立件を視野に捜査を始めた。ここで，捜査の中心にあったのは，ヴィルト直属の部下であったヨーゼフ・オーバーハウザー（1915-1979）であった。オーバーハウザーは，戦後生存していたベウジェツ関係者の中では最も職位が高かった。ミュンヘン検察は，1963年8月8日に，オーバーハウザーと，ベウジェツに勤務した他7名に対し公訴提起した。

　本稿が扱うのは，この時オーバーハウザーとともに起訴された，ヴェルナー・デュボワ，エーリヒ・フクス，ハインリヒ・グレイ，ロベルト・ユールス，カール・シュルーフ，ハインリヒ・ウンフェアハウ，エルンスト・ツィールケの7名である。この7名に対しては，1964年1月にミュンヘン地方裁判所が公判開始請求を却下している。つまり，公判が実施されたのは，オーバーハウザーただひとりであった[12]。

　1977年以前のドイツの刑事訴訟では，捜査を経て有罪判決を得る可能性があると考えれば，検察は裁判所に予審（gerichtliche Voruntersuchung）を求めるか，公訴を提起する。予審では判事（Untersuchungsrichter）が被疑者を尋問し，証拠調べを行い，十分な嫌疑があるとされれば公判手続（Hauptverfahren）の開始が決定され，公判（Hauptverhandlung）が始まる[13]。したがって，なぜ7名に対して十分な嫌疑がないと裁判所が判断したのかが重要な点となる。ここには当時の西ドイツ司法のナチ犯罪に対する理解

が反映されていると思われるからだ。

　次節では7人の経歴を見てゆくが，その再構成にあたっては，起訴状に記された内容に基づく。これが裁判の時点で明らかとなっていた事柄である。その内容は，被告人らが無罪判決を得た戦後初期の裁判で明らかにされたことに加え，ミュンヘン検察による捜査，尋問，予審を通して得られたものである。このためベウジェツ裁判の後に知られるようになった事実については，注の中で示すこととする。

2 被告人

　絶滅収容所という尋常ならざる場所に勤務した7人の男たちの背景はさまざまである。ただし，この7人がナチズムと関係の薄い人たちであったかというと，そうとも言えない。グレイ，ユールス，ツィールケの3人は1933年以前からナチ党員であったし，またユールス，シュルーフ，ウンフェアハウ，ツィールケは突撃隊に入っており，デュボワとグレイは親衛隊の隊員でもあった[14]。またナチ民族福祉団（NSV）など，ナチ関連団体に入っている者もおり，当時の文脈ではむしろ「普通のナチ」と呼べるような男たちであった。しかし，こうした団体に所属した者の大半は，絶滅収容所という場所で勤務することはなかった。ではなぜ彼らはベウジェツに行き着いたのか。

　それは彼らが先に安楽死作戦に関わっていたためである。しかし，T4に関わることとなった彼らの背景も実はさまざまだ。ここには第一次世界大戦後の不安定な時代を若くして経験したドイツ人男性に特有の，職業的な挫折と社会的な希求があったように思われる。

　まずヴェルナー・デュボワ（1913年生）の経歴から見てゆこう。彼は国民学校を出た後，筆職人になるため3年の見習いに入るが，仕事がなかったため親方から解雇された。無職の状態が続いた後，再就職のために農業学校に通い，しばらく農業に従事した。ヒトラーの政権掌握後は，1934年に突撃隊に入隊し，さらに労働奉仕団に入り，任を解かれた後に再び農業に復帰した。1936年にナチ自動車隊（NSKK）のドライバー養成学校に入っている。一種のエリート部隊とされていた親衛隊部隊，「ライプスタンダルテ・アドルフ・ヒトラー」に運転手としての採用を望

---

(12) オーバーハウザーの裁判に関しては，Michael S. Bryant, *Eyewitness to Genocide: The Operation Reinhard Death Camp Trials, 1955-1966*, Knoxville: University of Tennessee Press, 2014, Chapter 2.

(13) 参照，最高裁判所事務局『ドイツ刑事訴訟法』昭和28年，78-91頁。捜査段階での「被疑者（Beschuldigter）」は，起訴により「被訴追者（Angeschuldigter）」となり，裁判所が公判手続開始決定を下せば，被訴追者は「被告人（Angeklagter）」となる。ベウジェツ裁判では，7人に対する公判請求が却下されたため，厳密には7人は「被告人」ではなく，「被訴追者」のまま裁判が終了している。しかし日本では検察により公訴提起された者を「被告人」と呼んでおり，「被訴追者」という言葉にあまりなじみがないため，本稿では「被告人」を使用する。

(14) ただしツィールケは1930年（1931年とする史料もあり）に入党したものの，1934年に脱退している。その際に突撃隊も辞めたかどうかは不明。

んでのことであった。しかしかなわなかったため，23歳で自ら志願して，強制収容所の運営にかかわる武装親衛隊の髑髏部隊に入隊している。この点で他の被告人らとは立場が多少異なる。なぜなら，親衛隊はニュルンベルク国際軍事裁判で犯罪組織として認定されており，その所属自体が犯罪となるためである。デュボワは親衛隊に入ると同時にナチ党に入党し，強制収容所ザクセンハウゼンで運転手として勤務した。

その後，安楽死作戦に配置され，グラーフェネックとブランデンブルクの安楽死施設で患者を運ぶバスの運転手をした。さらにハダマーとベルンブルクでは「消毒官（Desinfektor）」として働いたが，実際の仕事は死体の焼却であり，現場では単に「焼却人（Brenner）」と呼ばれていた。1942年4月にルブリンに配属され，ベウジェツとソビブルの担当となり，最初は運転手として建設資材などの搬入を行った。ベウジェツの本格的なガス室が完成するのが同年6月であるため，デュボワは当然どのような施設であるか知りつつ，業務にあたったということになる。デュボワは36万人に対する謀殺幇助で起訴された[15]。

エーリヒ・フクス（1902年生）も，職業的には運転手であった。自動車整備工の訓練を受け，様々な会社の自動車工や運転手として働いた後，航空省の運転手となり，そうした流れで1941年夏にベルリンで安楽死実施ための組織，公益保護施設財団（Gemeinnützige Stiftung für Anstaltspflege）に配置された。安楽死作戦で中核的な役割を担った医師，イルムフリート・エーベルルの下で運転手をしている。

フクスの父はドイツ社会民主党員であり，自身も1927年から1933年まで党員であったが，1934年に経済的な理由からナチ党に入党したという[16]。フクスは，ガス室をシャワー室に見せかけるためのシャワーノズルをその意図を知りつつ搬入したと認めている。フクスの起訴理由は9万人の謀殺幇助である[17]。

ロベルト・ユールス（1911年生）の本業は絵を描くことであった。しかし目の怪我で画家という職業を諦め，フランクフルトの劇場で舞台の絵を描いたり事務を手伝ったりしていたようだ。ナチ党員歴は1930年からで，1930年から35年まで突撃隊にも所属している。開戦時にはフラン

クフルトの労働局で働いていた。この関係で1941年に業務命令により公益保護施設財団に配属され，この後ルブリンへ，ここからベウジェツに配属された。ユールスは，安楽死施設ハダマーでの殺害に関して起訴され，1947年に無罪となっている[18]。

これに対して，エルンスト・ツィールケ，ハインリヒ・グレイ，ハインリヒ・ウンフェアハウ，カール・シュルーフは職業的な看護師であった。病院や障碍者施設などで勤務するなかで，安楽死作戦に配置され，その流れでルブリンに配属されている。多くはグラーフェネックやハダマーの安楽死施設に勤務した事実がある。ただし，職業人生の最初からずっと看護師だったという者はほぼいない。やはり職業的な挫折を繰り返した後に，看護師になった者が多い。

例えばツィールケ（1905年生）は，国民学校を成績不良により最後まで終えることができず，木こりとなり，その後鍛冶屋の見習いに入り，鍛冶職人として働いた後に失業期間を経て看護師となった。ナチ民族福祉団に所属し，勤務先から安楽死作戦でハダマーへの異動を命令されている。ベウジェツに来たのは1942年6月である。戦後は1948年にハダマー裁判で無罪となっている[19]。

ハインリヒ・グレイ（1901年生）は，農業に従事したり，軍隊に入ったり，様々な職業を試したのちに，妻が病院勤務であったことから，自身も1929年より看護師として働き始めた。精神科での勤務が主であったようだ。1934年に親衛隊に入隊している。1940年初頭，ベルリンに呼び出され，安楽死作戦に組み込まれた。グラーフェネック，ゾンネンシュタインでの勤務の後，1942年の8月よりルブリン付けとなり，ベウジェツに配属された。収容所が解体された1943年春まで勤務した[20]。

ハインリヒ・ウンフェアハウ（1911年生）はもとは音楽家であったが，1934年頃に看護師に転身した。1940年1月よりハダマーとグラーフェネックで働いた後，1942年6月から11月までベウジェツに勤務した。犠牲者の衣類を再利用のために収容所の外の小屋で整理し，人を降ろして空になった列車に積んで送り出す業務を担当していた。この作業にはスピードが求められた。なぜなら到着してくる

(15) B162/3172, „Anklageschrift", 08.08.1963, S.16-18; B162/3172, „Vernehmungsniederschrift Werner Dubois", 07.01.1961.
(16) 社会民主党員のフクスはユダヤ系の出版社ウルシュタインに運転手として勤務していたが，ナチ政権成立後は「ユダヤ人に奉仕する者（Judendiener）」と攻撃され職を失い，1933年5月にナチ党に入ったという。入党と同時に突撃隊に入ったこと，その後ナチ民族福祉団の運転手をした関係で航空省の運転手の職を得たことなどは，ベウジェツ裁判の起訴状にはない（11Ks 1/64, LG Hagen, 20.12.1966, in: JuNSV, Bd. XXV, S.21.）。
(17) B162/3172, „Anklageschrift", 08.08.1963, S.18-20.
(18) Ebenda, S.22-23; B162/3171, „Vernehmungsniederschrift Robert Jührs", 11.10.1961; B162/3172, „Vernehmungsniederschrift Robert Jührs", 07.01.1963.
(19) B162/3172, „Anklageschrift", 08.08.1963, S.25-26; B162/3172, „Vernehmungsniederschrift Ernst Zierke", 31.01.1963; Pks 1/47, LG Frankfurt/M., 28.01.1948, in: JuNSV, Bd.II, S.192.
(20) B162/3170, „Vernehmungsniederschrift Heinrich Gley", 08.05.1961.

ユダヤ人すべてを一度にガス殺する能力がなかったため，複数回に分けて行う必要があったが，その際に犠牲者が先に殺された者の衣類などを目にするようなことがあってはならなかったためである[21]。ベウジェツの勤務中，ウンフェアハウはチフスにかかり，入院して一時職場を離れ，回復後の1943年3月にベウジェツに戻るが，ガス殺はすでに中止されていたため死体の焼却作業に投入された。ソビブルでも短期間勤務している。ウンフェアハウは，ベウジェツ裁判の被告人となる前に，1949年のグラーフェネック裁判でも起訴されているが無罪となっている[22]。

　カール・アルフレート・シュルーフ（1905年生）は，看護師としてベルリンのシャリテ病院などで働いていた。1936年に突撃隊の衛生中隊（Sanitätssturm）に入り，同時にナチ党員となっている。1940年6月よりT4の所属となり，ハダマーとグラーフェネックの勤務の後にベウジェツに配属された。

　職業的な背景の異なる7人だが，ベウジェツでの彼らの仕事は端的に，滞りなく殺害を実施するための補助であった。列車で移送されてきたユダヤ人の降車後の誘導，脱衣，害虫駆除のシャワーと偽ってガス室へと送り込むという一連の流れが止まらないように，外国人の看守を監督し，指示を与えた。ベウジェツには「志願協力者（Hiwis）」と呼ばれたウクライナ人や民族ドイツ人からなる外国人看守が60名ほどおり，むしろ彼らがユダヤ人をもち打ってガス室に追いやったり，動けなくなった老人や子どもを射殺したり，いわゆる「汚れ仕事」をさせられていた。ユダヤ人の中から選抜され，建設などの戸外労働に投入されたり，同胞の殺害を手助けさせられたりした「労働ユダヤ人（Arbeitsjuden）」と呼ばれた者たちも数百名おり，これらの管理もドイツ人職員の仕事であった。

　職場では，被告人らは親衛隊の制服を着て勤務していた。前述のように，デュボワとグレイは親衛隊員であったため当然だが，他の5人も一般親衛隊の灰色の制服を身に付けていた。その理由は，ドイツ人職員と外国人の看守を区別し，視覚的にも上位に位置づけるために，前者は制服の着用を義務付けられたからである。したがって親衛隊に入隊していない者も形式的には親衛隊伍長（SS-Unterscharführer）の職位にあるとされた[23]。つまり，もともとは運転手，事務職員，看護師などで，いわば「普通のナチ」であった人びとが，T4を経て，ベウジェツでは親衛隊と

して大量殺害に関わることになるのである。

　またベウジェツに来る前から被告人らは，T4の同僚として互いに見知っていた。さらに彼らのうちの何人かは，ベウジェツのみならずソビブルでの勤務も共にしている。この二つの絶滅収容所は比較的近距離に位置したため，スタッフが借り出されることもあったからだ。ベウジェツでのガス殺が終了すると，ソビブルに異動した者が5人いた。さらに何人かは，イタリア，トリエステの親衛隊・警察が終戦前の最後の職場となっている。ルブリン地区のトップであったグロボチュニクが1943年7月にアドリア海沿岸地域の親衛隊・警察に異動した際に，彼はヴィルトやオーバーハウザーなど，ルブリンの部下をごっそり連れて行った。イタリアでの任務はパルチザン掃討と強制収容所の運営，ユダヤ人のアウシュヴィッツ移送であったが，その中にはデュボワ，ユールス，ツィールケ，シュルーフらの名もあった。

3　「命令による緊急避難（Befehlsnotstand）」

　戦後ドイツが自らの過去と対峙する際の中核的な問いは，「普通の人びと」はどれほど犯罪体制に責任があるのかという点にあった。これは，命令される立場にあった人間が，実際に命令を拒否する余地はどの程度あったのかという問いと表裏をなしていた。

　終戦直後，ドイツ人の多くが，独裁下では誰もが上からの命令に従うしかなかったと主張した。こうした言い逃れは，1950年代にはかなり後退していたものの，それでも「普通の人びと」があのようなおぞましい犯罪に加担するには，大きな強制があったに違いないという考えは社会の中で広く共有されていた。実際に，罪に問われた者たちが社会に戻ってきた時，彼らはやはりごく普通の人びとであるように見えた。

　ベウジェツ裁判の被告人らは，ユダヤ人の大量殺害に関与したという事実を認めている。ただし被告人らはみな，ユダヤ人の殺害を内心ではおぞましいと思い，拒絶していたと主張した。また彼らは，自分の行為が違法であることも認識していた。違法性を認識していたかどうかは，刑事裁判においては重要な点である。なぜなら，そもそも自らの行為が違法であると認識していない場合，責任を問うこと自体が難しくなるためである。また，問題となる行為が

(21) B162/3172, „Anklageschrift", 08.08.1963, S.45-46.
(22) Ks 6/49, LG Tübingen, 05.07.1949, in: *JuNSV*, Bd. V, S.97; Rütter/de Mildt (Hrsg.), *Die westdeutschen Strafverfahren*, S.36-37.
(23) B164/3172, „Anklageschrift", 08.08.1963, S.33. 被告人らの親衛隊での経歴は，不明な点もある。ベルガーによると，デュボワは「アクティブ」な親衛隊員としてT4に加わっており，ベウジェツに来た時点ですでに親衛隊軍曹（SS-Scharführer）であったという（Berger, *Experten der Vernichtung*, S.45.）。彼は終戦前には昇格して曹長（SS-Oberscharführer）となっている。親衛隊歴が他と比べて長いグレイも，ベウジェツに来る前から伍長であった。フクスに関しては，ソビブル裁判（1965-66）で親衛隊軍曹の制服を着ていたことが認められているが，入隊はしていなかったとされており，入隊の有無や昇格の時期は不明。

法律上許されないことを知らなかったり，逆に行為が法律上許されていると誤信したりした場合は，違法性の錯誤（禁止の錯誤：Verbotsirrtum）があったと見なされる。錯誤があっても必ずしも責任が阻却されるわけではないが，一般的には罪が軽くなる。

　命令の実行に際して被告人らは，自身の行為が違法であることを認識していたが，上官の命令に背くことは許されていないと思ったと主張した。親衛隊のような組織において上からの命令は絶対であったし[24]，軍刑法においては，刑法に違反するような行為を命令された場合，その責任を負うのは自分ではなく，命令した上官であるとされていた[25]。そうした中で命令に背くことは，自身の身の危険を意味したので，遂行せざるを得なかったのだという。いわゆる「命令による緊急避難（Befehlsnotstand）」の抗弁である[26]。

　一般的な「緊急避難」とは，自身や親族の生命や身体の差し迫った危険を回避するための行為は，処罰されないとするものである。「命令による緊急避難」とは，こうした状況が軍隊等の上官による命令で生じる場合である。暴力や脅迫により行為を強いられ，そうする以外に自分や家族の身体や生命に対する危険を回避する手段がなかった場合は，「強制された緊急避難」と考えられ，責任が阻却される。ドイツ刑法典第54条（緊急避難：Notstand）と第52条（強制状態：Nötigungsstand）がこれらを定めていた[27]。さらに，実際には生命や身体への危険がないのに，あるものと誤信して行為する場合は，「誤想避難（Putativnotstand）」とよばれ，この場合も免責されることがある。

　ただし緊急避難の適用は限定的で，たとえばナチ体制下では誰もが処罰を恐れ，上からの命令に従わざるをえなかったと主張しても，そのような一般的な状況では成立しない。個別具体的な生命・身体への危険がいま存在することが条件とされ，危険の「可能性」があったといった主張では十分ではないのだ。そして，問題となる行為を行う以外に危険を回避する手段がないという，選択肢の不在が重要な基準となる。また自分の落ち度でそのような状況に陥った場合には適用されない，危難回避のための行為がもたらした結果が，回避しなかった場合に生じ得た結果を超えてはならないなど，条件がある。

　戦後の裁判では，ユダヤ人の大量殺害に関係したほぼすべての被告人が，命令による緊急避難を主張した。1950年代の刑事訴訟においては，この抗弁に基づいて無罪判決が出ることも少なくなかった[28]。もちろん，そのほかにも証拠が不十分であるなど，複合的な理由が背景にあったことは言うまでもないが，こういった状況があったため，検察側も早くから緊急避難の抗弁を分析し，現代史研究所などの歴史家らにも鑑定書の提出を求め，議論を繰り返している[29]。

　その結果，1960年代には，命令を拒否した親衛隊員や警察官が，身体・生命の危険にさらされた事例はほとんど存在しないことが検察側に十分に知られていた。命令拒否を理由とする処刑，略式裁判，強制収容所送りなどの重罰の事例は，個別事例では存在したが，極めて少なく，命令拒否が一般的に処罰につながるという状況は存在しなかったのである。この点は1960年代には検察がまさに求刑の根拠としていたことであった。

　では，なぜ命令拒否が厳罰の対象にならなかったのか。皮肉なことだが，ナチ体制は「民族共同体」に属するドイツ人に対しては，「法の支配」をある程度保障しようとしていた。もちろんナチ法自体が不法ではあったが，親衛隊裁判所ですら，上官が規則を無視して部下を任意で処罰すると責任を問われた。ルートヴィヒスブルクの内部資料にはこうある。「矛盾するようであるが，テロ体制は国民に

(24) これに対してベルガーは，絶滅収容所で勤務した親衛隊員（形式的な所属も含め）の関係性は軍隊的な厳格な上下関係に支配されてはおらず，むしろフラットなものであったという。彼女は集団内のつながりが現場のイニシアチブを生む，柔軟で自由度の高い関係であったと見なしている（Sara Berger, „„Das Umbringen war schon ihr Beruf". Das Personal der „Aktion T4" in den Vernichtungslagern der „Aktion Reinhardt"", Jörg Osterloh/Jan Erik Schulte (Hrsg.), *Euthanasie und Holocaust: Kontinuitäten, Kausalitäten, Parallelitäten*, Brill: Paderborn, 2021, S.266.)
(25) ドイツ帝国軍刑法の47条にある。
(26) ニュルンベルク国際軍事裁判においても，被告人らは上官からの命令に背くことができなかったと主張した。これは英米法で「上官命令（superior order）」と呼ばれるが，本稿では，ベウジェツ裁判における根拠法がドイツ刑法であることに鑑み，「緊急避難」を使う。
(27) 最高裁判所事務総局刑事局『刑事裁判資料第90号　ドイツ刑法』昭和29年，31頁。現行のドイツ刑法典では，第34条と35条が緊急避難について定める。
(28) Andreas Eichmüller, *Keine Generalamnestie: Die Strafverfolgung von NS-Verbrechen in der frühen Bundesrepublik*, Oldenbourg: München, 2012, S.258.
(29) 1950年代末から1960年代後半にかけ，当時行われていた複数の裁判と連動して，歴史家による大小さまざまな鑑定が検察側に提出された。H.ブーフハイムらによる親衛隊の組織構造や命令系統に関する鑑定書が知られているが，緊急避難に関しては特にH-G.ゼラフィームが複数の鑑定を執筆している。ナチ犯罪追及センターは，1970年代初頭，緊急避難に関するそれまでの議論の流れと法的な評価を整理した報告書を作成している。B162/193, „Zum Problem des sogenannten Befehlsnotstandes in NSG-Verfahren. Zusammenfassende Darstellung"; B162/80, „Der sogenannte Befehlsnotstand", 20.01.1972.

対しては比較的思慮深く振る舞っていた。」[30]これは，安楽死やユダヤ人殺害において，合法性の装いは実質的に放棄されていたのとは対照的であった。

つまり，被告人らは実際には生命や身体への危険がないのに，あるものと誤信して行為したのである。もしくは，少なくとも誤信したということを理由にした。ただし，彼らが命令拒否による身の危険を危惧し，厳罰を誤信した理由がまったくなかったわけではない。まず，親衛隊に志願して入隊した場合，ヒトラーに対する忠誠宣誓を行っていた。これが多くの隊員を心理的に拘束するものとなっていたことは知られている。さらに，特にラインハルト作戦の関係者は，ユダヤ人殺害が「国家機密（geheime Reichssache）」であり，着任に際して秘匿義務について理解した旨の文書に署名させられていた。絶滅収容所等で見聞きしたことについては，口頭でも文書でも絶対に口外してはならず，写真も撮ってはならず，そして「秘匿義務は職務を離れた後も継続すると理解した」という一文で終わる文書に署名させられていたのである。この誓約を破れば，軍法による処罰対象となることが明記されていた[31]。犯罪の共犯とされてしまった以上，これから逃れる手段はないと信じたという主張は無視できない。こうした事実が，戦後の裁判において緊急避難の主張に一定の説得力を持たせていた。以下は，被告人7人の中でベウジェツでの勤務期間も長く，責任の程度も重いと見なしえたデュボワによる供述である。

> もし私が下された命令の実行を拒否したならば，即刻容赦なく処刑されただろう。安楽死においてもベウジェツにおいても，あまりにも深く機密に関わっていたため，これから離脱するなど，時の権力者が認めるわけもなかった点は，酌量されるべきだ。当時の状況を知っている者なら誰しも，一緒にやるか，死ぬかの選択肢しかなかったということに同意するだろう[32]。

上司から逃げられないどころか，国家機密に関わっているため最終的には自身の命も危ないのではないのかという疑念は，実際に自分たちがベウジェツの「労働ユダヤ人」を定期的に，時にはその日のうちに，殺害して「入れ替え」ていたことからも，根拠のないことではなかった。現にベウジェツでは，ラインハルト作戦の関係者が歓喜力行団（KdF）から慰労クルーズに招待されるという噂が立った。しかしその船は海上で爆破され沈められるという[33]。こうした噂にヴィルトは激高したとされるが，犯罪という船に乗った者たちは，実際に一種の運命共同体であった。

命令による緊急避難の問題は，ナチ犯罪者の訴追において常に中核的な問題であった。このため，最高裁も判例を積み上げ，適用基準が徐々に明確化されていった。絶滅収容所のような場所では，誰かが命令を理由に緊急避難を行えば，必然的に他者の生命や身体への深刻な侵害が発生する。それは多くの場合，死を意味した。従って，本当に命令を遂行する以外に危難を回避する手段がなかったのか，真摯な内的葛藤があったか，また強制により本人の意思は屈服させられていたのか等，さまざまな条件をクリアせずして緊急避難は認められないという見解が形成されていった。最終的に最高裁は，本人が「良心に従い全力を尽くして，処罰を受けずにすむような別の方法によって危険を回避しようとしたが，どうにもならなかった（wenn er sich nach allen Kräften gewissenhaft bemüht hat, der Gefahr auf andere, die Straftat vermeindende Weise zu entgehen, ohne einen Ausweg zu finden）」場合にのみ，緊急避難が認められるとしている[34]。

4 異動願いの有無

したがって裁判所は，犯罪的な命令を実行しないための手段を尽くしたかという点を重視し，業務からの離脱を試みたかどうかを判断のひとつの材料とした。被告人らの中でデュボワ，フクス，ウンフェアハウが，職場を離れられるように上司に掛け合っていた。

デュボワは，ユダヤ人の殺害を「心の中では拒否し，全く同意できなかった」が，収容所長のヴィルトとヘーリンクの性格からして，命令拒否には意味がないと考えたという[35]。以前にもT4からの異動を試みたが，上官が収容所送りをちらつかせたため，やっても無駄だと思うようになっていた。実際，つまらぬことでヴィルトを怒らせたことがあり，その際にヴィルトにピストルで脅されたが，自分の方が早くピストルを抜いたので，大事を避けられたという[36]。ただし，これが実際に起こったかどうかは目撃者がいない以上，確認する術はない。裁判所もこうした主張を額面通りには受け取っていないようだが，デュボワが

---

(30) B162/80, „Der sogenannte Befehlsnotstand", 20.01.1972, S.24-25.
(31) B164/3172, „Anklageschrift", 08.08.1963, S.31-32.
(32) B162/3170, „Vernehmungsniederschrift Werner Dubois", 16.09.1961, S.25.
(33) B162/3172, „Vernehmungsniederschrift Josef Oberhauser", 21.01.1963, S.2.
(34) B162/3172, „Beschluß der 4. Strafkammer des Landgerichts München", 30.01.1964, S.26.
(35) B162/3172, „Vernehmungsniederschrift Werner Dubois", 07.01.1961, S.2.
(36) B162/3172, „Beschluß der 4. Strafkammer des Landgerichts München", 30.01.1964, S.18-19.

繰り返し異動を願い出ていた点については認めている[37]。結局，デュボワはベウジェツのガス室が稼働を停止した後ソビブルに配属となり，当地で1943年10月の囚人蜂起の際に重傷を負って離脱した。回復後トリエステで再びヴィルトの下で勤務し，最後はイギリス軍の捕虜となって終戦を迎えた。

フクスは，ヴィルトの下に配属されたことを知った際には，すぐにベルリンの上司ハウスに電話し，ポーランドへの配属を取りやめてもらうよう請願したという。これに対してハウスは，強制収容所に入れられたくないなら馬鹿げたことはやめろと言い，総統によりこの部署に配属されたのだから，総統が命じた任務を果たさねばならないとフクスを叱責したという[38]。

フクスはベウジェツで木造ガス室の建設資材の運搬を担当し，ガス室をシャワー室に見せかけるためのノズルの搬入なども行っていた。ヴィルトによりガス室に偽のシャワーをつけるよう命じられたため，これを拒否したところ，ヴィルトから馬の鞭でたたかれた。激高したヴィルトは部下にフクスの銃殺を命じたが，同じ任務を与えられたほかの二人が助け船を出してくれたため，処罰を免れた。この一悶着があってからは，フクスにはヴィルトの命に背くという選択肢は存在せず，命令に従うことでのみ，自身の生命の危険を回避できると考えるようになったという[39]。フクスは1942年4月にソビブルで短期間勤務し，さらにトレブリンカに異動となり，同年末に12月に，前の上司のおかげでなんとかT4から異動できたとされる[40]。

ウンフェアハウは，安楽死作戦に関わった頃から何度も異動を願い出ていた[41]。まずは病院の上司に掛け合って拒否されると，今度は作戦の中核を担った総統官房のヴィクトール・ブラックに願い出たという。配置換えを希望する理由を，兵士として戦闘に参加するためだと言うと，ブラックから「前線と同じように，ここで任務を果たせ」，ほかの選択肢はない，さもなければ死があるのみだと告げられたという。配置換えを訴えたため，ヴィルトやヘーリンクとも衝突し，それでもあきらめなかったウンフェアハウは，チフスの病後の休暇中にベルリンのT4本部に出向いて異動を願い出た。他の場所への異動を提案されたが，

これも安楽死関連の施設であったために，拒否した。ベウジェツに戻ると，ウンフェアハウのベルリンでの請願がすでにヴィルトらの知るところとなっていた。彼は他の隊員の前でヴィルトからののしられ，ピストルで脅された[42]。

この事件はベウジェツで勤務した者たちの記憶に残ったようで，他の被告人らも取り調べの中で言及している。ウンフェアハウは，ベウジェツで命令拒否は「自殺に等し」かったという[43]。最終的に1944年春になってようやくT4から異動でき，最後は兵士として戦ってアメリカ軍の捕虜となった。その後，安楽死への関与により起訴されるが，無罪となっている[44]。

ベウジェツからの異動の請願を行ったデュボワ，フクス，ウンフェアハウに対し，グレイ，シュルーフ，ユールス，ツィールケらは，特段の行動は起こさなかった。T4勤務時にすでに異動を願い出たが，まったく取り合ってもらえなかった者もいたし，それよりもウンフェアハウのように異動を試みる者たちが，どのような目にあうかを知っていたためであろう。実際，シュルーフはウンフェアハウと宿舎の部屋が同じであったため，二人で話をすることがあり，ヴィルトによる罵倒事件の後は特に，命令拒否は不可能であると考えるに至ったとする[45]。逃げられる見込みがないので，命令に従うことが命を危険にさらさない唯一の方法だと考えるに至ったというのも，あながち誇張ではないだろう。

こうした主張が信憑性を持つのも，ヴィルトやヘーリンクが，やる気がないように見える部下に対して，いわゆる「根性試し（Härteprobe）」を命じることがあったためだ。病気等で労働不能となったユダヤ人を射殺させるのである。前述のように，絶滅収容所で囚人の殺害などの「汚れ仕事」を実行するのは，ドイツ人職員ではなく，たいてい外国人看守らであった。ドイツ人職員に自分の「手を汚さない」業務を与えることで，下にはまだ下がいることを示し，反発や抵抗をそぐ意図もあっただろう。このため，囚人の銃殺を命じられることはドイツ人には半ば屈辱であり，また上官からすれば，部下を服従させる一種の儀式であった。こうした共犯性の強制は，下っ端のドイツ人を萎縮させるには十分だった。

被告人らの中で，デュボワ，グレイ，ユールスがヴィル

(37) B162/3172, „Beschluß des Oberlandesgerichts München- Strafsenat", 22.07.1964, S.7.
(38) B162/3172, „Beschluß der 4. Strafkammer des Landgerichts München I", 30.01.1964, S.19.
(39) Ebenda, S.27.
(40) 実際にはフクスは，トレブリンカで勤務した後，ベルンブルクの安楽死施設に1943年3月までいた。T4から離脱したのは，リガのオストラント石油会社に異動した1943年3月であろう（11 Ks 1/64, LG Hangen, 20.12.1966, in: JuNSV, Bd.XXV, S.20.）。
(41) B162/3168, „Landeskriminalamt Tübingen", 20.05.1949.
(42) B162/3172, „Vernehmungsniederschrift Heinrich Unverhau", 08.01.1963, S.3.
(43) B162/3172, „Beschluß der 4. Strafkammer des Landgerichts München I", 30.01.1964, S.20.
(44) Ks 6/49, LG Tübingen, 05.07.1949, in: JuNSV, Bd. V, S.97.
(45) B162/3172, „Vernehmungsniederschrift Karl Schluch", 08.01.1963, S.2.

トやヘーリンクによりユダヤ人の銃殺を命令されている。例えばデュボワはヴィルトの命で自身の手で6人のユダヤ人を射殺している[46]。「根性試し」での銃殺は目撃者がいるため立証可能であり，それゆえに彼らの起訴理由の一つにもなっている。

5 裁判所の判断

　ミュンヘン地方裁判所第4刑事法廷は，1964年1月30日，7人に対する公判手続開始の請求を却下した。生命と身体への危険を回避するために，命令に従わざるを得なかったという被告人らの主張は，「十分に反証され得ない」ためだという[47]。前述のように，有罪判決を得るに十分な嫌疑がない場合，公判は開始されない。

　その理由について裁判所は，ナチ体制内で被告人らはだれも重要なポストにはついていなかったと指摘する。「被告人らは，ナチの暴力体制において特段活発であったわけでも，恥知らずにも権力を利用して，不法国家の存続を助長したわけでもない。」したがって犯罪的な命令に従わないために，良心的にも全力を尽くしたのかどうかという厳格な尺度を当てはめることはできないともいう[48]。

　7人のうち4人の看護師については，職業上の理由でT4に配置され，その延長戦でラインハルト作戦に配置された背景を重視している。裁判所はここにも「彼らは望んでT4部署に配属されたわけではない」と情状酌量の余地があるとみなす[49]。また彼らが親衛隊の制服を着ていたのも，組織運営上の理由である。さらに，ヴィルトやヘーリンクといった上官の性格も大いに被告人らの行動の余地を制限したとする。特にヴィルトについては「比類のない残虐性の人間」であったとさえ言っており，部下が身を危険にさらさずして任務からの離脱が不可能と信じたとしても仕方ないという[50]。

　また，デュボワ，フクス，ウンフェアハウについては，実際に任務から離脱を試みており，殺害への関与を最小限にとどめようと努力したという彼らの主張は完全に無視できないという。特にフクスとウンフェアハウについては，裁判所は刑事的責任が問える証拠も十分ではないと考えている[51]。

　異動の希望を申し出なかった他の被告人らにも，裁判所

はむしろ同情的だ。「異動の希望を相談できるような影響力のある人物とのコネを持たない被告人らのような者たちが，可能かつ成功の見込みのある解決策を見いだせなかった」こと，また「深刻な良心の葛藤に陥って，命令された殺害への関与を何とか回避しようとしている部下」にとって，ヴィルトやヘーリンクらの上官は，身を危険にさらすことなしに安心して相談できるような人物ではなかったとする。「最終的に，犯罪的な命令の遂行から逃れられないと信じ込んだ被告人らが，公然たる命令拒否がもたらす危険を引き受けることができなかったとしても，これが罪であると結論付けることはできない。」[52]

　つまり裁判所は，彼らが強制された状態にあり，命令拒否が大きな危難をもたらすと信じたため，命令を実行せざるを得なかったという主張は，現在ある証拠からは完全には否定できないと判断したのである。刑事訴訟の大前提である「疑わしきは被告人の利益に（in dubio pro reo）」に基づき，緊急避難を反駁できる証拠——例えば被告人らが率先して殺害に関与し，とびぬけた残虐性を示したとか，ユダヤ人の財産を欲して殺害したとか——刑法211条謀殺罪規定にある「殺人嗜好」や「下劣な動機」が存在した事実を示すことができない限り，彼らに罪を問うことはできないとした。本当に強制された状況が存在したのか，危難を誤信しただけのであったのか，裁判所は明言していない。しかし結果は同じである。ただし，これは被告人らが完全に無罪だと裁判所が考えたということを意味せず，刑法的な厳格さでは有罪が十分に立証されていないということなのだが，反証可能な証言が新たに出る可能性がほぼ存在しない以上，これを覆すのは困難である。

　裁判所の決定に対しミュンヘン検察は即時抗告したが，これも1964年7月22日に退けられた。理由は，ミュンヘン地裁と同様，被告人らの「強制された状態にあった」という主張は十分に反証されていないため，「有罪判決は期待できない」ためであった[53]。

　これにより，7人は無罪となり，オーバーハウザーに対してのみ公判が開始されることとなった。彼は7人より職位も高く，責任の程度も異なることは明らかであったためだが，この裁判では1965年1月に謀殺幇助により4年6ヶ月の実刑判決が下されている。結果として，60万人が死亡したとされるベウジェツ絶滅収容所の関係者で有罪に

(46) B162/3172, „Beschluß der 4. Strafkammer des Landgerichts München I", 30.01.1964, S.15.
(47) Ebenda, S.30.
(48) Ebenda, S.12, S.23.
(49) Ebenda, S.12.
(50) Ebenda, S.25.
(51) Ebenda, S.22.
(52) Ebenda, S.29.
(53) B162/3172, „Beschluß des Oberlandesgerichts München- Strafsenat", 22.07.1964, S.4.

なったのは，先にも後にも一人だけとなった。

ただしこれで 7 人のポーランドでの過去に幕が引かれたわけではなかった。ベウジェツ裁判で無罪となった 7 人のうち 5 人，デュボワ，フクス，ウンフェアハウ，ツィールケ，ユールスは，1965 〜 66 年に行われた「ソビブル裁判」で再度被告席に立たされている。ラインハルト作戦の関係者は東部の絶滅収容所の間をよく行き来し，特にベウジェツとソビブルは地理的にも近接していていたため，二つの場所で勤務歴がある者は少なくなかった。ソビブル裁判では，謀殺幇助でデュボワに 3 年，フクスに 4 年の実刑が下り，他の 3 人は無罪となった[54]。無罪の 3 人については，ここでも誤想避難が認められている。そして彼らの何人かは，戦後もやはり看護師や運転手として働いた。

おわりに

7 人に対する判決は「生ぬるい」ものであったのだろうか。歴史の審判と司法の審判は本質的に性格が異なることは言うまでもないが，裁判所は被告人らに過度に同情的だったのだろうか。それとも法の手続きに則れば，それ以外の結論は出なかったと考えるべきなのか。

裁判所の決定が，ヴィルトとヘーリンクという恐れられた上官の存在を理由に，部下を免罪する傾向にあることは否めない。両者を例外的な存在と位置づけると，周りの人間が相対的にノーマルの範疇にあるように見えてくるのは当然だ。

しかし，ラインハルト作戦に関する戦後の裁判を分析したブライアントは，こうした判決は正当化できるものであり，また予見可能であったと指摘する[55]。それは，西ドイツ司法の欠陥というよりは，単に被告人らを有罪にするには証拠が十分ではなかったことが大きい。

繰り返すが，ベウジェツから生還した人間は知られる限り二人しかいなかった。絶滅収容所という異様な世界で極限の日々を過ごしていた者が，被告人らのような下っ端のドイツ人職員個人の顔を識別し，その態度や行為について証言できるはずはなかった。生存者ルドルフ・レーダーも，ベウジェツ勤務者の顔写真を識別することができな

かった。

加害者側が絶滅収容所の実態を隠蔽することに利益がある以上，証言できる生存者の存在は極めて重要である。ここにベウジェツ裁判が，ラインハルト作戦関連の裁判の中では最も不毛な結果に終わった理由があった。囚人による蜂起が発生し，一定数の脱走者がいたソビブルやトレブリンカに関する裁判では，もう少し有罪判決数は多かった。証人の重要性については，同じ頃行われていたフランクフルト・アウシュヴィッツ裁判が多くの証人を用意した事実からしても，検察の課題として認識されていたものと思われる。

では，7 人は事実を語っていたのだろうか。これには疑問が残る。

戦後初期，被告人らは連合軍の捕虜収容所等で居合わせることもあり，完全に縁が切れていたわけではなかった。実際に非ナチ化を経て社会復帰した後も，互いにコンタクトを取っているケースもある。例えば，デュボワはかつての上司ヘーリンク（1945 年 10 月死亡）の消息を知ろうとその未亡人に何度か接触しているし，思いがけない時や場所でかつての同僚の訪問を受けることもあった[56]。フクスの場合，ソビブル裁判の開始にあたり元妻らに嘘の証言をするようにしつこく働きかけ，逆に元妻らがこれを警察に通報し，逃亡や証拠隠滅の恐れありとして何度か勾留命令が出されているほどだ。またフクスには，傷痍軍人としての手当てを得るために虚偽申請をした事実さえある[57]。逆にデュボワは，ソビブルの囚人蜂起とイタリアでの勤務中の負傷により，就労能力を 8 割まで失っていたにもかかわらず，負傷の経緯について明らかになることを嫌い，傷病年金の受給を申請していなかった[58]。

また被告人らは，以前に T4 関連で起訴された時の経験から，自分たちについてすでに知られている情報について知識があった。検察による取り調べの中で，誰が捜査の中心にあるのか，さらには他の被疑者は何を話しているのか，ある程度知っていた。このため，彼らは取り調べで時に口裏を合わせたかのように，同じことを話した。捜査対象となっていても，起訴されるまで身柄を拘束されていなければ，仲間内での情報交換は可能であったと思われる。

(54) IfZ, Gh 01.05 (a), 45 Js 27/61 StA Dortmund, 11 Ks 1/64 StA Hagen, 20.12.1966; 11 Ks 1/64, LG Hangen, 20.12.1966, in: *JuNSV*, Bd.XXV, S.17-51.
1965 年 1 月，ハーゲン地方裁判所はこの 5 人に対して公判手続きを開始しないという決定を下した。ハム高等裁判所がこの決定を認めなかったため，ハーゲンで公判が行われた。ソビブル裁判におけるデュボワとフクスの人物像は，ベウジェツ裁判のそれとはかなり異なる。二人は罪を軽くするために印象操作を試み，証人に働きかけて口裏合わせを依頼したりした。参照，Dick de Mildt, *In the Name of the People: Perpetrators of Genocides in the Reflection of their Post-War Prosecution in West Germany*, The Hague: Martinus Nijhoff Publishers, 1996, pp.279-298.
(55) Bryant, *Eyewitness to Genocide*, p.69.
(56) B162/3170, „Vernehmungsniederschrift Helene Schubert", 14.08.1961.
(57) 11 Ks 1/64, LG Hangen, 20.12.1966, in: *JuNSV*, Bd.XXV, S.21.
(58) IfZ, Gh 01.05 (a), 45 Js 27/61 StA Dortmund, 11 Ks 1/64 StA Hagen, 20.12.1966, S.257.

　さらに被告人らは，すでに死者となっている人物の関与をより大きく見せ，責任を擦り付けるような発言を繰り返した。特にベウジェツの同僚のその後について知識がある場合——例えば収容所での勤務中に死亡したとか，イタリアでパルチザンとの戦いで戦死したとか——かつての仲間は，その永遠なる沈黙によって自分たちを守ってくれる存在となった。デュボワに至っては，ソビブル裁判でも既に死亡している関係者の名前しか挙げようとしなかったため，不誠実さを裁判所から指摘されている。こうした問題性を，検察は認識していた。

　被告人らがベウジェツ裁判で無罪放免された後，他の場所での犯罪について起訴されている事実からも，一つ裁判が終わっても，彼らに静かな余生が約束されたことにはならなかった。つまり自身の過去について余計なことは今後とも口外しないのが賢明であり，彼らはこの不文律に従っていた。同時に，かつての同僚の不利益になるようなことも話さないことで，自分の身を守っていたのである。

　では，ベウジェツ裁判の被告人らは，歴史の流れに翻弄された「普通の人びと」であったのか。時代の大きなうねりに飲み込まれた無力な個人というイメージは，まさに彼らが提示しようとしたものでもあった。しかし，後世に生きるわれわれは，ナチ体制が実は人びとの同意の上で運営されていたこと，個人の選択の余地はある程度存在したことなどを知っている。そうした知識とともに眺めると，彼らの供述には自己正当化が顕著であり，またこれを認めた裁判所の判断には疑問を抱く。当時，まだ法の裁きと歴史の裁きの間の溝は深かったと言える。

　歴史研究に可能なのは，ナチ時代に個人が絡め取られていた複雑な構造を解明しつつも，一定の行動の余地を持つ主体として彼らが行った選択と，これに対する責任を，評価することであろう。そのとき初めて，西ドイツ司法によるナチ犯罪人の訴追について，より正当な評価が可能になると思われる。

　ただしそれでも，自分が彼らの立場にあったのなら，同じような選択をしたのではないかという問いは残り続けるのだが。

公募論文

ベルリン・クロイツベルク
——オルタナティブと多文化の間

浜崎桂子

Berlin-Kreuzberg.
Zwischen alternativen Bewegungen und Multikultur.

Keiko Hamazaki

1 はじめに

　ベルリン・クロイツベルクにある小劇場，ダンスホール・ナウニュン通り（Ballhaus Naunynstraße）は，ポスト移民劇場（postmigrantisches Theater）として，移民の背景を持った製作者やパフォーマーたちが中心となり，ドイツおよびヨーロッパの日常やアートに潜む植民地主義への批評を含んだ上演を行う「ドイツ唯一のブラック劇場」[1]としての存在感を示している。1860年代に建造された街区の中庭にあるこのホールは，1960年まで断続的にダンスホールとして使われていたもので，1970年代の都市再開発計画で解体が予定されていたものの文化財として保護を求める運動が実り，1983年よりクロイツベルク芸術局（Kunstamt Kreuzberg）が管轄する文化センターとなった[2]。2008年，ここにポスト移民劇場の旗を揚げたのは，現在マキシム・ゴーリキー劇場の監督であるシェルミン・ラングホフである。彼女は，「ポスト移民演劇」を，「自分の世代はもう移住者ではないが，個人的な知識として，また集

合的記憶として移民の背景を持っている人々の視点や物語」を取り入れたものと位置づけ，その発信によって「グローバル化した，特に都会の生活に，出自を越えてみなに共有される多様性ある空間」を生み出そうとしている[3]。
　この劇場オープニングの際，劇場，またその前の通りに，「ナウニュン通りは，タイムの香り，憧れと希望に満ちている。加えて憎しみにも」という言葉が横断幕として掲げられた[4]。これは，トルコ出身の作家アラス・エーレンの詩編『ニヤツィはナウニュン通りで何をしようとするのか』[5]の一節を下敷きにしたものである。この作品の発表から約35年後，ポスト移民劇場が同じ通りに開館したのは偶然ともいえるが，この地区がポスト移民というコンセプト発信の場となったのは必然でもある。クロイツベルクは，移民，外国人の割合が多いベルリン[6]の中でも屈指の移民街であり，そのイメージは社会問題が山積する場として語られてきた一方，肯定的に文化の多様性の場としても表象され，市の公式ウェブサイトでは，「ベルリンで最もマルチカルチュラルな地区の一つ」であって「180を越

（1）https://ballhausnaunynstrasse.de/about/　（2023年8月16日閲覧，以下本稿のURLはすべて同日最終閲覧。）　公式ウェブサイト上にtaz紙からのこの文言が引用されている。もとの記事は以下参照。Katrin Bettina Müller, „Ballhaus Naunynstraße in Berlin. Jenseits weißer Definitionsmacht", *taz*, 24.09.2019. https://taz.de/Ballhaus-Naunynstrasse-in-Berlin/!5625038&s/

（2）https://ballhausnaunynstrasse.de/history/

（3）Vgl. Shermin Langhoff / Katharina Donath, „Die Herkunft spielt keine Rolle., Postmigrantisches' Theater im Ballhaus Naunynstraße. Interview mit Shermin Langhoff", *Bundeszentrale für politische Bildung. Dossier für kulturelle Bildung*, 10.03.2011. https://www.bpb.de/gesellschaft/bildung/kulturellebildung/60135/interview-mit-shermin-langhoff

（4）Vgl. Friederike Oberkrome, „Parcours und Karte. Postmigrantische Erkundungen am Ballhaus Naunynstraße, ausgehend vom Theaterparcours Kahvehane. Turkish Delight, German Fright?（2008）", *Zeitschrift für interkulturelle Germanistik*, Jahrgang 13, Heft 2, 2022, S. 99-112, hier S. 102.

（5）Aras Ören, *Was will Niyazi in der Naunynstraße. Ein Poem*, Berlin: Rotbuch, 1973. なお，横断幕の文言はエーレンの詩句を効果的に短く変更している。エーレンの原文については後述する。

（6）2022年12月31日現在外国籍住民の割合は24,3％，彼らを含む移民の背景を持つ住民の割合は38.65％である。最も外国籍住民（ドイツ国籍所持者は含まない）の割合が高いのはミッテの36.7％，フリードリヒスハイン・クロイツベルク区は30％で2番目。https://www.demografie-portal.de/DE/Politik/Meldungen/2023/230214-berlin-75000-mehr-berlinerinnen-und-berliner.html; https://www.statistik-berlin-brandenburg.de/kommunalstatistik/einwohnerbestand-berlin

える国籍の人がここでは，平和に，ともに，隣り合って生活している」[7]と説明される。合わせて言及されるのは，ここが1970年代から1980年代にかけて「オルタナティブ運動や家屋占拠のシーンの中心」[8]であったという歴史である。ダンスホール・ナウニュン通りの開館を報じる記事においても，この劇場が，クロイツベルクのSO36[9]と呼ばれる地域にあること，ポスト移民というコンセプトを掲げた（予算も）小さな劇場が，「うしろの列から吠え立てる」姿勢，ラングホフ自身が，複数の文化背景を持った移民であることが言及され[10]，多文化，オルタナティブのイメージが踏襲されている。

　今日，移民が多く多文化な場であることと，既存の政治や社会体制に対して別の選択肢を求めるオルタナティブが多い街であるという二つの特徴は，ごく自然に結びつく，あるいは同一の性質であるように思える。しかし，このような理解は常に自明のものであったのだろうか。本稿では，クロイツベルクの「多文化」と「オルタナティブ」の街というイメージを，両概念の関係性に注目しながら検証する。1960年代から1990年代半ばのクロイツベルク表象については，ラングが『神話クロイツベルク──ある地区のエスノグラフィー 1961-1995』[11]において，新聞メディアなど外部の視点，そこに住む若者たちが語る内部の視点の双方の言説について分析し，街についての言説やイメージが「神話」となり，そしてその「神話」が街を形成していくという構造を，時代の変遷とともに示している。その「神話」の一つが，1970年代から1980年代の住民運動，家屋占拠運動がこの地区独特の雰囲気を生み出したというものである。以下では，このオルタナティブたちの運動と外国人住民との関係，そしてその語られ方について先行研究を参照しつつ分析する。その際，1980年当時の資料や研究を確認するほか，2000年以降のベルリンの住居政策

問題を批判的に検証する都市社会学研究において，1980年代のクロイツベルクが，住民参加による都市再生の成功事例としてしばしば言及されることにも注目する。そして，40年近くを経た現在，社会の多文化化が大きく進んだなかで，ラングホフの提唱した「ポスト移民」の言説が持ちうる可能性について考察したい。

2 ベルリンの壁とクロイツベルク

　クロイツベルクが「オルタナティブ」と「外国人」の街のイメージを持ったのは1970年代からであるが，オルタナティブ活動家や学生たち，外国人，特にトルコ人が集住したのは，ここがベルリンの壁に囲まれる位置にあったことと関係している。ベルリンの中心のすぐ南東にあったクロイツベルク SO36地域は，1961年のベルリンの壁の建設により三方を壁に囲まれ，東ドイツ内の陸の孤島西ベルリンのさらに終わりの地に位置することになった。東ベルリンとの往来の分断は地区の住民の日常生活を大きく変えただけでなく，東ベルリンから通勤していた労働者が失われたことが，西ベルリン，クロイツベルクの製造業には大きな痛手となった[12]。1964年以降，西ベルリンにトルコ出身の労働者数が増えていくが[13]，彼らの多くは，連邦共和国政府が1973年に二国間契約に基づく労働者受け入れを停止，帰国促進政策を取った後も，故国の不安定な政情もあいまって家族を呼び寄せ長期滞在した。また，西ドイツ地域から西ベルリンに移住する者も多かったという[14]。そして，当時の西ベルリンで外国人が入居できたのは，壁ぎわの老朽化した建物の裏庭側[15]など他に借り手のいない住居であった。このようにして，ホスト側も，またトルコ人たちもまだ彼らの「定住」を想定していなかった時期，ベルリンの壁に近いために市場価値を失った

（7）https://www.berlin.de/special/stadtteile/kreuzberg/

（8）https://www.berlin.de/special/stadtteile/kreuzberg/881811-5170818-so-36.html

（9）SO36とは，クロイツベルクの北東地域を指す旧郵便番号に由来する名称で，比較的ブルジョア的な南西地域（SW61）との差別化が行われている。

（10）Patrick Wildermann, „Theaterbetrieb: Aus der dritten Reihe bellen. Café Europa. Mit einem Festival für postmigrantisches Theater eröffnet das Ballhaus Naunynstraße", *Tagesspiegel*, 09.11.2008. https://www.tagesspiegel.de/kultur/aus-der-dritten-reihe-bellen-6830620.html

（11）Barbara Lang, *Mythos Kreuzberg. Ethnographie eines Stadtteils 1961-1995*, Frankfurt am Main / New York: Campus, 1998.

（12）Stefan Zeppenfeld, *Vom Gast zum Gastwirt? Türkische Arbeitswelten in West-Berlin*, Göttingen: Wallstein, 2021, S. 62. なお，占領下という特殊な状況にあった西ベルリンでは外国人労働者の雇用が1964年まで認められていなかった。Ebenda, S. 48.

（13）1961年時点，西ベルリン在住のトルコ人は200人もいなかったという。それが，1971年に約5万人，1981年には約12万人と増えていくことになった。Vgl. Stephan Zeppenfeld, „Die Mauer fiel uns auf den Kopf' Arbeitswelten von Türkeistämmigen und die Berliner Wiedervereinigung", *Bundeszentrale der politischen Bildung*, 22.09.2021. https://www.bpb.de/themen/deutsche-einheit/migrantische-perspektiven/340284/die-mauer-fiel-uns-auf-den-kopf-arbeitswelten-von-tuerkeistaemmigen-und-die-berliner-wiedervereinigung/

（14）Zeppenfeld, *Vom Gast zum Gastwirt?*, S. 48-56.

（15）Vgl. Jürgen Hoffmeyer-Zlotnik, *Gastarbeiter im Sanierungsgebiet. Das Beispiel Berlin-Kreuzberg*, Hamburg: Christian, 1977, S. 51-52. また，クレフが精査しているように，クロイツベルク SO36地区の特定の街区に彼らが集住しているが，そのような地区は，1970年末時点でも，トイレや浴室が共有の住居の割合が高い。Vgl. Hans-Günter Kleff, *Vom Bauern zum Industriearbeiter. Zur kollektiven Lebensgeschichte der Arbeitsmigranten aus der Türkei*, Ingelheim: Manthano, 1984, S. 184-187.

建物が放置されていたクロイツベルク SO36 地域に，トルコ人が集住するようになったのである。

　一方，ここに，オルタナティブな若者が集まるようになったのも，その住環境が理由であった。1963 年に発表されたベルリン市第一次都市再開発プログラム（Erstes Stadterneuerungsprogramm）では，SO36 地域は区画整理地区（Sanierungsgebiet）と位置付けられ，老朽化した建物の解体，近代的な団地および高速道路の建築が計画された。しかし，壁建設によってベルリンの分断が恒常化したことから計画の多くは中断，他地区に転居する住民も多く，手入れがされないままの空き家が増えた[16]。このような空き家，閉鎖した工場に，オルタナティブを求める若者たちが住み着くようになる。兵役義務が適用されない街，学生運動の街として若者をひきつけた西ベルリンの中でも，特にクロイツベルクは，オルタナティブな生活の実験場，ユートピアとしてそのイメージが語られるようになる[17]。彼らは，放置された建物を占拠（besetzen）し，小市民的核家族とは異なる住居共同体（Wohngemeinschaft）という新しい生活様式実践の場としたのである。

3　家屋占拠運動とクロイツベルク的混在

　1970 年代はじめに一部で区画整理に伴う建物の解体や新築が始まると，住民たち，再開発計画に批判的な建築家や都市計画研究者たちが協働し，根こそぎ区画整理（Kahlschlagsanierung）を批判，立ち退きに応じない家屋占拠者たちと当局との衝突も起きた[18]。政治問題化したこれらの批判に加え，経済的停滞，さらに政治スキャンダルもあって計画は見直しを余儀なくされ，ベルリン市当局は，1978 年，国際建築展（Internationale Bauausstellung 1984 / 1987，以下 IBA）の枠組みでの住民参加による地区再開発

へと政策を変更し，1983 年にその骨子となる「慎重な都市再生（Behutsame Stadterneuerung）」が表明された[19]。この新しい都市開発の方向性は，都市計画の専門家たちの議論によるものでもあったが，クロイツベルクの住民運動は，これを彼らが獲得した成果として語り，その中で家屋占拠運動が果たした役割が強調されるようになる。

3.1　家屋占拠運動

　政治学者で今日の住民運動の担い手でもあるクーンは，「神話」となった 1980 年代の西ベルリンの家屋占拠運動が「（元の大規模再開発とは──筆者）別の都市計画を勝ち取った」その痕跡と遺産を，あらためて確認することに意義を見出している[20]。当時，西ベルリン，クロイツベルクにやってきたオルタナティブは，左派政治グループ，フェミニスト，アーティスト，環境運動家，共同で子育てをするグループなど多様であったが，政治的活動への積極性に違いはあれ，共通して，資本主義的な競争社会，小市民的核家族とは異なる生活の実践を模索しており，住居政策を批判する住民運動は，彼らの価値観と接合するものであった[21]。彼らは，自分たちのスペースを得るための住宅占拠を，市の政策への批判と接続し，占拠（Besetzung）した建物を自ら修繕（Instandsetzung）する修繕占拠運動（Instandbesetzung）を展開し，居住権を獲得する交渉をすすめていくようになる[22]。時に暴力が介在する衝突や議論の末，市当局は政策を転換，占拠された物件の約 3 分の 2 を合法化し，建物を活用する団体や居住者に使用権を認めることになる[23]。このようにして，占拠者を含む住民の参加による地区再生の結果，解体予定であった 19 世紀の建築が維持され，インフラは近代的に改修された住居が生まれ，住民が住み続けることが可能な場となったのである[24]。

(16) Andrej Holm / Armin Kuhn, "Squatting and Urban Renewal. The Interaction of Squatter Movements and Strategies of Urban Restructuring in Berlin", *International journal of urban and regional research*, 35, no. 3, 2011, p. 644-658, p. 645.

(17) Lang, *Mythos Kreuzberg*, S. 114-124.

(18) Jürgen Enkermann, „Von der Abrisssanierung zur behutsamen Stadterneuerung. Kontroversen um die West-Berliner Stadtplanung der 1960er und 1970er Jahre", Philipp Mattern (Hrsg.), *Mieterkämpfe. Vom Kaiserreich bis heute. Das Beispiel Berlin*, Berlin: Bertz+Fischer, 2018, S. 43-63.

(19) Vgl. https://www.internationale-bauausstellungen.de/geschichte/1979-1984-87-iba-berlin-die-innenstadt-als-wohnort/12-grundsatze-der-behutsamen-stadterneuerung-ein-paradigmatischer-wandel-in-der-stadtentwicklung/ 特筆すべきは，既存の建物や街区を保持しつつ，近代的な住居を実現するための IBA-Altbau 部門が作られたこと，都市計画のパラダイムチェンジの布石ともいえる「慎重な都市再生 12 の基本方針」が発表されたことである。

(20) Armin Kuhn, „Mythos und Vermächtnis. Die Instandbesetzungsbewegung in West-Berlin", Mattern (Hrsg.), *Mieterkämpfe*, S.95-111, S. 95.

(21) Holm / Kuhn, "Squatting and Urban Renewal", p. 644-645.

(22) Ebenda, p. 646-647. なお，当局とのいかなる交渉も拒否するグループも存在した。

(23) 占拠物件の合法化には，自助による修繕によって公的資金を抑制するという利点もあった。Vgl. Kuhn, „Mythos und Vermächtnis", S. 107. なお，家屋占拠運動は，ハンブルク，フランクフルト，ブレーメンなど他都市でも行われ，解体の阻止，賃貸契約の獲得などの目的を達成した事例もあるが，占拠物件数，また合法化された数も圧倒的に多い西ベルリンがその中心であった。

(24) Andrej Holm, "Berlin's Gentrification Mainstream.", Matthias Bernt / Britta Grell / Andrej Holm (eds.), *The Berlin Reader. A Compendium on Urban Change and Activism*, Bielefeld: transcript, 2013, p. 171-188, p. 177-178.

3.2　クロイツベルク的混在（Kreuzberger Mischung）

このように，クロイツベルクの歴史は，社会の周縁におかれた住民の抵抗によって，住民参加による地区再生という新しい形の都市計画を可能にした歴史として語られてきた[25]。ホーホムートは，クロイツベルクの記憶の政治は，下からの歴史表象の典型的な例で，その歴史が地域のアイデンティティを構築し，語られた地域史の真正性が，住民のみでなく旅行者をもひきつける力を持つようになったと述べている[26]。IBAによる「慎重な都市再生」の過程においても，建築家や住民支援団体によって地区の歴史の再発見が行われた[27]。そこで重要な概念となったのは「クロイツベルク的混在（Kreuzberger Mischung）」というもので，同タイトルの展覧会も開催された。ホーホムートは，このような混在は必ずしもこの地域独自のものではないにもかかわらず，これが力強いスローガンとなり，アイデンティティとして理想化されるようになったと指摘している[28]。以下では，この展覧会のカタログ[29]を中心に，「クロイツベルク的混在」という概念に，どのように地区のアイデンティティが求められたのかを確認したい。

カタログ冒頭のホフマン＝アクストヘルムによる論考では，「クロイツベルク的混在は（・・・）かなり独自の事象」であると宣言され，歴史的経緯を確認しながら「住居，手工業，産業，商取引，文化がこのように混在していることが，街の構造だけでなく，社会階層の混在，特定の技術の水準，そして独自の文化的な社会状況（Milieu）に，比類ない特徴を与えている」としている[30]。この「混在」というスローガンは，ベルリン市当局が当初提示した

フォーディズム的[31]都市計画へのオルタナティブな思想の表明でもあった。その姿勢を表すかのように，空き家となった工場を共同生活の場とし，芸術や創作活動を行ったオルタナティブ・シーンが作り出した当時の新しい「混在」の文化にも焦点があたっている[32]。

また，この概念は，出身地や階級などが多様な人々の混在も重視している。カタログでは，歴史的にも東欧からの移住者など多様なエスニシティが混在していたこの地区の，その混在が生み出す「独自の雰囲気」[33]を再構成すると同時に，1980年代現在の人々の混在，すなわち主にトルコ人の存在にも目をむけており，トルコ人経営者へのインタビュー[34]が掲載され，外国人が経営する商店が地区の商業構造に変化をもたらす様子が分析されている[35]。一方，トルコ出身の建築学研究者アリンが，IBAのプロセスを批判的にふりかえっていることも興味深い[36]。トルコ人住民と建築家や助言者との関係が対等でなかったこと，オルタナティブ・シーンとトルコ人との「混在」が限定的なものにとどまり，たとえばモスク建設の要求に対して権威的な対応が見られたことが指摘されている[37]。

このような問題をはらみつつも，このカタログからは，クロイツベルク的混在というアイデンティティを提唱する中で，IBAが，地区の構造としての混在の維持と同様に，トルコ人住民との混在を一つの大きな課題ととらえていたことを読み取ることができる。そして，この「慎重な都市再生」によって，クロイツベルク SO36 地区には，労働者層，外国人住民，そしてオルタナティブ・シーンの住民たちという「色とりどりな混在（bunte Mischung）」[38]が，ベ

---

(25) クロイツベルク・ミュージアム（区統合に伴い，2004年からはフリードリヒスハイン・クロイツベルク・ミュージアム）でも，家屋占拠と地区再生が歴史の重要な柱として展示され，デジタル・アーカイブでは膨大な一次資料が公開されている。https://www.fhxb-museum.de/index.php?id=24

(26) Hanno Hochmuth, "The return of Berlin-Kreuzberg. Brought back from the margins by memory", *Journal of Contemporary European Studies*, 25, no.4, 2017, p. 470-480.

(27) Hochmuth, "The return of Berlin-Kreuzberg", p. 476.

(28) Ebenda.

(29) Karl-Heinz Fiebig / Dieter Hoffmann-Axthelm / Eberhard Knödler-Bunte（Hrsg.），*Kreuzberger Mischung. Die innerstädtische Verflechtung von Architektur, Kultur und Gewerbe. Eine Ausstellung in der Bewag-Halle zum Berichtsjahr 1984 der Internationalen Bauausstellung Berlin 1987*, Berlin: Ästhetik und Kommunikation, 1984. 以下，本書からの論考は *KM*。

(30) Dieter Hoffmann-Axthelm, „Geschichte und Eigenart der Kreuzberger Mischung", *KM*, S. 9-20, S.9.

(31) 第二次世界大戦後の都市計画にみられるフォーディズムと，そこからの転換点となったクロイツベルクの都市再開発については以下を参照。Vgl. Andrej Holm, *Die Restrukturierung des Raumes. Stadterneuerung der 90er Jahre in Ostberlin. Interessen und Machtverhältnisse*, 2006, Bielefeld: transcript, S. 54-57.

(32) Barbara Mohren, „7 Jahre ‚Neues Leben in alten Fabriken'", *KM*, S. 47-51, S. 48.

(33) Eberhard Knödler-Bunte, „Vorbemerkung zu Kreuzberger Mischung als Kultur", *KM*, S. 196.

(34) Yalçın Cetin, „Ausländische Gewerbe in Kreuzberg SO 36", *KM*, S. 181-185; Olcay Basegemez, „Interviews mit türkischen Gewerbetreibenden in Kreuzberg", *KM*, S. 187-190.

(35) Franz Herbert Rieger, „Das Wirtschaftspotential in Kreuzberg SO 36", *KM*, S. 118-126, S. 119-120.

(36) Cihan Arin, „Schwierigkeiten der Vermittlungsarbeit zwischen Kulturen", *KM*, S. 315-319.

(37) Ebenda, S. 316.

(38) Andreas Kapphan, *Das arme Berlin. Sozialräumliche Polarisierung, Armutskonzentration und Ausgrenzung in den 1990er Jahren*, Wiesbaden: VS Verlag für Sozialwissenschaften, 2002, S. 77.

ルリン統一後のジェントリフィケーションの波がクロイツベルクに到達するまで[39]は，維持されることとなったのである。

4 ポスト移民の言説に向けて

ただし，この「色とりどりな混在」は，必ずしもドイツ人住民とトルコ人住民とが相互にかかわりあう共生を意味してはいない。ラングは，クロイツベルクのイメージとして「マルチカルチャー」が語られるようになった1980年代後半，新聞メディアにおいて多様な民族や文化の「色とりどりな混在」が注目されたものの，「ドイツ人住民とトルコ人住民，オルタナティブと高齢の住民とが，何かを分かち合い，共に行っているという印象は皆無」であると指摘している[40]。また，マクドゥガルが，家屋占拠運動の機関紙の分析から指摘しているように，当時のオルタナティブたちは，西側先進国の経済至上主義，帝国主義，人種差別を批判しながらも，すぐ隣にいる，資本主義的，人種差別的な構造の中で移住してきた労働者である外国人住民との連帯の必要性に意識的であるとはいえなかった[41]。

しかし近年，移民自身によって語られるクロイツベルクの歴史が少しずつ可視化され，関心が寄せられているように思われる。そこでは，ラングホフがポスト移民という概念を用いて発信しようとしている，移民の背景を持つ者たちの集合的記憶，出自にかかわらず共有される多様性の空間を生み出すための語りが少しずつ始まっているように見える。

4.1 アラス・エーレンの再発見

ポスト移民劇場を銘打ってダンスホール・ナウニュン通りが開館した際にその詩句がバナーに引用されたアラス・エーレンは，1980年代当時「外国人労働者文学」とカテゴライズされたドイツ語文学[42]のごく初期からの担い手である。『ニヤツィはナウニュン通りで何をしようとする

のか』にはじまるベルリン三部作と呼ばれる詩編[43]は，散文詩の形式で，労働者や外国人，年金生活者など社会の周縁に置かれる人々の生活を即物的に報告しながら，彼らが困窮する状況を生じさせる社会構造への批判が明確な作品である。移民の背景を持つドイツ語作家の作品についての議論では，作家の社会的立場や出自に限定して作品を解釈する姿勢への批判から，作品の多文化性や文学的言語の多様性に注目する傾向が続いたこともあり，「外国人労働者問題」をテーマとした当時のエーレンの作品はあまり扱われてこなかった。しかし，この三部作が2019年に再版[44]されるなど，現在，彼の作品の再評価が行われている[45]。

『ニヤツィはナウニュン通りで何をしようとするのか』では，トルコ出身の外国人労働者ニヤツィを中心に，年金生活者の女性クッツァーさん，ドイツ人および外国人の労働者たちのこの通りでの生活が描かれる。クッツァーさんの来歴は，彼女の祖父がこの通りにやってきた19世紀後半から1960年代の現在までの家族史として語られ，約100年のこの通りの歴史を映し出している。東プロイセンから移住した金属工の祖父は，この地で生活基盤を固め，父は見習い工を2名かかえる小さな町工場を営むようになる。しかし，第一次世界大戦後に町工場は倒産，一人娘であったクッツァーさんは機関車部品製造の下請け工場で働く組立工と結婚し，同じ通りの小さな部屋に移り住む。その夫が，1920年代後半には労働運動にかかわったものの，1933年政権掌握したナチによる弾圧を恐れ運動から離れる姿を通して，この通りの政治的な状況も垣間見える。出兵した夫は第二次世界大戦を生き延びたが戦後に他界し，クッツァーさんは，掃除婦などの仕事をしてなんとか一人生き抜いてきた。そして，年老いて一人暮らす彼女の住む建物に，ニヤツィを始め，だんだんとトルコ人が住み着くようになる。「（・・・）そしてナウニュン通りは／新鮮なタイムの香りに満ち／新鮮な憎しみに満ち／憧れに満ち／希望に満ち／草原の香りに覆われた」[46]。この詩句が，ダ

(39) Andrej Holm, „Zeitschleife Kreuzberg. Gentrification im langen Schatten der ‚Behutsamen Stadterneuerung'", *Zeithistorische Forschungen* 11, no. 2, 2014, S. 300-311; Andrej Holm, "Berlin's Gentrification Mainstream", p. 171-187.

(40) Lang, *Mythos Kreuzberg*, S. 162.

(41) マクドゥガルは，家屋占拠運動の機関紙にも，トルコ人住民を脅威として描くステレオタイプが無批判に用いられていることを示している。Vgl. Carla E. MacDougall, *Cold War Capital: Contested Urbanity in West Berlin, 1963-1989*, New Jersey, 2011, p. 221-228. https://www.proquest.com/dissertations-theses/cold-war-capital-contested-urbanity-west-berlin/docview/897641717/se-2.

(42) エーレンの執筆言語はトルコ語で，ドイツ語に翻訳されたものが初版として出版されている。

(43) 第二部と第三部は以下の通り。Aras Ören, *Der kurze Traum aus Kagithane. Ein Poem*, Berlin: Rotbuch, 1974; Aras Ören, *Die Fremde ist auch ein Haus. Berlin-Poem*, Berlin: Rotbuch, 1980.

(44) Aras Ören, *Berliner Trilogie. Drei Poeme*, Berlin: Verbrecher, 2019.

(45) 特に，文学研究では，エーレンの作品が持つ移民の歴史のアーカイブとしての意義が注目されている。Vgl. Yasemin Yildiz, „Berlin as a Migratory Setting", Andrew Webber (ed.), *The Cambridge Companion to The Literature of Berlin*; Cambridge University Press, 2017, p. 206-226. 特に p. 214; Ela Gezen, „(West-) Berliner Zeitlichkeiten und das Archiv der Migration. Aras Ören und Deniz Utlu", *Zeitschrift für interkulturelle Germanistik*, Jahrgang 13, Heft 2, 2022, S. 55-66.

(46) Ören, *Was will Niyazi in der Naunynstraße*, S. 21.

ンスホール・ナウニュン通り開館の際に，通りに掲げられたバナーに用いられたものである。そして，ニヤツィの住居は，「（・・・）——小さな部屋が二つと台所／便所は3階下」[47]，「どの窓の向かいにも／別の窓がある」[48]と描写され，老朽化した建物の裏庭側の部屋だということがわかる[49]。ある日，ニヤツィは，偶然見たポスターをきっかけに労働運動に希望を持ち，作品の終わりには，「トルコ人であれギリシャ人であれ／ナウニュン通りの住民は／自分の権利を奪われていることに気づき／鉛筆を握り／紙を握って，当局まで行き／胸にかかえていることを吐き出すのだ」[50]と，エーレンの政治的なビジョンが示される。しかし，ここに掲げられたビジョンは，続く第二部，第三部の作品においても，ドイツ人住民と外国人住民の協働としては生じていない。社会の矛盾や不条理がしわよせされた周縁の街クロイツベルクの住民たちは，それぞれが自分の問題を抱えながら，互いにすれ違い，互いに不信感を持ちながら，隣り合って生活をしているのである。

　三部作の三作目，『異国もまた家』[51]では，ニヤツィが住み始めてから15年後のナウニュン通りが舞台となり，区画整理，再開発がすすむ状況を読み取ることができる。地区再生に伴う改修工事にかかわるドイツ人の建築作業員は，自分の住居が解体され，高い家賃を要求されて追い出されるという悪夢を見る[52]。また，別の詩集『ドイツ——あるトルコのメルヒェン』[53]では，一人他界したクッツァーさんの所持品の行方，ここで生まれアナトリアを知らない新しい世代のトルコ人たち，彼ら「よそもの」を，いつまでも「よそもの」と見る視線が描かれる。住居運動のデモの様子も「別の夢を持った／新しい若々しさがやってきた」と記録されている[54]。

　このようなエーレンの作品，特にトルコからの移住者についての記録がなされている点について，ゲゼンは「公的な歴史のナラティブに対する文学による介入」[55]としての可能性を見ている。ドイツ語で出版された，移民の視点から詳細に観察され，詩的に表現された通りの物語には，こ

れまでドイツの公的な歴史に書き込まれてこなかった移民たちの生活の営みが，クロイツベルクの歴史の一部として書きとめられている。そして，エーレンの再発見によって，この40年以上前に書かれた物語が，あらためて集合的記憶として呼び起こされているのである。

4.2　住民運動への移民の参加

　エーレンを再発見しているのは，文学研究者だけではない。トルコ出身で在米の都市計画研究者アクカンは，1980年代に行われた「慎重な都市再生」における，トルコ人住民とIBAの関係者との共同作業の経緯についてインタビュー調査を行っている。この調査を通して彼女は，「移民に対してのホスピタリティという新しい倫理観」をもった「開かれた建築」[56]というコンセプトを提案しつつ，当時のIBAに「移民へのホスピタリティ」と，その限界や不在を見出そうとしているが，その中で参照されているのが，エーレンの作品における住環境をめぐる描写である[57]。

　アクカンによる，IBA関係者と住宅の改装を経験したトルコ人住民へのインタビューからは，オルタナティブ・シーンや家屋占拠運動を中心に語られる地区再生の別の側面を見出すことができる。IBAの改装部門（IBA-Alt）は，住民が住み続けることができ，特にトルコ人住民が地域社会へ統合されることも目標として計画をすすめていた。一方，多くのトルコ人住民たちは，その計画を十分に理解していたわけではなかった。今でもこの地区に住むあるトルコ人女性は，1980年当時，アパートの住民集会に出席したことや，建築家やアドバイザーと相談をしたことは覚えていたが，IBAが「住民参加による」地区再開発のプロジェクトだということは理解していなかったという[58]。

　これについて，トルコ出身の建築研究者アリン[59]は，住民参加というコンセプトは，ドイツ人住民たち，家屋占拠者の要求への対応としては適切であったが，その実施にあたって，要求を言語化することに慣れていない外国人の

---

(47) Ebenda, S. 22.

(48) Ebenda, S. 28.

(49) 注15参照。

(50) Ören, *Was will Niyazi in der Naunynstraße*, S. 67.

(51) Ören, *Die Fremde ist auch ein Haus.*

(52) Ebenda, S. 39-43.

(53) Aras Ören, *Deutschland, ein türkisches Märchen*, Frankfurt am Main: Fischer, 1982.

(54) Ebenda, S. 97.

(55) Gezen, „ (West-) Berliner Zeitlichkeiten und das Archiv der Migration.", S. 56.

(56) Esra Akcan, *Open Architecture. Migration, Citizenship, and the Urban Renewal of Berlin-Kreuzberg by IBA-1984/87*, Basel: Birkhäuser, 2018, p. 6.

(57) Ebenda, p. 208, 209, 214.

(58) Ebenda, p. 225.

(59) 注36と同一人物である。

文化的習慣への配慮はなかったと言う⁽⁶⁰⁾。戦略的に権利主張と交渉を行った家屋占拠者⁽⁶¹⁾は住宅の使用権を合法的に得るという利益を得たが，そのような利益を外国人たちが享受することはまれであった⁽⁶²⁾。しかし，例外的なものだとしても，外国人住民のグループによる家屋占拠の例⁽⁶³⁾や，ドイツ人住民との協働もあったことは⁽⁶⁴⁾，都市計画研究や，家屋闘争の歴史記述⁽⁶⁵⁾においても言及されるようになってきている。そして，当時，住民参加というコンセプトを理解していなかったという上述の女性も，2012年のインタビューの際には，「私たちが作業をし，この場所を再生し（・・・）あちこち壊れていたのを自力で修理してきた。つまり，私たちがここの再開発をしてきたのだ」⁽⁶⁶⁾と述べ，家賃上昇反対デモに参加する準備をしていたという。2010年代の住民運動の中で，あらためて現在の住居に住み続ける権利を脅かされている移民たちが，このように自分たちの地区への貢献を「発見」し，抵抗する力としていることは，運動の戦略的なナラティブとしても意義あるものだといえる。同時に，このような語りは，移民の視点からの地区の歴史の語り直しでもある。

5 2020年代の「多文化」と「オルタナティブ」

　このような歴史の語り直しは，社会派推理小説のベストセラー作家ショルラウの『クロイツベルク・ブルース』⁽⁶⁷⁾にも現れる。住民運動で中心的な役割を果たすトルコ系2世の女性ハティチェは次のように語る。

　アナトリアからきた両親は（…）同じ地区のギリシャ人やユーゴスラビア人たちと一緒に，落ちぶれて荒廃しきっていたクロイツベルクをまたとない地区に作り上げた。特別な雰囲気，特別な自由があって，ベルリンを越えて評判が広まるような街に。移民のグループが，まさにここコッティで（コットブス門の愛称――筆者），前例のないことを成し遂げたわけ。そしたら何が起こったか。クロイツベルクを，住める場所に，それだけじゃなく有名な場所にしたことが理由で（家賃があがり――筆者），彼らはまた追い出される。でも，もう思うようにはさせない。一番みじめな地区に住むしかなかったときも，私たちはこの抑圧の第一の段階を切り抜けた。協働して，つながりあって，その状況からでもできることを成し遂げた。だからこの抑圧の第二段階，今の住民追放も阻止する。そのためにゲジェコンドゥ小屋がある⁽⁶⁸⁾。

　この作品は，2010年代末のクロイツベルクを舞台に，不動産会社，投資会社，そして市当局による，住民の強制退去も戦略的に行う不動産ビジネス，またそれに抵抗する住民グループの様子を綿密な調査のもとに描いている。作中の住民運動は実在のKotti & Coという団体⁽⁶⁹⁾で，クロイツベルクのランドマークともいえる地下鉄コットブス門駅を取り囲む大型集合住宅の家賃値上げへの抗議をきっかけに発足した。2000年代後半以降，ベルリンの各地に住民運動があるが，このKotti & Coの特徴は，トルコ系を始めとする移民の背景を持つ住民たちが多くかかわっていることである。つまり，上のハティチェの言葉は，作者ショルラウが，現地調査において実際に遭遇したものであろう。ハティチェの言葉にある「ゲジェコンドゥ小屋」とは，Kotti & Coがコットブス駅門の南側に建て運動の拠点とした小屋のことで，「ゲジェコンドゥ」とはトルコ語で「一夜で建てた」を意味し，許可なしに人々が作り住み着いたバラックを指す⁽⁷⁰⁾。クロイツベルクの住民運動の拠点として，ここに住む多くの移民のルーツであるトルコにおけ

(60) Akcan, *Open Architecture*, p. 240-241.
(61) ホルムは，1970年代，1980年代のクロイツベルクのオルタナティブ・シーンは，経済状況はプレカリアートでありながら，文化資本，政治資本を持ち，抵抗運動のための言説や方法を身につけていたことが特徴的で，それがいくつかの成果の要因であると述べている。Holm, „Zeitschleife Kreuzberg", S. 308.
(62) Akcan, *Open Architecture*, p. 240-241.
(63) クレフは，国外退去の危険もあった外国人住民が家屋占拠運動に参加するのは困難であったこと，当時トルコ大使館がトルコ人住民に対して，運動に関係をしないよう警告していたことに言及しながら，1980年に住居からの強制退去に抵抗して家屋占拠を行い居住権を獲得したトルコ人とクルド人グループやトルコ人女性グループの事例を紹介している。Vgl. Kleff, *Vom Bauern zum Industriearbeiter*, S. 177-180.
(64) MacDougall, *Cold War Capital*, p.218.
(65) Marie Schubenz / Duygu Gürsel / Azozomox, „Kämpfe migrantischer MieterInnen. Rassismus, Migrationskontrolle und die Transformation des urbanen Raums", Mattern (Hrsg.), *Mieterkämpfe*, S. 79-94.
(66) Akcan, *Open Architecture*, p. 225.
(67) Wolfgang Schorlau, *Kreuzberg Blues. Denglers zehnter Fall*. Köln: Kiepenheuer & Witsch, 2020
(68) Schorlau: *Kreuzberg Blues*, S. 79-80.
(69) 団体のウェブサイトに詳細な経緯の説明と資料がある。https://kottiundco.net/
(70) トルコでは，多くの都市に，地方からの移住者たちがゲジェコンドゥを建てて住み着いたことでできた地区がある。自ら建てた建物に住み続ける権利を保障するオスマン法が現在の法でも生かされ，1966年に，「代替の住居の提供なしに撤去できない」ことが定められている。

る，無許可の場所であっても住む権利を行使する「ゲジェコンドゥ」という手段を参照していることには，象徴的な意味も認められる。Kotti & Co は，構造的な人種差別に異議を唱える姿勢も明確にしている団体だが，自分たちの活動について，「（運動の――筆者）参加者たちは，この地区そのものと同じように多様で（・・・），とてつもなく幅広いさまざまな経歴，経験，個性，言語の知識，料理の知識，運営の才覚（・・・）をそれぞれが持ち寄っている。この混在（Mischung）が私たちの誇りである」[71]と述べている。

ここであらためて強調されている「混在」という語には，上で確認した「クロイツベルク的混在」が共振しているといえるだろう。「オルタナティブ」運動が勝ち取ったと語られる「慎重な都市再生」において，地区のアイデンティティとして1980年代半ばに発見されたこの概念は，当初から，多様なエスニシティ，すなわち「多文化」の「混在」を意識して用いられていたものの，移民たちとオルタナティブ運動との実際の協働は，いくつかの限られた例に見られるのみであった。それに対して，ここで Kotti & Co が「誇り」にしている「混在」は，「多文化」を成す移民たちと「オルタナティブ」が交わらずにすれ違うのではなく，「多文化を通してのオルタナティブ」を目指したものだといえるだろう。

このように「混在」のあり方が変容してきた背景には，最初の移住から60年以上が経過した現在，この地で長く生活を営んできた移民たち，そしてその次の「ポスト移民」の世代たちが，自分たちの歴史，また社会への要求を，自ら声をあげて語るようになったこと，1980年代よりも格段に「移民の背景を持つ市民」の割合が増え，一時標榜された消費文化としてのムルティクルティ（multikulti）の失敗宣言を経た社会において，ただ「色とりどり（bunt）」であるだけでなく，移民たちの声を社会運動に反映することが，「オルタナティブ」な社会を構想するための鍵となることが認識されるようになったことがあげられるだろう。自宅の30年前のリフォームが，住民参加による都市再生プロジェクトの一環であるという情報を得ていなかったトルコ人女性が，現在，自らが街の「再開発」で担った役割をあらためて認識し，それを語る言葉を得て，

現在の住民抵抗デモに参加する様子[72]にも，また彼女の言葉を導き出し書きとめた，移民に開かれた都市計画という視点からこの地区の歴史を検証しなおすアクカンの研究にも，「多文化」であることから「オルタナティブ」が紡ぎだされる過程を見ることができる。

そして，このような移民の視点からの地域の歴史の語り直しが，フィクションのテクストにおいて再生産され，その物語が広く読まれる可能性を持つことに，ここでは意義を認めたい。上の引用で見た，ショルラウによる作品の登場人物ハティチェは，ドイツで生まれ育った「ポスト移民」として，親の世代の体験を，この地区の集合的記憶として，また抵抗の言葉として語っている。このような語りを取り込んでいるこの『クロイツベルク・ブルース』は，シュトゥットガルトで活躍する探偵デングラーを主人公とするシリーズの10作目である。不動産ビジネスや住居政策の問題はシュトゥットガルトにもあるにもかかわらず，この作品の舞台がなぜクロイツベルクだったのかという質問に，作者ショルラウは，「半径300メートルの見渡せる範囲の中に，昔の東ドイツのパネル建築（Plattenbau），おしゃれなヤッピー（Yuppie = Young Urban Professional ――筆者）のタウンハウス，トルコ系のコミュニティがあり，そしてブラック・ブロック（黒づくめの服装で個人の特定を回避するデモの戦略――筆者）がいる。こんな地域はクロイツベルクだけで，シュトゥットガルトにはない」[73]と答えている。2020年現在のクロイツベルクのイメージを語るショルラウの言葉は，かつて，オルタナティブ，パンク，労働者と外国人の街として語られたのと同じ語調でもあり，まさに，ラングが言うように「クロイツベルクについて書き，クロイツベルクを描写すると，目立つクリシェを補強しないことは不可能」で，「クリシェもクロイツベルクの一部」[74]なのだといえるだろう。しかし，ハティチェの言葉で確認したように，あるいは，冒頭で言及したダンスホール・ナウニュン通りが試みているように，このクロイツベルクについてのクリシェに，新たに，ポスト移民の集合的記憶の物語が加わって重なり合い，「出自を越えてみなに共有される可能性」が，ここにはかすかに見えるのである。

(71) Kotti & Co, „Kotti & Co und das Recht auf Stadt", Andrej Holm (Hrsg.) *Reclaim Berlin*, Berlin / Hamburg: Assoziation-A, 2014, S. 343-354, hier S. 353-354.

(72) 注66参照。

(73) Wolfgang Schorlau, „GESPRÄCH. ‚Kreuzberg Blues'. Neuer Schorlau-Krimi thematisiert Missstände am Berliner Mietmarkt", *SWR2 am morgen*, Stand 06.11.2020, 09:17 Uhr.
https://www.schorlau.com/app/download/5818484399/swr2-am-morgen-20201106-kreuzberg-blues-krimi-thematisiert-missstaende-im-berliner-mietmarkt.m.mp3

(74) Lang, *Mythos Kreuzberg*, S. 21-22.

論文

高等教育のユニバーサル化と大学制度改革
——ドイツの事例を通して[1]

木戸　裕・佐藤勝彦・寺倉憲一

Die Universalisierung der Hochschulbildung und die Reform des Hochschulsystems
Ein Beispiel Deutschland

Yutaka Kido / Katsuhiko Sato / Kenichi Terakura

■ はじめに

　高等教育人口の拡大は，一般に単線型教育制度のもとで進行すると言われているが，複線型（分岐型）教育制度を採用するドイツにおいても，すでに同年齢人口の6割近くが大学に入学している（高等教育のユニバーサル化）。教育制度について見ると，従来の三分岐型の制度から，ギムナジウムとギムナジウム以外の学校（基幹学校と実科学校を合体した学校など，州によりその名称は異なる）という二分岐型へと移行していくとともに，大学に進学しない生徒を対象とする「二元制度」（デュアル・システム）を選択する者は減少している。こうした動向のなかで，大学制度においては，①一般大学（学術大学），②専門大学，という2つの大学タイプが存在する。主として，①はギムナジウムと，②はギムナジウム以外の学校タイプと接続している。しかし，どちらの大学タイプで学んでも，修了の際得られる学位はバチェラー（学士課程），マスター（修士課程）であり，一般大学も専門大学も同等とされている。ギムナジウム出身者で専門大学に入学する者も多い。その意味では，大学制度の一元化が始まっていると言うこともできよう。

　その中で，近年の大学改革のトレンドとして「大学における二元制学修」が注目されている。これは言ってみれば，従来は中等教育段階で行われていたデュアル・システムの大学版である。一方高等教育が，Martin Trow のいう「エリート段階」から「マス段階」を経て「ユニバーサル段階」へと拡大していく過程と対応して，大学のガバナンス構造も，「正教授支配の大学」から「集団合議制の大学」へと移行し，さらに現在は，高等教育の「ユニバーサル化」の時代における社会経済の変化に相応した新たな体制へと変化しつつある状況も見て取ることができる。

　本稿では，広くヨーロッパ48か国が参加した高等教育改革であるボローニャ・プロセスなど，ドイツを超えた世界的動向にも着目しつつ，グローバル化とそれに伴う社会経済の急激な変化の中で進められているドイツの大学改革に関して，1「複線型教育制度のもとでの大学改革」，2「デュアル・システムと専門大学（応用科学大学）」，3「ユニバーサル化時代と大学のガバナンス改革」という3つのテーマを設定して見ていく。取り上げる問題としては，1では，単線型教育制度を採らないドイツで，大学のユニバーサル化はどのように進められ，その中でどんな大学改革が行われているのか，2では，ドイツの伝統的な「二元制度」が行き詰まりを呈している中で，いかなる活路が考えられているか，3では，大学がユニバーサル化する時代に，「大学のガバナンス改革」は，どのように進められているかを明らかにする。

　最後に，ドイツに見られる特徴を我が国の大学改革との比較を通して浮かび上がらせてまとめとしたい。

（1）本稿は，第39回日本ドイツ学会「フォーラム1：高等教育のユニバーサル化と大学制度改革—ドイツの事例を通して—」（2023年6月18日，於：早稲田大学）において共同発表した内容と当日の議論をベースに取りまとめたものである。1は木戸裕，2は佐藤勝彦，3は寺倉憲一，「はじめに」と「おわりに」は，3名共同で執筆した。

1 複線型教育制度のもとでの高等教育の拡大と大学改革─ドイツに見られる「特殊性」と「ユニバーサル性」─

　ドイツでは，複線型（分岐型）の教育制度が採られている。一般的に，高等教育の大衆化が進行するのは単線型の教育制度の国であると思われている。これに対しドイツは，2011年に大学進学率は，50％を超えTrowのいう「ユニバーサル段階」に入った（2021年：55.8％）[2]。本章では，次の3点を問題として取り上げる。

① 　何故，ドイツは複線型教育制度を採用してきたにもかかわらず，高等教育がユニバーサル段階に到達したのか？

② 　ユニバーサル段階に到達したドイツで，ボローニャ・プロセスを背景にどんな大学改革が進められているか？

③ 　①と②の問題についての考察を通して，ドイツの教育制度は，今後どのように展開していくことが予想されるか？

1.1 ドイツの教育制度に見られる「特殊性」

　ドイツは，高等教育の拡大が他のOECD諸国と比較して遅れて発展してきたと言われている[3]。その主な理由として次の3点が挙げられる（ドイツに見られる「特殊性」）。①一般教育と職業教育の教育分裂（Bildungsschisma），②連邦制国家と政治的対立，③ギムナジウムの存続，である。

1.1.1 ドイツの教育分裂

　ドイツでは，大学に通じる一般教育の道（ギムナジウムを経て大学に進学する道）と職業教育の道（デュアル・システムを経てマイスターとなる道）が，はっきり分かれて発達してきた。両者は，異なる設置者のもとで監督され，両者の間の横断的移行を可能とする「透過性（Durchlässigkeit）」は基本的になかった。一般教育と職業教育という2つの教育部門が互いに永続的に分離して発展してきた[4]。あわせて，生徒の進路は，親の出身階層によって大きく左右されてきた[5]。

　表1は，一般教育学校と二元制職業教育（デュアル・システム）の「制度的秩序」を対照したものである。例えば，

表1 一般的な学校教育と二元制職業訓練の制度的秩序

教育制度における制度的秩序の特徴	一般教育学校	二元制職業教育
中心理念（支配的な目標視点）	陶冶された人格／個人の調整能力（自律性）	職業的な行動コンピテンス
学習目標の定義とカリキュラムの規範的基準点	代表的な組織的知識の規範／学術志向	労働市場と雇用構造；経済的な資格の需要に対応
政治的コントロール，監督，（資格の）コントロール	州による国家的な民主的コントロール	連邦政府の調整に基づく経済団体（会議所）による自治
財政	公的支出（州，市町村）	一義的には私的（訓練企業）
学習者の地位	生徒	労働契約による訓練生
構造原理／学習プロセスの組織	自組織のなかで実践を超えて（離れて）行われる	実践を統合して行われる（労働と学習の統合）
教授者	専門家；公的勤務	非専門家あるいは半専門家；私的な労働契約

（出典）Baethge, *Das deutsche Bildungs-Schisma*, S.16.（一部改変）

（2）数値については，連邦統計局資料を参照。https://www.destatis.de/DE/Themen/GesellschaftUmwelt/Bildung-Forschung-Kultur/Hochschulen/Publikationen/_publikationenhochschulen.html （2023年9月15日閲覧）

（3）André Wolter, "The Expansion and structural change of postsecondary education in Germany", *Hamburg Transnational University Leaders Council 2017: Responding to Massification*, Körber-Stiftung, Universität Hamburg, German Rectors' Conference, 2017, p.101.

（4）Martin Baethge, Das deutsche Bildungs-Schisma: Welche Probleme ein vorindustrielles Bildungssystem in einer nachindustriellen Gesellschaft hat?, Doris Lemmermöhle / Marcus Hasselhorn（Hrsg.）, *Bildung – Lernen : humanistische Ideale, gesellschaftliche Notwendigkeiten, wissenschaftliche Erkenntnisse*, Göttingen, Wallstein Verlag, 2007, S.16.

（5）親が大卒の場合，8割近い生徒は大学に進学する。親が大卒でない場合は，約2割。大学入学資格を得るまでの道のりや進学の決定には，大きな社会的格差がある。それは個人の能力や業績が同等である場合でも，その配分の決定が親世帯の学歴に大きく影響されるという事実に明確に表われている。André Wolter, *Hochschulexpansion: Wachsende Teilhabe oder Akademisierungswahn?*, https://www.bpb.de/themen/bildung/dossier-bildung/200104/hochschulexpansion-wachsende-teilhabe-oder-akademisierungswahn/ （2023年9月15日閲覧）

一般教育学校で目指されているのは「陶冶された人格（ge-bildete Persöhnlichkeit）」，二元制職業教育では「職業的な行動コンピテンス（berufliche Handlungskompetenz）」，といった具合に対照的である。財政も，一般教育学校は公的支出であるのに対し，二元制職業教育では基本的に私的である。両者は，運営主体も異なり，相互に干渉，交流することなく，それぞれの「制度的秩序（institutionelle Ord-nung）」の下で運営されてきた[6]。

ドイツと日本を比較すると，ドイツでは一般教育学校における義務教育を終了する「第1の分岐点」で，職業教育の道を歩む者と大学教育の道を歩む者とに分かれる。それぞれが別の道を歩んで，「第2の分岐点」である労働市場に参入する。日本の場合は，そうした分化なしに，皆が一直線に同じ道を歩み，大学を経て労働マーケットに入る[7]。

1.1.2　連邦制国家と政治的対立

ドイツは連邦制国家であり，教育に関する権限は，基本的に州政府が有しており，中等教育学校のコンプリヘンシブ化[8]を進めるか否かについても，州により一様ではなかった。また州の政策には，州内の政治的対立が色濃く反映された。例えば，キリスト教民主同盟（CDU）は，生徒の成績によって生徒を分岐する三分岐型教育制度の維持を主張し，社会民主党（SPD）は，イギリスのコンプリヘンシブ・スクールに相当する総合制学校（Gesamtschule）の導入を提唱した。社会民主党の政治的力が強かった1970年代，SPD政権下の州は総合制学校の積極的導入を試みたが，保守派であるCDUの強固な反対にあい，頓挫した。連邦政府が主導して，総合制学校を全ドイツ一律に導入することはできなかった[9]。

1.1.3　国民の意識とギムナジウム神話

ドイツに見られる特徴として，国民はその意識として，中等教育をコンプリヘンシブ化するよりも，三分岐型を支持してきた点も挙げられる。その背景として，ドイツには根強い「ギムナジウム神話」[10]があり，ギムナジウムの制度は現在に至るまで維持されている。この点について，Susanne Wiborgは，次のように言っている。「国民は，コンプリヘンシブ化よりも，三分岐型を支持し，ギムナジウムの存続を受け入れた。ギムナジウムは有力な教育エリートである教養市民層（Bildungsbürgertum）により，大衆の侵入から守られ，それゆえ他の学校形態との統合が阻止されたのである」[11]。

このように，ドイツ国民の間には，すべての人が一律に平等に同じ教育を受けることよりも，それぞれの傾向，資質に適った教育を受けることが公平・公正であるという考え方が底流にある。その理由として，例えば，Justin J.W. PowellとHeike Solgaは次のように言っている。「（ドイツの学校では）生まれつきの才能（innate talent）という粘り強いイデオロギーが正当化されており，子どもを実践的才能（practical talents）と理論的能力（theoretical abilities）のいずれかに分類する。このイデオロギーは，あらゆる教育レベルにおいて，均質と思われる集団に選別することを促す。子どもたちは，非常に早い時期から，階層化された中等教育学校の種類に振り分けられる。その種類は，定められた知的水準にふさわしい（appropriate）と定義され，教育的・社会的地位の違いを示唆するものである」[12]。

1.2　ドイツの教育制度を超えた「ユニバーサル性」

前節では，ドイツの教育制度に見られる「特殊性」について述べた。本節では，「ユニバーサル性」について見ていく。以下，John W. Meyerらの理論を紹介しつつ，その理由に言及するとともに[13]，ヨーロッパレベルの高等教育改革であるボローニャ・プロセスとそのドイツへの波及について述べる[14]。

1.2.1　世界的現象としての高等教育の拡大とドイツ

何故，ドイツは複線型教育制度を採用してきたにも関わらず，高等教育は「ユニバーサル段階」に到達したのか。

（6）Baethge, *Das deutsche Bildungs-Schisma*, S.16.
（7）Peter-Jörg Alexander/Matthias Pilz, „Die Frage der Gleichwertigkeit von allgemeiner und beruflicher Bildung in Japan und Deutschland im Vergleich", *Zeitschrift für Pädagogik*, 50（5），2004, S. 754, 758.
（8）コンプリヘンシブ化とは，基幹学校，実科学校，ギムナジウムという三分岐型の学校制度を採らない総合制学校等の学校形態の導入をいう。
（9）Susanne Wiborg, "Why is there no comprehensive education in Germany? A historical explanation", *History of Education*, 39（4），2010, p.545.
（10）前原健二「学校制度改革研究における「新制度主義」アプローチの可能性」『東京学芸大学紀要　総合教育科学系』65巻2号（2014），492頁。
（11）Wiborg, "Why is there no comprehensive education in Germany?, p.545.
（12）Justin J.W. Powell / Heike Solga, "Why are higher education participation rates in Germany so low? Institutional barriers to higher education expansion", *Journal of Education and Work*, 24（1-2），2011, p.55.
（13）John W. Meyer / Evan Schofer, "The University in Europe and the World: Twentieth Century Expansion", Georg Krücken, Anna Kosmützky, Marc Torka（ed.），*Towards a Multiversity? Universities between Global Trends and National Traditions*, Bielefeld:Kordula Röckenhaus, 2006, pp.45-62.
（14）木戸裕『ドイツ統一とグローバリズム―教育の視点からみたその軌跡と課題』（東信堂，2012），第Ⅱ部を参照。

その理由は，さまざま考えられるが[15]，筆者がとくに着目したのは，Meyer らの「高等教育拡大論」である。Wolter は，Meyer らの理論を引用して，次のように言っている。

「国の特徴や国の発展の独自性は，しばしば過大評価される。このことは，ドイツにおいても時に当てはまることがある。これに対して，国際比較分析では，一つの大きな発見がある。それは，20世紀の高等教育の拡大は，世界的な現象ということである。特定の国や国のタイプに主として関連しているだけではない。第二次世界大戦後，すべての国で大学教育の就学率が上昇しており，とくに 1960年以降その傾向が顕著である。したがってドイツにおける高等教育の拡大は，決して特別で，特殊な展開ではなく，世界的なプロセスの一部なのである」[16]。

Meyer らの理論によれば，制度は「同型性（Isomorrphie）」を求めて，「共通化」していく[17]。その顕著な例として「ボローニャ・プロセス」が挙げられている[18]。Meyer らは，ボローニャ・プロセスについて，次のように述べている。

「20世紀における世界の高等教育の発展に関する実証的データを検討すると，いくつかの観察が印象的かつ明確である。第一に，驚異的な拡大があった。高等教育は，はるかに大規模に組織化されるようになった。第二に，この拡大は 1960年以降に集中している。第三に，この拡大は世界的なものであり，あらゆる種類の国を特徴づけるものである。ヨーロッパにおける拡大は，「ボローニャ・プロセス」と呼ばれるドラマティックな超国家的な組織改革を強力に推進することと関連しており，他の地域では，ヨーロッパほど規律正しい計画，圧力，目的をもって行われていないことが特徴的である」[19]。

1.2.2　ボローニャ・プロセスとヨーロッパの高等教育改革

21世紀に入り EU（欧州連合）では，2000年3月にリスボンで開かれた欧州理事会で「2010年までに，EU を世界でもっとも競争力のある，ダイナミックな知識を基盤とした経済空間とする」とした「リスボン戦略」が策定された。教育は，この「リスボン戦略」を達成する鍵を担う重要な要素として位置づけられている[20]。

そのなかで高等教育については，ボローニャ・プロセスと呼ばれる高等教育改革，職業教育に関しては，コペンハーゲン・プロセスが推進されている[21]。ボローニャ・プロセスに先立ち，1998年に英国，ドイツ，フランス，イタリアの4か国の教育担当大臣はフランスのパリに集まり「ソルボンヌ宣言」に署名した。ボローニャ・プロセスは，これを受けて翌 1999年に，ヨーロッパ29か国の教育担当大臣が，大学発祥の地であるボローニャにおいて「ボローニャ宣言」を採択したことに始まる。同宣言の主な内容は次のとおりである[22]。

①容易に理解でき，比較可能な学位システムの確立，②2サイクル（学部／大学院）の大学構造の構築，③ヨーロッパ単位互換制度（ECTS, European Credit Transfer System）の導入と普及，④学生，教員の移動の促進，⑤ヨーロッパレベルでの高等教育の質の保証を推進，⑥高等教育におけるヨーロッパ次元（European dimension）の促進。

ボローニャ・プロセスは，以上の課題を解決し，最終的にヨーロッパのどこの国のどの大学で学んでも共通の学位，資格を得られる「ヨーロッパ高等教育圏（European Higher Education Area, EHEA）」の構築を目指すものである。

こうしたヨーロッパ各国の高等教育制度の「同型性」を指向したボローニャ・プロセスについて，Jürgen Schriewer は，それは「合理化された神話（rationalized myth）」であるとして，次のように述べている。すなわち，「このような神話は，行動を可能にし，行動を構造化する最終手段としてのつながりを提供する限りにおいては合理的であるが，しかしそれは，ローカルに蓄積された経験や個別の事例に適した問題の分析からではなく，トランスナショナルに一般化された承認からその妥当性を得ているという意

(15) Reinhard Kreckel, „ Struktur der Studierendenauswahl im expandierenden Hochschulsystem der Bundesrepublik Deutschland", Werner Helsper, Heinz-Hermann Krüger（Hrsg.）, Auswahl der Bildungsklientel : zur Herstellung von Selektivität in "exklusiven" Bildungsinstitutionen, Wiesbaden : Springer VS, 2015, S.407-408.

(16) André Wolter, „Eigendynamik und Irreversibilität der Hochschulexpansion: Die Entwicklung der Beteiligung an Hochschulbildung, in Deutschland", Ulf Banscherus / Margret Bülow-Schramm / Klemens Himpele / Sonja Staack / Sarah Wintera（Hrsg.）, *Übergänge im Spannungsfeld von Expansion und Exklusion. Eine Analyse der Schnittstellen im deutschen Hochschulsystem*, Bielefeld : Bertelsmann, 2014, S. 29 以下を参照。

(17) Michael Hoelscher, „Differenzierung von Hochschulsystemen entlang der Spielarten des Kapitalismus, Empirische Analysen im internationalen Vergleich", Ulf Banscherus / Ole Engel / Anne Mindt / Anna Spexard / André Wolter（Hrsg.）, *Differenzierung im Hochschulsystem. Nationale und internationale Entwicklungen und Herausforderungen*, Münster: Waxmann Verlag, 2015, S. 95-111.

(18) Ebenda.

(19) Meyer / Schofer, The University in Europe and the World, p.45.

(20) 木戸『ドイツ統一・EU統合とグローバリズム』，235頁以下で，ボローニャ・プロセスについて詳しく紹介している。

(21) 同上，240頁以下を参照。

(22) 同上，237頁以下を参照。

味で，神話である」[23]。

Meyer らによれば，ボローニャ・プロセスの意義は次のようになる。「皮肉にも，よりコスモポリタンであった中世の大学制度を崩壊させ，現出する国民国家に大学を強く結びつけたヨーロッパ諸国は，今や組織の同型性のために競って努力している。近年における標準化への賛意を反映した「ボローニャ・プロセス」は，大陸全土において大学制度に大きな影響を与えつつある」[24]。

1.2.3　ボローニャ・プロセスとドイツの大学改革

「この改革の欧州的な側面は，すぐに，発案者自身が夢にも思わなかったような勢いを生み出した」[25]と言われているように，ボローニャ・プロセスは，ドイツにおいても，これまで議論が百出し，大学人の間ではおそらく決着できなかったであろう大学改革の課題に対し，ドイツ全体としての方向性を，決定づける役割を果たした[26]。

なお，国家の枠組みを超えたボローニャ・プロセスを背景に，ドイツにおいて新たに構築された制度の主なものは次のとおりである[27]。

①バチェラー，マスター，ドクターという段階化された大学制度の導入，② ECTS（ヨーロッパ単位互換制度）に対応した単位制度の導入，③ヨーロッパ共通の質保証制度にもとづくアクレディテーション制度の導入，④「資格枠組み」の制定による職業教育と一般教育の間の横断的移行を可能とする「透過性」の促進。

上記の課題と連動して，ドイツにおける高等教育の拡大のメカニズムを考察するうえで，筆者が着目しているのが「透過性」という理念と，「資格枠組み」という政策である。EU では「生涯学習のためのヨーロッパ資格枠組み（European Qualifications Framework for lifelong learning, EQF）」が策定されている。各国では，この EQF に対応する国ごとの「国の資格枠組み（National Qualifications Framework, NQF）」の制定作業が進められており，ドイツではすでに「ドイツ資格枠組み（Deutscher Qualifikationsrahmen, DQR）」が策定されている。EQF とそれにもとづく NQF

を策定することにより，最終的には，一般教育，職業教育を問わず，さらにはフォーマルな教育にとどまらず，ノンフォーマルな教育，インフォーマルな教育も含めて生涯学習へのアクセスを促進していく政策が，ドイツにおいても進められている[28]。

1.3　ドイツの複線型教育制度と大学改革—課題と展望

高等教育の進学率が 50％を超え，「ユニバーサル段階」に到達した現在，どんな課題が浮上しているか。以下では「過剰教育（overeducation）」，「アカデミック・マニア（Akademisierungswahn）」，「二重の平等フィクション（doppelte Gleichheitsfiktion）」という 3 つのキーワードをめぐる議論を取り上げたい。最後に今後の展望をする。

1.3.1　複線型教育制度のもとでの大学改革の課題
①　過剰教育

Meyer らは，「必要とされる以上の訓練を行う教育システムは，深刻な問題を引き起こす可能性がある」として，次のように言っている。「過剰教育は，不要な訓練年数に時間と資金が費やされるため，単純に非効率的となり得る。これは，古典的なリベラルの立場からの懸念であろう。そのような人々が大量に発生すると，既存の社会秩序では満たされない期待の高まりによる革命という，多くの社会問題を引き起こす可能性があると考えられる。（中略）過剰教育という概念は，ヨーロッパでは，急速な教育改革によってもたらされた大きな変化，とりわけ近年のボローニャ・プロセスに象徴されるドラマティックな超国家的変化を正当化していることへの反動として，特別の感傷的な価値（sentimental value）を保っていると言えるかもしれない」[29]。

②　アカデミック・マニア

ミュンヒェン大学教授で，シュレーダー政権下で文化担当官も務めた Julian Nida-Rümelin は，OECD が広めた「すべての人々に高等教育を」（tertiäre Bildung für Jedermann）に対し，「アカデミック・マニア」というテーゼを唱えて

(23) Jürgen Schriewer, "Rationalized Myths in European Higher Education, The Construction and Diffusion of the Bologna Model", *European Education*, vol. 41, no. 2, 2009, p.31.
(24) John.W.Meyer, / Francisco Ramirez / David John Frank / Evan Schofer, "Higher Education as an Institution", Patricia J. Gumport (ed.), *Sociology of higher Education: Contributions and Their Contexts*, Johns Hopkins University Press, 2007.（〔齋藤崇徳訳〕「制度としての高等教育」パトリシア・J・ガンポート編，伊藤彰浩，橋本鉱市，阿曽沼明裕監訳『高等教育の社会学』（高等教育シリーズ；167）（玉川大学出版部，2015），254 頁。）
(25) Johanna Witte, „Die deutsche Umsetzung des Bologna-Prozesses", *Aus Politik und Zeitgeschichte*, 48/2006, 2006, S.22.
(26) ボローニャ・プロセスが，ドイツの大学制度をどのように変換（Umsetzung）させたのかについて扱った論文として，例えば，Witte, Ebenda. を参照。ボローニャ・プロセスは一方では支持されているが，同時にそれにより失われるものは何かについて，新たに取り入れられた制度ごとに批判的に論じている論文として，Olaf Winkel, "Higher education reform in Germany : How the aims of the Bologna process can be simultaneously supported and missed", *Journal of Educational Management*, 2010, pp.303-313. を参照。
(27) 木戸『ドイツ統一・EU 統合とグローバリズム』，369 頁以下を参照。
(28) 木戸裕「ドイツの大学入学制度改革—高等教育改革との関連から—」令和 3 年度独立行政法人大学入試センター入学者選抜研究に関する調査室『多面的・総合的な評価に基づく大学入学者選抜に関する海外調査報告書』（大学入試センター，2021），117-119 頁。
(29) Meyer / Schofer, The University in Europe and the World, p.54.

波紋を投げかけた[30]。彼は「ドイツの学生数は少なすぎるのではなく，多すぎる」と言って，次のように述べている。

「ドイツの真の経済力はデュアル・システムにある。この制度は，少数派ではなく，集団の大多数が職業訓練に進む場合にのみ機能する。まもなく大学進学率が60％に達するであろう。このことは，ドイツの経済モデルの中核である，世界市場でも競争できる優れた資格に基づく中小企業を危険にさらすことを意味している。したがって，アカデミック・マニアにストップをかけなければならない。この傾向が続くならば，デュアル・システムは解体することになるであろう」[31]。こうした Nida-Rümelin のテーゼは，党派を超えて一定の支持を得ている[32]。

③　二重の平等フィクション

ドイツの大学入学制度では，どこの州のどのギムナジウムの出身でも，取得した「アビトゥーア」は全ドイツ共通に同等とされ，どの大学でどの科目を学修するかも，原則としてアビトゥーア取得者に選択の自由が与えられてきた[33]。つまり同じ種類の高等教育機関の間には「格差」はなく，アビトゥーアもすべて「同等」であるという，「二重の平等フィクション」が横並びで支え合っていた[34]。Reinhard Kreckel は，次のように言っている。「（ドイツでは）学生の選抜は，基本的に大学自身の手に委ねられることはなく。選抜は，大学が行う前に，すでに大学領域外の場所で，すなわちアビトゥーアに導かれるギムナジウムに入学した時点で，かなり早い時期に行われた」[35]。

現行の大学入学制度も，この「二重の平等フィクション」の上に構築されているが，高等教育が「ユニバーサル化」された今日，このフィクションが引き続き維持され続けるかは定かでない。

1.3.2　今後の展望と小括

それでは，高等教育が「ユニバーサル段階」に到達したドイツにおいて，複線型教育制度は，今後どのような展開を見せるか。そして，それは大学制度にどのような影響を与えるか。筆者が抱いている展望は以下のとおりである。

① 　三分岐型の学校制度は二分岐型へと収斂していく[36]。ただしギムナジウムともう一つの中等教育学校という形態とり，ギムナジウムは存続する（もう一つの中等教育学校でも，大学へのアーティキュレーションは確保される）。

② 　職業教育は，大学で行われる方向へとシフトしていく（職業教育のアカデミック化）。例えば，大学でデュアル・システムを行う二元制学修（duales Studium）[37]。

③ 　大学制度は，伝統的な学術大学と新興の大学である専門大学（応用科学大学）の二本柱（Säule）が定着する（それは，高等教育の二分岐化と言えるかもしれない）。しかし同時に，従来存在した，「専門大学は，入学資格も卒業時の資格も一般大学よりワンランク下である」というランク付けはなくなっていくであろう。また両者の間の「透過性」も高まっていくであろう。そのことは「大学制度の一元化」につながると考えることもできよう[38]。

④ 　ボローニャ・プロセスでは，「雇用可能性（employability）」を高めることが大学教育の大きな目的のひとつとなっており，その意味で職業遂行能力を身に着けることが求められている[39]。その文脈でも，大学は生涯学習機関（職業継続教育機関）としての性格を強めていくことが予測される（大学には，伝統的学生だけでなく，非伝統的な学生が増加する）[40]。

「一般教育と職業教育の分離」「ギムナジウム神話」な

---

(30) Reinhard Kreckel, „ Akademisierungswahn? Anmerkungen zur Aktualität einer immer wiederkehrenden Debatte aus der Sicht der Hochschulforschung", *Die Hochschule : Journal für Wissenschaft und Bildung*, 23（1）, 2014, S. 162.

(31) Julian Nida-Rümelin, *Der Akademisierungswahn. Zur Krise beruflicher und akademischer Bildung*, Hamburg: edition Körber-Stiftung, 2014.

(32) Kreckel, „ Akademisierungswahn?" , S. 161-175.

(33) ドイツの大学入学制度の特徴については，木戸裕「ドイツの大学入学制度改革―グローバルな視点から―」『比較教育学研究』53 (2016), 14−27 頁を参照。

(34) Kreckel, „Struktur der Studierendenauswahl", S.407-408.

(35) Ebenda.

(36) ギムナジウム以外にどのようなタイプの中等教育の学校種類があるのか，州ごとに制度を解説している論文として，以下を参照。Klaus-Jürgen Tillmann, „Das Sekundarschulsystem auf dem Weg in die Zweigliedrigkeit, Historische Linien und aktuelle Verwirrungen", 2015. https://www.bpb.de/themen/bildung/dossier-bildung/215556/das-sekundarschulsystem-auf-dem-weg-in-die-zweigliedrigkeit/ (2023 年 9 月 15 日閲覧) なお, *Zeitschrift für Pädagogik*, 4/2013 が, „Zweigliedrigkeit: Strukturwandel des Schulsystems?" という特集記事を掲載している。

(37) 2.3.1 を参照。

(38) 「はじめに」及び 2.3.2 も参照。

(39) 2.3.2 を参照。

(40) 伝統的学生とは，ギムナジウムを経て大学に進学するコースを歩んできた者をいう。非伝統的学生は，ギムナジウム以外の学校，とくに職業教育の道から大学に進学した者をいう。木戸裕「複線型教育制度のもとでの大学改革―「開かれた大学」をめぐるドイツの事例―」東京大学大学院教育学研究科大学経営・政策コース研究紀要『大学経営政策研究』第 12 号 (2022), 163 頁以下を参照。

ど，ドイツ教育の「特殊性」が，ボローニャ・プロセスという「ユニバーサル性」の中でどんな変化を見せるのか。ボローニャ・プロセスのドイツへの「転換」は，「ヨーロッパの中のドイツ」であり，同時にもう一方で，ドイツの「特殊性」の中にヨーロッパがどのように反映されるかは，「ドイツの中のヨーロッパ」と言うことができよう。ドイツの教育政策は，ヨーロッパとドイツという相互作用のなかで，日々形成されつつあるといってよかろう。この点についてはさらに稿を改めて論じることとしたい。

2 デュアル・システムの変容と専門大学（応用科学大学）

本章では，ドイツの専門大学の生成，発展について明らかにすることによりドイツ伝統のデュアル・システムがどのように変容しているかについて考察する。

2.1 専門大学とは何か[41]

2.1.1 専門大学の設立前の状況

専門大学は，それまでの技師学校（Ingenieurschule）や高等専門学校（Höhere Fachschule）をその前身としている。例えば，ケルン専門大学は，1947年にケルン市によって設立された最も古い経済専門学校を引き継いでいる。産業社会の中でエンジニアリングの分野がますます複雑になり，実践的な方法でしか教えられない教育面で高度な分野であるにも拘らず，技師学校の教員の社会的・経済的地位は大学教員に比べて低く，不公平だと言われていた。また，技師学校の生徒達は大卒者に匹敵するレベルにあるとも言われていた。

2.1.2 専門大学設立の背景

専門大学設立の背景としては，1960年代前後の次のような教育事情が挙げられよう。第一に1957年にソビエトが打ち上げた「スプートニク・ショック」，第二は，Georg Picht が警告を発し，当時の連邦共和国の教育制度の状況を特徴づけ，幅広い議論を引き起こした「ドイツの教育破局（Die deutsche Bildungskatastrophe）」である。すなわち，若い世代がニーズに合った教育や訓練が受けられず，熟練労働者不足とそれに伴う失業問題の恐れが出て来たという状況であった。そして第三に，Ralf Dahrendorf は「教育は市民の権利である（Bildung ist Bürgerrecht）」と言って，高等教育の拡張を主張した[42]。

2.1.3 総合制大学：学術大学と専門大学一本化の挫折[43]

従来の大学教育と高度な職業教育の両者を行う総合制大学（Gesamthochschule）[44]という構想は，結果的には短命に終わったが，この総合制の高等教育機関というアイデアは，専門大学設立にとって決定的な意味を持っていた。当初，技師学校やその他の高等教育機関を含めて，それを専門大学と名付け，Picht が予測した危機を克服する「希望の星」のように考えられていた。なお，専門大学の構想には，前述の Dahrendorf が深くかかわっていた[45]。では，何故総合制大学でなく専門大学として残ったのかという点であるが，学術大学と専門大学の教員同士の協力が得られなかったことにある。総合制大学の主たるコンセプトは，そもそも職業教育の背景を有する専門大学の教員と学術的な訓練を受けてきた学術大学の教員同士が地位や報酬の違いに関わりなく協働することであった。しかし，学術大学の教員側は自分たちの優位な立場を守りたいがために，この考えには反対であったようである。

2.1.4 二元制大学

そのような状況の中でバーデン・ヴュルテンベルク（BW）州に意義深い動きが出て来た。1971年8月23日にダイムラー・ベンツ社（Daimler-Benz AG）がBW州の文部省に書簡を送り，新たな教育訓練を提案した[46]。それは主にアビトゥーア取得者に魅力的な内容の教育訓練であり，今までのデュアル・システムを「大学コースのシステム（univ. course system）」と結び付ける高等教育レベルの内容のものであった。このデュアル・システムに連結した教育訓練は従来の学術大学の学修に新しい世界を示したこととなる。

---

(41) 専門大学は，近年応用科学大学（HAW: Hochschule für Angewandte Wissenschaften，英語表記は，University for Applied Sciences）と呼ばれることが多い。ここでは従来の「専門大学」で統一する。„Die Position : Einer für alle", *Die Zeit*, Nr.40, 29.September 2022.

(42) クリストフ・フュール著（天野正治・木戸裕・長島啓記訳）『ドイツの教育と大学』（玉川大学出版部，1998），37頁を参照。

(43) Elisabeth Holuscha, *Das Prinzip Fachhochschule : Erfolg oder Scheitern*, Philipps - Universität Marburg, 2012, S.49-53.

(44) 総合制大学は，総合大学と教育大学，専門大学の教育課程を一つに統合したもので，1970年以降設置された総合制大学はカッセル総合制大学，ハーゲン通信制大学のみである（フュール『ドイツの教育と大学』，235頁）。なお，制定時の「大学大綱法（Hochschulrahmengesetz）」第5条に「総合制大学」についての規定がある。

(45) ダーレンドルフと専門大学の関わりについては，次のウェブサイトを参照。„Seit 50 Jahren unglaublich wichtig:Die Hochschulen für Angewandte Wissenschaften in Baden-Württemberg starten ins Jubiläumsjahr". https://hochschulen-bw.de/2021/02/11/jubilaeumsjahr_hawbw/ （2023年9月15日閲覧）

(46) Katrin Brünner, ; Angela Chvosta; Simon Oertel: Die Institutionalisierung dualer Studiengänge: Hintergründe, Verlauf und Entwicklung. : Uwe Fabhauer; Eckart Severing（Hrsg.）*Verzahnung beruflicher und akademischer Bildung. Duale Studiengänge in Theorie und Praxis*, Bielefeld, 2016, S. 63-80. https://www.agbfn.de/dokumente/pdf/agbfn_19_bruenner_chvosta_oertel.pdf （2023年9月30日閲覧）

表2　ブレーメン経済工科大学の日本語・経済学科のプログラム

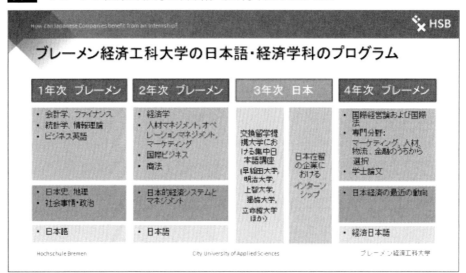

（出典）Prof.Dr.T.Goydke, Fr.N.Matsui 及び筆者が共同で作成。

2.2　専門大学の発展─ブレーメン経済工科大学の事例

　ここでは，専門大学のひとつのモデルケースとして，筆者が長年関わってきたブレーメン経済工科大学の事例を中心に紹介したい[47]。

　先ず1970年代から80年代にかけて「海洋航海大学（Hochschule für Nautik）」，「社会教育・経済大学（Hochschule für Sozialpädagogik und Sozialökonomie）」，「工科大学（Hochschule für Technik）」および「経済専門大学（Hochschule für Wirtschaft）」という4つの専門大学が設立された。この4つの専門大学は1982年に合体し，1984年に HSB（Hochschule Bremen）という専門大学に生まれ変わった。1984年に僅か105人の学生でスタートした専門大学 HSB には2021・22年に，8,692名に及ぶ学生が在学しており，約半数が技術的な分野に在籍している。

2.2.1　実務型教育

　専門大学は，発足時から専門学校が導入していた実務訓練を重視し，「実習セメスター（Praxissemester）」としてカリキュラムに組み込み，その実施時期としては標準として第5セメスターを充てるよう学術審議会の勧告に合わせ実施している。なお，いくつかの州（Bremen州，BW州等）では第6セメスターに充てられている事例もある。

2.2.2　実習セメスターの実際

　実習セメスターの例としてブレーメン経済工科大学国際経営学部のケースを取り上げたい。表2にあるように，3年次の「日本」において半年間の提携大学における日本語

の学習（既に1，2年次に二年間の日本語学習済み）に加え，6か月以上の期間を日本在留企業にて企業実習（インターンシップ）を行うことになっている。

　これは卒業要件であり，インターンシップ先は個人の力で見つけることが条件となっている[48]。学生にとってはハードルが高く，例年学生たちは苦労しているようである。

2.2.3　筆者のブレーメン経済工科大学での教員経験

　筆者は，2009年6月から今日まで15年間ブレーメン経済工科大学で客員教授として同大学と関わって来た。これは日本から実務経験のある教員をという当時の国際経営学部の学部長の要請であり，さらに，授業の使用言語はドイツ語でなく，英語という要請があり，英語による授業を増やしたいという同大学の方針に合わせたものであった。

　日本語と日本の経営を教える大学はドイツ国内にはブレーメン経済工科大学とルートヴィヒスハーフェン専門大学の2校のみである。なかでも，海外でのインターンシッププログラムを提供しているブレーメン経済工科大学は特に人気があり，毎年20人の定員をはるかに超える入学希望者がいて，競争は厳しい。この学部は日本語，中国語，アラビア語と三言語を集中的に学ぶよう設計されているが，人気は日本語に集中している。尚，総合大学には日本学（Japanologie）と言う学科があるが，主に日本研究，日本文学，日本語がメインで日本の経営やインターンシップの授業科目はない。

---

(47) 以下の記述は，同大学のホームページ https://hs-bremen.de（2023年8月30日閲覧）及び筆者が同大学で入手した情報に基づいている。

(48)「ブレーメン経済工科大学学則」第6章第1節及び2節参照

表3 ブレーメン経済工科大学日本語・経済学科のカリキュラム概要

1年次（於：ブレーメン）
【春学期】 ・会計学・ファイナンス ・統計学・情報理論
【秋学期】 ・日本史・地理 ・経済と社会
2年次（於：ブレーメン）
【春学期】 ・経済学 ・人材マネジメント・マーケティング
【秋学期】 ・国際ビジネス・商法 ・日本の経済システムとマネジメント
3年次（於：日本）
・日本において半年間の提携大学における日本語の学習に加え，6か月以上の期間を日本在留企業にて企業実習（インターンシップ）
4年次（於：ブレーメン）
・国際経済理論 ・国際法など ・学士論文の作成 ※全体で240単位（ECTS）取得することにより修了。

（出典）筆者作成。

ブレーメン経済工科大学の日本語・経済学科のカリキュラムの概要は，**表3**のとおりである[(49)]。なお，このほか各年次・各学期には5〜6コマの日本語学習が行われている。

最後に2023年7月に筆者が訪独した際，学科の将来について，学科主任のTim Goydke教授に行ったインタビューについて箇条書きにしてみる。時代の変化と共に敏感に変容しようとする専門大学の戦略が感じられる。

○ドイツ企業の中で日本のマーケットをターゲットとしている企業が減少している。一方日本を東アジアの中の一マーケットと考えて来ていて，従って日本専門のエキスパートのニーズも減少して来ている。

○中国は急激に変化してきていて，より閉鎖的で組みにくい相手になって来ているので学生を送り難い上，学科の政策に組み込み難い。

○このことから今後は日本を主としながらも東アジアで括り，日本と中国・台湾・韓国に焦点を当てるのはどうかと考えている。アラブはばらばらなマーケットで集約し難い。そのため，今後は東アジアとアラブの二本立てで学科を育てていくのが現実的と思う。

○言語は確かに重要だが，今のやり方では満足できる言語レベルに達することは中々難しい。海外準備の前の言語学習は時間数を減らし，希望者には一年間言語学習に集中させてはどうかと考えている。また，インターンシップも1か国でなく2か国で行うことも考えたい。確かにこのように変革すると相当学科運営が複雑になるようだが，これによって学生のキャリアにより柔軟性を持たせたいと思う。

○この変革には最短で実施しようとしても，少なくとも2年間は必要である。

2.3 専門大学の今後の展開
2.3.1 デュアル学修の伸展と今後

最近のドイツの大学制度改革のトレンドとして，「デュアル学修（Duales Studium）」が注目されている[(50)]。これは，従来のデュアル・システムのいわば大学版で，大学卒業時に，バチェラーの学位と職業資格の両方を取得できる仕組みである。この「デュアル学修」は，もっぱら専門大学が担っている。

これは中等教育サイドでの訓練をより高い教育セクターに移行させるもので，全体の訓練の魅力を高めると共にそのグループの人たちに社会の中で相応しいポジションを提供するようになるとされている。

2.3.2 ボローニャ改革とエンプロイアビリティ[(51)]

欧州各国産業界から職業適性のある卒業生を多く輩出するよう強い要請がある処，所謂エンプロイアビリティ（雇用され得る能力）が高等教育の成果を議論する際の中心テーマとなっている。また，ボローニャ改革においても教育課程の構造改革や国際間移動（留学）と共にエンプロイアビリティが主たるテーマとなっている[(52)]。

そこでの論点は，①学生の労働市場への準備はどの機関

(49) 同大学ホームページ参照。https://www.hs-bremen.de/studieren/studiengang/angewandte-wirtschaftssprachen-und-internationale-unternehmensfuehrung-b-a/zielregionen/ （2023年8月30日閲覧）

(50) 寺田盛紀「ドイツの職業教育・キャリア教育：デュアル・システムの伝統と変容」『ドイツの職業教育・キャリア教育』（大学教育出版，2003年），190-191頁。

(51) Wilfried Schubarth / Karsten Speck, „ FACHGUTACHTEN Employability und Praxisbezuege im wissenschaftlichen Studium", *Hochschulrektorenkonferenz Report*, 2014.9, S.18-50.

(52) マライケ・ヴァーラス「ボローニャ・プロセスの背景とその衝撃—日欧大学協力への可能性に向けて—（Marijke Wahlers, "The Bologna Process: Background and Impact on Japanese-European Higher Education Cooperation"（英文併記））」『ヨーロッパの大学改革と日本の大学（慶應義塾大学教養研究センター公開セミナー）』（慶應義塾大学教養研究センター，2003年），5頁-19頁。

が行うのか？　②専門大学はこの優位と見て取れるポジションを維持・発展させて行くことは可能か？　③総合大学と専門大学は一元化すべきではないか？，などである。①についてドイツ商工会議所の会員会社 2,000 社の 60％が大学側の役割とアンケートに答えている[53]。②と③については，種々の議論はされているが，未だ先行きは見通せない。

2.3.3　即戦力の育成

①　第4次産業革命と人材育成

ドイツが目指す第4次産業革命をけん引する人材の育成には，古い技術の下で働いてきた人たちを新しい技術の下で働けるようにするための再教育・再訓練が必要であり，これらがこれからのドイツの国際競争力維持のため必須なること言を俟たない。

一般的に言われていることは，「ドイツにはデュアル・システムと呼ばれる世界的に有名な制度があり，ドイツの強い製造業の基盤を担っている。ドイツの大学の特徴として，大学の約6割が総合大学でなく専門大学であり，この種の大学は日本には存在しない種類の大学である。日本の専門学校や高専は短大であるが，それを修士課程まで延長したものに相当し，教室で机に向かう時間が少なく，企業との協働の時間が長い。これにより卒業後，すぐに企業の現場で働ける即戦力を育成している。これこそ，ものづくり大国ドイツを作り上げている中核と言われている」[54]。」

さらに詳細に総合大学出身のエンジニアと専門大学出身のエンジニアの比較を筆者の友人でドイツ Honeywell 社グループの人事グループトップの Wolfgang Koerner 氏にしてもらった処，総合大学卒のエンジニアも専門大学出のエンジニアも実力に差はないと明言していた。

②　ミュンヒェン専門大学における即戦力育成

それでは，即戦力人材の育成は専門大学ではどのように行われているのであろうか[55]。ミュンヒェン専門大学では，自校の教育方針を次のように説明している。
（ⅰ）教員が準備し学生が学ぶのではなく，学生が自分の力でイチから自分の力で出来るようにする。（ⅱ）チームで成果を挙げることを学ばせる。（ⅲ）今日と明日の専門家の世界で必要とされる起業家的で持続可能で国際的な考え方を育むようにする。（ⅳ）業界やビジネスパートナーとの強力な関係とインターンシッププログラムにより，学生は職業生活を簡単に始めることができる。（ⅴ）専門大学では，就職したら現場でその日から働ける人間を育成する。専門大学では，テーマがはっきりしているので，現場に即した教育を行う。いずれにしても大学を卒業した時点で，社会に出てゼロから教えないといけない，ということはないようにする。

2.3.4　私立の専門大学の躍進

専門大学は私立の機関の活躍が目覚ましいのも特徴の一つである。2023 年 7 月筆者は，私立大学の一校ブレーメン近郊の Diepholz にある私立経済工科大学（PHWT：Private Hochschule für Wirtschaft und Technik）を訪問し，学長の Prof.Dr.Dennis De と面談したが，私立大学の今後の経営と将来に自信を見せていたのは印象的であった。以下の記述は同学長との面談による。その理由として同学長が挙げた点は，① PHWT が提供する高度な学修内容と環境の変化に合わせ適時に学修内容を革新する同大学への信頼，②大学と企業を行き来する実践的な教育，③今後 3 年間継続して増加すると見込まれる入学学生数，④ PHWT が近隣のギムナジウム修了生を同じ地域に囲い込んでくれることに対する地域社会の評価などであり，その主張は十分に肯ける。

2.4　日本の大学への示唆

2.4.1　インターシップと採用選考

日本において，以前からインターシップは採用と直結しないと言うルールが形骸化しているとの批判がある一方，直結するのが妥当とする声があり，文部科学省と厚生労働省，経済産業省の 3 省は，2025 年 3 月に卒業や修了する大学生と大学院生を想定したインターシップからインターンシップ中の評価を採用選考に生かせるルールに 2022 年 6 月に変更した[56]。大学側としては，この機会に教育目標とそれを実現するプログラムを企業と共同で開発し，従来のインターンシップとは異なった長期の就業体験を積む北米や西欧などで長い歴史のある，コープ教育（産学協同の実習と教育）を促進したいと考えている。

---

https://lib-arts.hc.keio.ac.jp/publication/uploadimages/pdf/1358170353.pdf　（2023 年 11 月 30 日閲覧）

(53) Kevin Heidenreich, *Erwartungen der Wirtschaft an Hochschulabsolventen Erwartungen der Wirtschaft an Hochschulabsolventen*, Deutscher Industrie- und Handelskammertag e. V., 2011. を参照。

(54) 詳しくは次の資料を参照。岩本晃一「インダストリー 4.0 を推進するドイツの国内事情および国家目標」独立行政法人経済産業研究所『Policy Discussion Paper Series 16-P-009』（2016 年 6 月），16 頁。

(55) 同大学のホームページ参照　https://www.masterdegree.jp/institutions/hochschule-muenchen-university-of-applied-sciences（2023 年 9 月 4 日閲覧）

(56) 文部科学省・厚生労働省・経済産業省「インターンシップを始めとする学生のキャリア形成支援に係る取組の推進に当たっての基本的考え方」（平成 9 年 9 月 18 日；令和 4 年 6 月 13 日一部改正）　https://www.meti.go.jp/press/2022/06/20220613002/20220613002-1.pdf（2023 年 9 月 30 日閲覧）

2.4.2 日本の大学でのコープ教育[57]

金沢工業大学では NTT 西日本，鹿島，NEC など 20 社以上と組み，コープ教育を実施している。コープ教育は，従来のインターンシップとは違い企業と雇用契約を結び実習中の給与が支給される。また，茨城大学では来年 4 月に開設する「地域未来共創学環」にコープ教育を取り入れ，1 年次に業界研究，2 年次に約 2 週間の無給就業体験，3 年次には約 3 か月間実習先で，有給で勤務する。さらに 4 年次には，約 2 か月間有給で働き，実践力を向上させると計画している[58]。しかし，日本全体の動きも何れの大学の試みもこれからであり，ドイツと比較すると遅れをとっていると言わざるを得ない。

2.5 小括

以上をまとめると次のようになる。

○ドイツの中等教育が三分岐型教育制度から二分岐型に移って行く中で，大学制度は伝統的な学術大学と専門大学の二元化が定着して行くように見受けられる[59]。この為三分岐型の中で行われていたデュアル・システムは専門大学が中心になり，大学レベルに格上げしたデュアル学修という型で行われている。さらに，このデュアル学修はボローニャ改革が目指す処のエンプロイアビリティを高める欧州の高等教育の主目的に合致していることもあり，デュアル学修は確固たるものとして確立されつつあると言えよう。

○今後総合大学と専門大学は，それぞれがその機能や役割を分担しつつ，同時に両者の間の「透過性」を高めていくものと思われる。その意味では，大学制度は「一元化」に向かっているといえようが，今後の行方については，さらに見守って見ていく必要があろう。

○今や日本も現代社会における大学教育の意義を見直すことが必要となって来ているのではないだろうか。エンプロイアビリティの重要性が益々高まり，職業教育の高度化が進行する中で，日本の教育も学術教育と職業教育の融合の観点からドイツのようにグランドデザインを描き，実行していく時期ではなかろうか。その際，ドイツのデュアル学修には参考になる点は少なくないと思われ

る。

3 ユニバーサル化時代と大学のガバナンス改革

本章では，大学のガバナンスという視点からユニバーサル化段階に至ったドイツにおける大学改革の現状を分析し，ドイツの大学でも他の主要国と共通する方向で改革が行われていることを明らかにしたい。主にノルトライン・ヴェストファーレン州（以下「NRW」）における最近の大学法改正を素材とし，分析に当たっては，主要国の大学改革で取り入れられている新公共経営（New Public Management: NPM）の考え方に着目する。以下，3.1 で大学のユニバーサル化とガバナンス改革の関係，3.2 で NPM と大学改革の世界的傾向について述べた後，3.3 ドイツにおける大学の段階移行とガバナンスの変化についての全体的傾向を論じた上で，3.4 数次にわたる NRW の大学法改正を分析する。次いで 3.5 では，基本法（憲法）の観点から連邦レベルで各州の大学法を緩やかながら統制している連邦憲法裁判所の機能について指摘する。最後に 3.6 で，本章の小括として，ユニバーサル化段階に至ったドイツの大学ガバナンス改革について，それまでの分析を通じて明らかになった点を指摘する。

3.1 ユニバーサル化と大学のガバナンスの変化

グローバル化や市場化が進展する中，高等教育の分野でも，資金や人材をめぐる競争力の強化が求められている[60]。また，知識経済の拡大とともに，大学には経済成長やイノベーションに果たす役割が期待されるようになった[61]。大きな環境の変化に対応するため，近年，世界の主要国では，ガバナンスの見直しが大学改革の重要課題の一つとなっている。エリートからマスへ，そしてユニバーサルへという高等教育の発展・拡大とともに，大学は様々な変容を迫られるが，管理運営の形態や学内のガバナンスも変化することが Trow により指摘されている[62]。グローバル化や知識経済の拡大と高等教育のユニバーサル化は密接に関わり合っており[63]，これらの要因が相俟って近年の大学のガバナンス改革の背景となっているとも言える。

(57) 『日本経済新聞』2023 年 7 月 12 日朝刊 28 面「大学」及び金沢工業大学ホームページ https://www.kanazawa-it.ac.jp/intern/index.html （2023 年 9 月 4 日閲覧）

(58) 『日本経済新聞』2023 年 8 月 15 日朝刊 31 面「教育」及び茨城大学ホームページ https://www.ibaraki.ac.jp/news/2023/07/18012054.html を参照 （2023 年 9 月 4 日閲覧）

(59) 前章（3）（b）を参照。

(60) 金子元久「高等教育における市場化—国際比較からみた日本」『比較教育学研究』32 号（2006），149-163 頁。

(61) 小林信一「知識社会の大学—教育・研究・組織の変容—」『高等教育研究』4 集（2001），19-24 頁。

(62) Martin Trow, *Problems in the Transition from Elite to Mass Higher Education*, Berkeley, CA: Carnegie Commission on Higher Education, 1973, pp.14-18.〔マーチン・トロウ（天野郁夫／喜多村和之訳）『高学歴社会の大学：エリートからマスへ（UP 選書）』（東京大学出版会，1976），76-81 頁。〕

(63) この点は，ボローニャ・プロセスにおいて「雇用可能性」向上が大学教育の主要な目的の一つと位置付けられていること，ユニバー

ドイツでは，大学のガバナンス改革が始まったのが比較的遅かったものの，1990年代後半以降は急速に見直しが進んでいるとされる[64]。3.4で見るように，NRWにおいては，大学ガバナンス改革の方向性をめぐるせめぎ合いの中，大きな法改正が続くことになった。

なお，「ガバナンス」は，多義的な概念であるが，本章では，高等教育機関（大学）の運営や意思決定に関わる組織の在り方，組織間の権限の配分や相互牽制の仕組み，意思決定の手続等を指すものとしておく[65]。また，ドイツでは，私立高等教育機関も設立が認められており，近年，学生数も大きく伸びているが，本章では州立大学を対象とする。

3.2　NPMと大学改革

近年の主要国における国（州）立大学のガバナンス改革では，大学の自律性と責任の拡大，市場原理導入（競争の促進），目標設定や大学と国との業績契約等に基づく政府の大学統御（目標による管理），業績重視と評価制度の整備（事前規制から事後評価へ），使途を指定しない一括交付金による予算措置，学長等の執行機関（経営陣）の権限強化と教員による合議制機関の権限の整理，学外のステークホルダーの経営参加拡大，教員の非公務員化といった共通の傾向が見られ，その背景には，各国の行政改革において導入されてきたNPMの考え方があるとされる[66]。NPMは，1980年代以降，アングロサクソン諸国を中心に取り入れられるようになった行政改革の考え方で，行政が担ってき

た公共サービスの分野に民間企業的な経営理念・手法や成功事例等を導入し，行政部門の効率化・活性化を図ろうとするものである[67]。ドイツでは，新統御モデル（Neues Steuerungsmodell：NSM）と呼ばれ，1990年代後半頃から大学改革の手法として影響を与えている[68]。

3.3　ドイツにおける大学の段階移行に伴うガバナンスの変化

伝統的にドイツの大学では，講座を持つ正教授（Ordentlicher Professor）が大学の意思決定において決定的な影響力を持っており，このような管理体制をとる大学は「正教授中心大学（Ordinarienuniversität）」と呼ばれた。しかし，1960年代の学生運動等を通じ，様々な構成員の参加の要求が高まった結果，教授等の教員のほか，学術補助員，事務職員，学生といった他の大学構成員がそれぞれグループを形成し，各グループの代表が学内の合議制機関のメンバーとなることを通じて全構成員が大学の運営に参与する「集団合議制大学（グループ大学：Gruppenuniversität）」という構成員民主主義に基づく組織形態が導入された[69]。これは，エリート段階からマス段階への移行に伴うガバナンスの変化と捉えられる。

さらに，国際競争の激化等の環境の大きな変化に直面し，ドイツの大学でも，英国等よりは遅れたものの，1990年代後半以降，NPMの要素を備えた大学改革が各州で進められるようになっている[70]。NPMの考え方に基づくガバナンス改革は，大学のユニバーサル化とも密接に関係す

サル段階に達したドイツにおいて伝統的な大学と専門大学との間の「透過性」が高まっていくと見られていること等からも裏付けられよう（1.3.2を参照）。

(64) Ulrich Teichler, "Recent Higher Education Reforms and the Changing Role of Macro-Planning," *Report of the International Workshop on Higher Education Reform in Japan and Germany: Transformation of State-University Relation (CRDHE Working Paper Vol.1)*, Center for Research and Development of Higher Education, The University of Tokyo, 2005, p.22.

(65) 大学のガバナンスの定義については，以下の文献を参照。Grant Harman, "Introduction, Section Ⅲ Governance, Administration, and Finance," Burton R. Clark and Guy R. Neave (eds.), *The Encyclopedia of Higher Education*, Vol.2, 1st ed., Oxford: Pergamon Press, 1992, p.1280; 大場淳「大学ガバナンスの国際比較─研究の視点の整理─」広島大学高等教育研究開発センター編『大学のガバナンス〜その特質を踏まえた組織運営の在り方を考える〜─第41回（2013年度）研究員集会の記録─（高等教育研究叢書 128）』（広島大学高等教育研究開発センター，2014），75-76頁。さらに，ガバナンスについては，，近年のコーポレート・ガバナンス強化の流れを踏まえ，企業内外のシェアホルダー（株式所有者）やステークホルダー（利害関係者）が相互牽制により，経営者が行う経営の規律付けをすることを重視する考え方も見られるので（林直嗣「私学法改正と大学の経営・ガバナンス（下）」『経営志林』46巻2号（2009），7頁），こうした観点にも留意したい。なお，本章で主に取り扱うのは法令に基づく制度面であるが，大学に関しては，公式的な制度上のガバナンスの在り方よりも，非公式な組織文化の在り方が重要であると指摘されていることに留意する必要がある。大場「大学ガバナンスの国際比較」，78-79頁；大場淳「大学のガバナンス改革─組織文化とリーダーシップを巡って─」『名古屋高等教育研究』11号（2011），254頁。

(66) 詳細は，以下を参照。Evan Ferlie / Christine Musselin / Gianluca Andresani, "The Governance of Higher Education Systems: A Public Management Perspective," Catherine Paradeise / Emanuela Reale / Ivar Bleiklie / Ewan Ferlie (eds.), *University Governance: Western European Comparative Perspectives*, Dordrecht: Springer, 2009, pp.1-19；寺倉憲一「NPMと大学改革」児玉善仁ほか編『大学事典』（平凡社，2018），225-226頁。

(67) 大住荘四郎『パブリック・マネジメント─戦略行政への理論と実践─』（日本評論社，2002），11-12頁。

(68) Britta Behm / Ulrich Müller, „Erfolgsfaktoren für Hochschulräte," Volker Meyer-Guckel / Mathias Winde / Frank Ziegele, (Hrsg.), *Handbuch Hochschulräte - Denkanstöße und Erfolgsfaktoren für die Praxis*, Essen: Stifterverband für die Deutsche Wissenschaft, 2010, S.26.　https://www.stifterverband.org/download/file/fid/272（2023年9月30日閲覧）

(69) 阿部照哉「『大学改革』と学問の自由─憲法裁判所の判決を中心に─」同『基本的人権の法理』（有斐閣，1976），321-322頁。

(70) Behm / Müller, „Erfolgsfaktoren für Hochschulräte,", S.26-27.

る社会経済の変化を背景に現れたものであり，マスからユニバーサルへの段階移行に伴うガバナンスの変化と見ることも可能であろう。

3.4　ノルトライン・ヴェストファーレン州の事例
―揺れ動く大学ガバナンス―

　NRW では，近年，大学のガバナンスに関して，2006 年，2014 年，2019 年と大学法[71]の重要な改正が続き，大学の自律性強化と州の関与確保との間で大学ガバナンスが揺れ動くこととなった。ドイツの大学ガバナンスにおけるNPM の手法導入をめぐる事例として，各改正の内容を見ていきたい。

　なお，ドイツでは，教育に関する立法権限が基本的に州にあり，各州が大学法（Hochschulgesetz）を制定している。以前は，1975 年に制定された連邦の大学大綱法（Hochschulrahmengesetz: HRG）[72]の中に，大学の管理機関に関する規定が置かれ，各州の制度が大きく乖離しないように枠をはめていたが，1998 年の第 4 次 HRG 改正[73]により当該の諸規定が一括して削られ，それ以降各州の裁量の余地が拡大した。さらに，2006 年の連邦制改革に伴う基本法改正[74]により，連邦の大綱的立法権限が廃止され，州はHRG に制約されることなくそれぞれの大学法を制定できることになった。

3.4.1　2006 年大学自由法

　ドイツでは，2000 年代に入って，政府の関与を縮小し，大学の自律性を強化する方向で大学法の見直しが進んだが，その中でも，大学の競争力強化，経済成長やイノベーションへの貢献を目指して[75]，2006 年に NRW で制定された大学自由法（Hochschulfreiheitsgesetz: HFG）[76]は，大学の自律性強化という点で特に進んだものであったとされる[77]。HFG 成立時の州首相は，1998 年の第 4 次 HRG 改正の際に連邦の教育担当大臣を務めたキリスト教民主同盟（CDU）の Jürgen Rüttgers であった[78]。州議会の法案採決では，連立会派の CDU 及び自由民主党（FDP）が賛成し，社会民主党（SPD），同盟 90/緑の党（Bündnis 90/Die Grünen）は反対した[79]。

　HFG では，大学の自律性拡大が図られ，NPM の手法が取り入れられている。その中でも，学外有識者を含む大学評議会（Hochschulrat）が置かれ，強い権限を付与されているのは目を引く要素の一つである。大学評議会の導入は，ドイツ各州で共通する最近の傾向であり，NRW のように，重要な意思決定の権限を持つ例も増えている[80]。学外のステークホルダーの経営参加という NPM の手法が用いられていると言える。ドイツの大学では，従来，経営上の決定権を持つ合議制機関と，教学上の決定権を持つ教員中心の合議制機関明が明確に分離していない点が特徴であったが[81]，大学評議会に経営上の強い決定権が与えられる場合には，前者の機能を担う機関ができたとみることも可能であると考えられる。一方で，学外者が少なくとも半数を占める大学評議会が強い権限を持つことについては，その民主的正統性の薄弱さや大学の自律性との矛盾も指摘されていた[82]。

　大学ガバナンスに関する HFG の主な内容は次のとおりである。

○大学の州からの完全な独立：制定当初の HRG では，州
　立大学は，原則として公法人であると同時に州の施設で

---

(71) Gesetz über die Hochschulen des Landes Nordrhein-Westfalen (Hochschulgesetz – HG)

(72) Hochschulrahmengesetz (HRG) vom 29. Januar 1976 (BGBl. I S.185).

(73) Viertes Gesetz zur Änderung des Hochschulrahmengesetzes Vom 20. August 1998 (BGBl. I S.2190).

(74) 第 52 次基本法改正による。大綱的立法権限を定めていた旧 75 条が削除された。

(75) 州議会に提出された法案に付された提出理由を参照。LT NRW-Drs.14/2063, 19. Juni 2006, S.132-134.

(76) Hochschulfreiheitsgesetz (HFG) vom 31. Oktober 2006 (GV. NRW. S.474).

(77) Christian von Coelln, „Grundlagen des Hochschulrechts in Deutschland,“ Christian von Coelln / Franz Schemmer (Hrsg.), *Hochschulrecht Nordrhein-Westfalen, Kommentar*, München: C.H.Beck, 2020, S.23, Rn.82. ヨーロッパにおける 28 の国（州）を対象とした大学の自律性に関する 2010 年の調査でも，NRW は，英国，デンマーク等とともに大学における組織の自律性が高い国（州）に分類された。Thomas Estermann / Terhi Nokkala / Monika Steinel, *University Autonomy in Europe II - The Scorecard*, Brussels: European University Association, 2011, pp.53-56.　https://eua.eu/downloads/publications/university%20autonomy%20in%20europe%20ii%20-%20the%20scorecard.pdf　（2023 年 9 月 30 日閲覧）

(78) HFG 制定の前年に当たる 2005 年，NRW では州議会選挙で敗北した SPD が 39 年振りに下野し，CDU と FDP の連立政権が発足していた。

(79) NRW LT-Plenarprotokoll 14/41, 25. Oktober 2006, S.4542.

(80) Uwe Schimank / Stefan Lange, "Germany: A Latecomer to New Public Management," Paradeise / Reale / Bleiklie / Ferlie (eds.), *University Governance: Western European Comparative Perspectives*, p.63.

(81) ドイツも含めた主要国の大学ガバナンスの動向については，以下を参照。寺倉憲一「大学のガバナンス改革をめぐる国際的動向―主要国の状況と我が国への示唆―」『レファレンス』766 号（2014），73-101 頁；寺倉憲一「大学の設置形態」児玉善仁ほか編『大学事典』（平凡社，2018），87-92 頁。

(82) Christian von Coelln / Thomas Horst, „Ökonomisierung, Effizienz und Professionalisierung. Das nordrhein-westfälische Hochschulfreiheitsgesetz,“ *Forschung & Lehre*, 16 (3), 2009, S. 176.

あると定められていたが，その第4次改正以降，他の法形態での設立も可能とされていた[83]。HFGでは，州立大学について，公法上の社団であるとのみ規定し，州の施設という要素に言及しなかった。さらに他の法形態による設立，財団を設置者とする形への移行も可能となった。（2条1項）

○人事管理上の自律：教員任用への教育省の関与撤廃。（37条及び38条）

○財政上の自律：学問との関係が保証される等の一定の条件が満たされれば，企業の設立，企業への参加も可能に。（5条7項）

○執行機関：合議制の総長部（Präsidium）が基本。（14条1項）常勤の構成員は，総長，経済・人事担当の副総長，他の副総長（学則で定める場合）。大学を運営し，その任務遂行に当たり，大学法に別の定めがない限り，全ての事項と決定に責任を負う。大学発展計画（Hochschulentwicklungsplan）の案を作成し，教育省との間で目標協定（Zielvereinbarung）を締結する。（15条1項）常勤の構成員は，大学評議会の投票の過半数により選考され，要件（大学教育の修了，業務に相応しい管理経験）を満たしていれば，特に当該大学の教授等である必要はない。（17条1項）

○評議会（Senat）：大学を構成する各グループの代表から成る。決定権限を持つのは，学則その他規則の制定・改正にほぼ限定。そのほかの権限は，総長部構成員の選考の追認（Bestätigung）及び解任勧告，大学発展計画や目標協定の案等の重要事項への勧告・意見表明等。（22条1項）

○大学評議会（Hochschulrat）の導入：少なくとも構成員の半数を学外有識者とし（全員が学外者でも可），決定権限を持つ合議制機関。その権限は，総長部構成員の選考・解任，総長の任命，総長部の免責，大学発展計画や目標協定の案等への同意のほか，総長部の事業報告書（Rechenschaftsbericht）等の重要事項への意見表明である。（17条，18条3項及び21条）

3.4.2　2014年大学未来法

2014年になって，州の責任の欠如等の観点[84]からHFGに反対してきたSPD及び同盟90/緑の党による連立政権の下で，2014年大学未来法（Hochschulzukunftsgesetz：

HZG）[85]が制定され，HFGにより拡大された大学の自律性は再び制約され，州の関与が強まることとなった。州議会の法案採決では，連立会派のSPD及び同盟90/緑の党が賛成し，CDU，FDP，海賊党（Piraten）は反対した[86]。HZGについては，学問の自由を大幅に制約するものとして，批判的に受け止める見解が少なくなかった[87]。

大学ガバナンスに関する主な改正点は次のとおりである。州全体の大学発展計画が導入されるなど，州による大学への画一的な管理が強化されることになった。一方で，例えば，HFGによる導入時に批判のあった大学評議会は，権限が縮小されたとはいえ，依然として重要な役割を担っており，NPMの要素が一定程度定着しつつあるのが見て取れる。

○州大学発展計画（Landeshochschulentwicklungsplan）の導入：州の全ての大学に適用。州の政策上重要な大学の使命が記載され，各大学の大学発展計画に対して拘束力を持つ。（6条1項及び2項，16条1a項）

○大綱的準則（Rahmenvorgaben）の策定：教育省は，大学側と協議の上，人事管理，予算等について，州立大学に一般的に適用される大綱的準則を制定できる[88]。（6条5項）

○執行機関：合議制の学長部（Rektorat）が基本。（14条1項）常勤の構成員は，学長，事務局長，副学長（学則で定める場合）。学外からの選考も可能。（15条，17条2項）学長部構成員の選考は，大学選考会議（Hochschulwahlversammlung）が行う。（17条1項）同会議の構成員は，評議会と大学評議会の構成員がそれぞれ半数ずつを占める。（22a条1項）大学選考会議は，投票の8分の5の多数により学長部の構成員を解任できる。（17条4項）

○評議会（Senat）：学則等の制定・改正のほか，各大学の大学発展計画の基となる計画原則の承認，大学の発展計画等の重要事項に関する勧告・意見表明の権限を持つ。（22条1項）

○大学評議会（Hochschulrat）：学長部構成員の選考・解任への関与は，学長選考会議を通じて評議会とともに行うことになった。大学整備計画の案については，勧告及び意見表明を行うのみとなったが，大学契約の案，財団の設立に対する同意，学長部の経済運営に対する監督，年次決算書（Jahresabschluss）の決定等の権限を持つ。（21

---

(83)　例えば，ニーダーザクセン州では，公法上の財団が設置する財団立大学の形態が導入された。

(84)　2014年大学未来法の法案提出理由を参照。NRW LT-Drs. 16/5410, 27. März 2014, S.293-295.

(85)　Hochschulzukunftsgesetz (HZG NRW) vom 16. September 2014 (GV.NRW. S.547).

(86)　NRW LT-Plenarprotokoll 16/66, 11. September 2014, S.6663.

(87)　Franz Schemmer, „Grundlagen des Hochschulrechts in Nordrhein-Westfalen", Christian von Coelln / Franz Schemmer (Hrsg.), *Hochschulrecht Nordrhein-Westfalen, Kommentar*, München: C.H.Beck, 2020, S.48, Rn.29.

(88)　大学が大綱的準則に抵触した場合，教育省は，HZG76条6項2文の規定に基づき，年次交付金の一部について，交付の一時保留等を行うことができる。Ebenda, S.48, Rn.30.

条1項）構成員要件として，少なくとも 40％は女性でなければならないことが加えられた。（21 条 3 項）構成員の解任手続が整備され，評議会又は大学評議会自身の提案に基づき，教育省が解任を決定することとされた。（21 条 4a 項）

3.4.3　2019 年大学法改正

HZG には大学から批判が強く，2017 年 5 月の NRW 州議会選挙を経て，CDU と FDP が再び政権に就くと，2019 年に大学法の改正が行われた[89]。州政府は，法案提出理由の中で，この改正により，州の中央からの統御や不必要な官僚主義のコストから州立大学が速やかに解放されると説明している[90]。この法改正により，州政府は，研究及び教育において，大学が再び自主的に行動することを可能にしたとの評価もある[91]。州議会の法案採決では，連立会派の CDU 及び FDP が賛成し，SPD，同盟 90/緑の党，ドイツのための選択肢（AfD）は反対した[92]。

大学ガバナンスに関する主な改正点は次のとおりである。州の強い関与の見直しと大学の自律性回復が図られた。
○州大学発展計画，大綱的準則の廃止
○大学評議会：大学発展計画の案に同意する権限を付与された[93]。（21 条 1 項 2 号）

2006 年以降の動きを全体として見ると，時として揺り戻しはあるものの，NRW の大学にあっても NPM の考え方に基づく改革が浸透しつつあると言える。社会経済の大きな変化の中で，NPM の要素を完全に排除することは難しくなっているとも考えられる。

3.5　連邦憲法裁判所による大学法の統制

2006 年基本法改正により HRG が実質的意味をほとんど失って以降，連邦憲法裁判所の判例は，各州の立法を連邦レベルで統制する唯一のものとなっている[94]。基本法は，その 5 条 3 項 1 文において，芸術，学問，研究，教授の自由を保障しており，これが大学法をめぐる憲法訴訟において主な基本法の根拠規定となる。

大学のガバナンス体制について，連邦憲法裁判所は，大学のマス化に対応する集団合議制大学モデル，大学のユニバーサル化に対応する NPM（NSM）導入モデルともに，それ自体は基本法の規定に抵触しないとの見解[95]を示しており，特に近年は，立法者の裁量が広く認められる傾向にある[96]。一方で，憲法上の学問の自由も重視し，具体的な規定の在り方に問題があれば違憲の判断[97]を示すことで，憲法の観点から連邦レベルで大学法制を統制する機能を果たしている。

3.6　小括

19 世紀以来の伝統に忠実であったドイツの大学でも，ガバナンスの仕組みは，大学のマス化に伴う正教授大学から集団合議制大学への移行のように，社会経済の変化に対応して形を変えてきた。そして近年のグローバル化，知識経済の拡大，大学のユニバーサル化の時代にあっては，NRW の動向から窺えるとおり，世界的な趨勢に沿う形で，NPM の要素を備えた新しいガバナンスの仕組みがドイツの大学に広がっている。NRW の度重なる法改正に見られるように，なおガバナンスの在り方は揺れ動いているが，これまでの改革で導入された NPM の要素が完全に否定されることはなく，一定程度定着しつつある。米国の大学の理事会に相当するような大学評議会が，米国とは異なる大学の理念や大学の自治の考え方を持つドイツでこの先も浸透していくのかどうかなど，引き続き注視する必要がある。

---

(89) Gesetz zur Änderung des Hochschulgesetzes vom 12. Juli 2019 (GV. NRW. S.425, ber.593).

(90) NRW LT-Drs.17/4668 vom 21.Dezember 2018, S.149.

(91) Schemmer, „Grundlagen des Hochschulrechts in Nordrhein-Westfalen,", S.49, Rn.33b.

(92) NRW LT-Plenarprotokoll 17/63, 11. Juli 2019, S.47.

(93) HZG による改正後の大学法 76b 条 1 項では，各大学の発展計画は，教育省の認可を受けなければならないとされていた。

(94) von Coelln, „Grundlagen des Hochschulrechts in Deutschland," S.17, Rn.56.

(95) 集団合議制大学モデルについては，1973 年のニーダーザクセン州大学法の規定をめぐる判決（BVerfGE 35, 79, Urteil v. 29. Mai 1973.），NPM（NSM）導入モデルについては，2004 年のブランデンブルク州大学法の規定をめぐる決定（BVerfGE 111, 333, Beschluss vom 26. Oktober 2004.）を参照。なお，本項における連邦憲法裁判所の判決等に関する日本語の解説として以下を参照。阿部「『大学改革』と学問の自由」，307-323 頁；阿部照哉「学問の自由と大学の自治―大学判決―」ドイツ憲法判例研究会編『ドイツの憲法判例〔第 2 版〕』（信山社出版，2003），204-208 頁；山本隆司「民営化または法人化の功罪（下）」『ジュリスト』1358 号（2008），42-62 頁；小貫幸浩「近年ドイツにおける，「大学自治」の判例法理―または学問の自由と組織について―」『駿河台法学』26 巻 1 号（2012），1-65 頁；栗島智明「ドイツにおける近年の大学改革と学問の自由―「学問マネジメント」の憲法適合性をめぐって―」『法学政治学論究』103 号（2014），233-266 頁；栗島智明「トップダウン型の大学構造改革と学問の自由―ハノーファー医科大学決定（ドイツ憲法判例研究（171））」『自治研究』91 巻 7 号（2015），145-153 頁。

(96) 山本「民営化または法人化の功罪（下）」，45 頁。

(97) 2010 年のハンブルク州大学法決定（BVerfGE 127, 87, Beschluss vom 20. Juli 2010.），2014 年のハノーファー医科大学決定（BVerfGE 136, 338, Beschluss vom 24. Juni 2014.）を参照。研究や教育に関する重要事項の決定に教員が十分な影響力を持ち得ない規定には違憲の判断が下されている。

一方で，ドイツでは，憲法訴訟を通じて連邦憲法裁判所により各州の大学法の規定が学問の自由等の観点から審査され，連邦レベルの統制が行われている。NPMの考え方に従えば効率的な改革であっても，学問の自由に抵触すると判断されれば，違憲とされる仕組みが機能していることは軽視すべきではないだろう。

おわりに

　以上，3つのテーマからドイツにおける「高等教育のユニバーサル化と大学制度改革」についてその現状と課題をたどってみた。最後に全体を通して浮かび上がってくるドイツの特徴を日本との比較の下で記してまとめとしたい。

　戦前の日本は，学術面ではドイツを先進国と見なし，大学制度においてもひとつのモデルをそのなかに見てきたとされる。戦後は，ドイツも日本も第二次世界大戦の敗戦国として連合国による占領教育政策を経験した。その過程で，我が国はアメリカのシステムをモデルとする単線型の教育制度へと移行した。一方，ドイツは，従来の複線型の教育制度が維持され，その中で高等教育は拡大していった。

　我が国と異なり連邦制を採用しているドイツでは，州により異なる教育政策が採用されている。しかし，高等教育の拡大については，次のような興味深いデータがある。「ドイツの中等教育におけるエリートコース（大学進学コース）についてみると，1952年から1988年にかけて，旧西ドイツのすべての州で次のような結果が示されている。すなわち，中道右派が優勢で高等教育拡大に反対しようとした州政府でも，中道左派が優勢でその拡大を支援しようとした州政府でも，おおむね同じ程度の拡大が見られる。このことは，中道右派の政府も教育拡大を抑制することができない一方で，中道左派の政府も拡大を加速させることができないことを示している」[98]。

　そのなかで，「教育訓練の発展と職業システムの発展は，ますます乖離してきている。一方では，高等教育への進学を希望する高校卒業生が，適切な才能を持たずに増えている。他方では，ドイツの職業訓練制度が高水準であり，職業キャリアのチャンスが豊富であるにもかかわらず，若者の実践的訓練への関心が低下している。熟練労働者や技術者の不足は，わが国経済の強みを深刻な危機にさらしている。職業訓練に有利なように教育政策を修正することは避けられない」[99]という主張は，一定の支持を得ている。こうした点が争点になることは，我が国とは異なるドイツの特徴であろう。例えば，二元制学修は，高等教育の拡大のなかで，大学において職業教育の伝統を引き継いでいくものと言えよう。

　ユニバーサル段階に至ったドイツの大学では，グローバル化の進展や知識経済の浸透等を背景として，ガバナンスの観点からも変化が見られ，州による違いはあるものの，行政改革の手法であるNPMを取り入れたモデルへの移行が総じて進んでいる。大学ガバナンス改革へのNPMの手法の導入は世界的趨勢に沿うものであり，ヨーロッパ域内の調和にもつながっている。ドイツでは，学外有識者を構成員とする大学評議会に経営上の決定権限を与える場合のように，NPMの手法を媒介に，ガバナンスの仕組みが米国の大学（理事会）に近づいているように見える例もある。翻って日本における国立大学法人のガバナンスを見ると，やはりNPMの手法が取り入れられ，おおむね国際的傾向に合致しているものの，学長に権限が集中し，経営上の意思決定や執行部の監督・牽制機能を果たす理事会的な合議制機関を欠いている点が国際的にみて独特な体制であると言われてきた[100]。しかし，国際卓越研究大学のガバナンスをめぐる議論をきっかけとして，事業の規模が特に大きい国立大学に，経営上の重要事項（中期目標・中期計画，予算・決算等に関する事項）の決定権限を持つ合議体（運営方針会議）を設置しようとする国立大学法人法の改正案が国会に提出され[101]，この点にも変化が生じようとしている。こうした合議体の設置の是非や運用の在り方を考える

---

(98) Gero Lenhard, "Europe and Higher Education between Universalisation and Materialist Particularism", *European Educational Research Journal*, Volume 1, Number 2, 2002, p.276.

(99) Ibid., p.282.

(100) この点についての指摘は少なくないが，例えば，以下を参照。金子元久「国立大学法人化の射程」江原武一／杉本均編著『大学の管理運営改革—日本の行方と諸外国の動向—』（東信堂，2005），62頁。

(101) 国立大学法人法の一部を改正する法律案（第212回国会閣法第10号）。令和5年10月31日に国会に提出された後，11月20日に衆議院本会議で可決され，この原稿の執筆時点（令和5年12月1日）では，参議院における審議が始まったところである。当初，いわゆる大学ファンドの支援を受ける国際卓越研究大学のみに適用されると理解されていたところ，法案では，それにとどまらず，事業の規模が特に大きい国立大学が対象となるとされていたこと，合議体（運営方針会議）の委員の任命に際しては文部科学大臣の承認を要するとされている点が大学運営への政府の関与強化につながるのではないかとの懸念を招いたことなどから，大学関係者の中では反対の声も上がっている。国立大学協会は，令和5年11月24日，①運営方針会議の設置の有無等により資源配分等の取扱いに差を設けないこと，②運営方針会議の運用に当たり，意思決定過程が複雑となり迅速な措置や対応が妨げられることがないよう留意して，国立大学法人の自主性・自律性を尊重することについて，政府に特段の配慮を求める会長声明を公表した。一般社団法人国立大学協会会長　永田恭介「国立大学法人法の一部を改正する法律案について」（令和5年11月24日）　https://www.janu.jp/wp/wp-content/uploads/2023/11/202311_PresidentsComment.pdf　（2023年12月1日閲覧）

に当たっては，ドイツの経験も大いに参考に資するであろう。また，ドイツの場合，連邦憲法裁判所が各州の大学法を連邦レベルで統制することで，ドイツとしての憲法上の価値決定に基づく枠がはめられていることも指摘しておきたい。

　日本もドイツも，ともに高等教育は「ユニバーサル段階」に到達し，その中で大学改革が進められている。もとより，教育制度が拠って立つ社会的，文化的背景も異なり，両国を単純に比較することはできないが，ドイツの事例は，我が国における高等教育の今後の在り方を考えるうえで参考になる点は少なくないものと思われる。

論文

民主主義と演劇性の関係について
——クリストフ・メンケ，ユリアーネ・レベンティッシュ，オリヴァー・マーヒャルトの政治思想*

平田栄一朗

Demokratie und Theatralität in den politischen Theorien von Christoph Menke, Juliane Rebentisch und Oliver Marchart

Eiichiro Hirata

1 民主主義と演劇——内在化された関係

近年，ドイツ語圏の政治思想において，民主主義と演劇性の関係を踏まえた独自の民主主義論が散見される。その論の代表格はユリアーネ・レベンティッシュ，クリストフ・メンケ，オリヴァー・マーヒャルトであるが，1990年代までの彼らの主な研究対象はもっぱら哲学や芸術，文化であり，政治の議論は後景に置かれていた。2000年代の半ば頃から彼らは考察対象を広げて，民主主義と演劇性の関係を視野に入れた政治思想を発表するようになった。

この変化の遠因として，1990年代の後半から非民主的な傾向が世界各地に浸透していったことが挙げられる。2000年，オーストリアで極右政党が連立政権に加わることになり，民主的と謳いながら，実際には民主主義の価値を損ねる政権運営を行ったが，これが発端となって西ヨーロッパ諸国で極右政党が一定数の支持を集めやすくなった。2001年9月の同時多発テロの後，民主主義大国アメリカではテロ対策を理由に，イスラム系の市民に対して自由と権利を制限することを是とする風潮が広がった。レベンティッシュ，メンケ，マーヒャルトはアクチュアルな政治を考察の中心に据えることは少ないものの，2000年前後に起きた政治的状況を憂慮して，考察対象を政治に広げていったと考えられる。それは彼らの論や学問領域の変遷から推察できる。ドイツ語圏における英米のカルチュラ

ル・スタディーズの代表的な論客だったマーヒャルトは，文化学から政治学に転向し，自身の民主主義論でオーストリアの極右政権とこれに対する市民のプロテスト運動について言及した[1]。現代芸術論や哲学を専門としていたレベンティッシュは，民主主義論を定期的に発表するようになり，その集大成となった著作において，2001年から長期の政権を率いたイタリアのポピュリスト政治家シルヴィオ・ベルルスコーニを批判した[2]。メンケはヘーゲル思想・実践哲学・美学の専門家として知られるが，2000年以降，考察対象を人権や政治思想，民主主義に広げて，同時多発テロ以降のアメリカの強硬なグローバル覇権政治を批判し，それに代わる国際間の平和的な関係構築のあり方を提案した[3]。

このようにアクチュアルな政治事情を視野に入れつつ，レベンティッシュ，メンケ，マーヒャルトは，民主主義の考え方に注目して，移民や性的少数派などをより確実に社会に迎え入れたり，難民問題に的確に向き合える民主的な発想を提案したりしている。彼らは，この民主的発想という点において民主主義と演劇性が関連することを論じている。

民主主義と演劇性はどのようにして関連し，その関連性を考察することでどんな意味が導き出されるのか。その詳細はレベンティッシュ，メンケ，マーヒャルトの論で説明するが，大枠として次のように言えるだろう。民主主義の

＊本論は科学研究費プロジェクト「シアトロクラシーとデモクラシーの交差——演劇性と政治性の領域横断研究」（21H00483）の支援を受けて執筆した。

（1）Marchart, Oliver, *Die politische Differenz. Zum Denken des Politischen bei Nancy, Lefort, Badiou, Laclau und Agamben*, Frankfurt a.M.: Suhrkamp, 2010, S.296.

（2）Rebentisch, Juliane, *Die Kunst der Freiheit. Zur Dialektik demokratischer Existenz*, Frankfurt a.M.: Suhrkamp, 2012, S.365.

（3）Menke, Christoph/Pollmann, Arnd, *Philosophie der Menschenrechte. Zur Einführung*, Hamburg: Junius, 2007, S.197.

発想には演劇的な要素が内在化されており，両者は切って
も切り離せない関係にあり，この関係から民主主義と演劇
性を共に考えることで柔軟かつ確実な民主主義的発想を模
索することができる。

この発想については第2節以降で述べるが，この段階で
両者の関係について言えるのは，民主主義の政策が主要な
「目的」であり，それに付随する演劇的な特徴が単なる
「手段」であるという関係ではない点である。民主主義の
政治は人民[デモス]の支持がないと機能しない以上，政治家が自分
の実現した政策を多くの人々に的確に説明して納得しても
らうのは必然である。この説明や説得に効果を持たせる術
が演劇的な作為性と共通するが，これは目的のための手段
というよりも，民主主義を実際に機能させるために不可欠
な構成要素である。

このように考えると，私たちは民主主義と演劇性の関係
について――「パフォーマンス政治」や「見せかけ」と
いった通俗的な理解を超えて――より的確に把握する必要
があると考えるべきであろう。この理解を通じて，私たち
は自分自身の民主主義観をより柔軟かつ確実なものにする
ことができる。以下の論では，三名の論客の民主主義−演
劇論を検討することで，この両者の関係に関する基本的な
考え方を提示する。

民主主義を演劇性と共に考えることは，民主主義の議論
で見落とされがちな潜在的可能性を重視するきっかけとな
る。「演劇性」は虚構かつ非現実の特徴を帯びているため
に軽視されがちであるが，あえて現実から離れた虚構の次
元において民主主義の隠れた可能性を模索することは，現
実において民主主義が危機にあるからこそいっそう重要度
を増している。

2 レベンティッシュのシアトロクラシー的民主主義論

先述の三名のうちユリアーネ・レベンティッシュ（オッ
フェンバッハ・アム・マイン大学教授）とクリストフ・メン
ケ（フランクフルト大学教授）は，民主主義と演劇性を論じ
る出発点にプラトンとルソーの論を据えている。プラトン
は民主主義と演劇性を対概念のようにして捉えて両者を批
判し，ルソーは民主主義を重んじる一方で，これにまつわ
る演劇的要素を排除したことで知られている。レベン
ティッシュとメンケはこの二人の思想家の論を批判的に検

討することで，民主主義と演劇性の関係を浮き彫りにし
て，多様な価値を受け入れる現代社会に相応しい民主主義
的発想を提案する。この節ではレベンティッシュの演劇的
民主主義論について説明するが，それにあたりプラトンの
民主主義＝演劇性批判を要約して紹介する[4]。

プラトンは『法律』において「デーモクラティアー」
（民衆の統治）と「テアトロクラティアー」（観客統治）を
一緒にして取り上げ，民主主義者と演劇好きの民衆は法律
を守らず，行き過ぎた自由を信じ込んでおり，目上の権威
に楯つく点で不遜であると批判した[5]。この批判の事情は
次のようなものである。

最近，詩人が従来のしきたり（プラトンによれば「法律」）
と異なる新しい音楽や演劇表現を作って人々に披露してい
るが，人々のなかにはこれを熱狂的に受け入れて，新しい
表現についてあれこれと声高に語っている。しかしこの新
しい表現は従来の音楽や演劇ジャンルのしきたりを無視し
て，さまざまなジャンルを寄せ集めたものに過ぎない。こ
のようなルール軽視の寄せ集めについて人々が自ら意見表
明を行い，それを支持するのは伝統的な表現に対する不遜
である。

プラトンはこの演劇好きの民衆を民主主義者の態度にな
ぞらえて，次のように批判した。民主主義者は伝統的なし
きたりに基づく権威に対して堂々と疑問を呈し，「誓約や
信義（・・・）を重んじまいとする自由」を信じている。
この自由は間違った自由であり，これを信じている人々の
世界は自由なき世界に戻ってしまう[6]。

プラトンはこのようにして民主主義＝演劇性を批判した
が，レベンティッシュは著作『自由の芸――民主主義的存
在の弁証法』（2012）において詳細な分析を行い，プラト
ンが批判的に述べた項目をドミノ返しにするようにして積
極的に評価した。アテネ市民が演劇公演を通じて新しい表
現を自ら判断して評価したことは，まさに民主主義の根幹
となる人々の主体的な自由判断がアテネ社会において認め
られたことを示すものである。新しい表現を受け入れる姿
勢には，これまでの価値観からみて異他的（fremd）であ
るが，この異他的なものを積極的に受け入れようとする
人々のオープンな姿勢が民主主義者のあり方に示されてい
る[7]。この開かれた姿勢は――間接的には――当時は自由
市民としてアテネ社会には受け入れられなかった女性や外
国人を現代の社会に迎え入れる際の開かれた民主主義の可
能性を示唆している。プラトンが行き過ぎた自由とみなし

（4）プラトンの民主主義＝演劇批判については別の拙論で詳しく論じたので，ここでは要約に留める。詳細は以下の拙論を参照。平田
栄一朗「シアトロクラシーとデモクラシー――自由と芸術の視座から」，藝文学会『藝文研究』No.121-1（2021），96-113頁。
（5）プラトン『プラトン全集13 ミノス 法律』森進一他訳，岩波書店，1976，701b-c. プラトンの著作の該当箇所はステファヌス版全
集の表記による。
（6）プラトン『プラトン全集13 ミノス 法律』，701-c.
（7）Rebentisch, *Die Kunst der Freiheit*, S.74-75.

た民主主義者の，権威に怯むことのない「自由」は単に「行き過ぎ（exzessiv）」ているのではない。彼らは，その自由が妥当であるかどうかを自分の判断で検証し，その上で従来の枠を超えた意味での越境的な（exzessiv）新しい価値を受け入れようとしているのである[8]。

もちろんレベンティッシュはこのような開かれた姿勢が無条件でよいと評価しているわけではない。演劇の観衆が熱狂に駆られて集団の中に埋没するようにして（政治的な）判断を行うとしたら，それはポピュリズムに通じる惰性的な判断につながり——プラトンが懸念したように——間違った自由を自由と思い込んでしまう危険性はある。レベンティッシュはこの危険性を認めつつ，これを回避するために，自由な判断はあくまで個人の次元で行われることが有効であると説く。劇場の集団の中にいても人は個人の次元で判断することはできるし，またその判断が——一度はそれを熱狂の渦の中で行われたが——本当に妥当かどうかを自分で吟味し，それが間違っていることに気づいたら，それを改めることも可能である[9]。というのも個人は自分の日頃の判断を他者的（fremd）とみなして，自発的に自己検証する判断力も兼ね備えており，この自発的な自己検証の判断力も個人の「自由」に属するものなのである。

『自由の芸』の後半でレベンティッシュはルソーの民主主義論を詳細に検討する。その際彼女は，ルソーの民主主義論で批判対象とされてきた一般意志と特殊意志の問題を取り上げて，この問題のあり方を演劇的な視点から浮き彫りにする。周知のようにルソーは，演劇の効果は人々の真っ当な判断力を弱めるとして演劇文化を堕落したものとみなす一方，国王や貴族などの少数ではなく，人々の意志が共同体の「一般意志」として尊重されるようにして政治が行われるべきだと述べて民主主義の統治形態を奨励した。さらにルソーは，人民の決議を通じて示された一般意志は揺るぎなき「公共の善」と「人民の主権」を示し，また個々人の「特殊意志」をあまねく反映している以上，そのようにして決定された「人民の主権」に共同体の全構成員が無条件で従わなくてはいけないと述べた[10]。この発想は「民主主義的全体主義」につながるものであり，またこの全体主義が独裁者を招く危険性をはらんでいるとして，これまでルソーの民主主義論は批判されてきた[11]。

レベンティッシュはこのような従来のルソー批判に与しつつ，一般意志を人民の総意とみなす問題の所在を演劇的な観点から浮き彫りにする。例えばある政策をめぐり，主権者である市民が議論して投票し，6割の人々がそれを支持して可決したとする[12]。ルソーの考えによれば，この可決は多数決と「不変の」「一般意志」に基づく決定ゆえ，可決された政策は人民の主権の表れであり，いかなる人々も民主主義の精神ゆえこれに服従しなければならない。この考え方に基づくと，仮に人々が何らかの誤解に基づいて間違った判断を下してある政策を採用した場合でも，それが不変の一般意志＋人民の主権である以上，これを修正することができなくなる[13]。

これが修正可能であると主張できるようにするためにも，一般意志＝人民の主権とするルソーの考え方に「修辞的なトリック（rhetorischer Kniff）」，すなわち演劇的な操作が仕掛けられていることに注目すべきであるとレベンティッシュは示唆する[14]。これを先述の例に当てはめると，ある政策に対して6割の人々が賛成する一方，4割は賛成しなかったという別の意志が示されているのは確かである。にもかかわらず，これを多数決の原則により全ての共同体構成員の一般意志とみなすことは，本当はそうではないのに，「そのように見える（so-scheinen）」ことで「そうである（so-sein）」と思わせる点において演劇的な操作を働かせている。

これが演劇ではなく，演劇的な操作であることは私たちが実際に舞台を鑑賞するときの状況から説明できる。私たちが例えばシェイクスピアの『ハムレット』を観劇するとき，舞台上の俳優XXが本当はハムレットではないのに，ハムレットであるようにみなしている。私たちは俳優が本当はハムレットではないことを前提として，彼をハムレットとみなしている以上，「そのように見える（so-scheinen）」ものを「そうである（so-sein）」（＝彼はハムレットである）とまで考えない。これに対してルソーの言う一般意志は「そのように見える」ことで「そうである」と決定づけることを前提として成り立っている。これは一般的な観劇姿勢と異なる以上，演劇そのものではなく，悪しき意味での演劇的トリックである。ルソーはこの演劇的トリックを演劇と考えたのだが，先述のようにこれは演劇と（悪しき）演劇性を安易に混同したことによる誤認である。この間違った見方をルソーは演劇と民主主義に当てはめて考えた

（8）Rebentisch, *Die Kunst der Freiheit*, S.73.
（9）Rebentisch, *Die Kunst der Freiheit*, S.349.
（10）ルソー（佐田啓一訳）「社会契約論」，『ルソー全集 第5巻』，白水社，1979年，215頁。
（11）Vorländer, Hans, *Demokratie. Geschichte, Formen, Theorien*, München: C.H.Beck, 2020, S.55-56.
（12）直接民主主義を奨励し，間接民主主義を批判したルソーの発想に依拠し，ここでは直接民主主義の例を挙げるが，この例は間接民主主義統治における代議士の評決にも当てはまる。
（13）Rebentisch, *Die Kunst der Freiheit*, S.315-316. なおこの箇所に挙げた例は筆者がレベンティッシュの論に即して考えたものである。
（14）Rebentisch, *Die Kunst der Freiheit*, S.315.

わけだが，ルソーの民主主義論の欠陥は，自分自身の演劇的な見方をしっかりと自己検証していないことに起因する。これに対してレベンティッシュがプラトン批判に際して述べた観客による自発的な自己検証の姿勢は，自分の見方をも検証の対象とする。ルソーは演劇性を排することで演劇的なトリックに陥って，不十分な民主主義論を展開したが，これを回避するためには民主主義に演劇性が伴うことを認めた上で，それが妥当なのかそうでないかを検証すべきなのである。

3　メンケの演劇美学的平等論

　先述のように哲学者クリストフ・メンケもプラトンとルソーの民主主義論に言及しつつ，プラトンのテアトロクラティアー論，すなわちシアトロクラシー論を独自に解釈し，多様な人々を包摂する現代社会に見合う平等思想を展開している。メンケはレベンティッシュと同様，民主主義と演劇性を切り離して論じたルソーを批判している[15]。他方メンケはプラトンのシアトロクラシー批判についてはこの批判をある程度踏襲しつつ，それを独自に捉え直して平等思想に展開する点においてレベンティッシュと異なっており，ここにメンケのシアトロクラシー論の独自性が見られる。以下にこのことについて説明する。

　メンケは著作『芸術の力』の後半でプラトンのシアトロクラシー論に言及している。前節で説明したように，プラトンは，劇場の観客が舞台上の大胆な表現に感化されて，観客が日常においても行き過ぎた自由を権威に怯むことなく要求するようになることをテアトロクラティアー（観客統治）／デーモクラティアー（民衆統治）と呼び，両者を批判した。メンケは観劇にはシアトロクラシー的な魔力があること，つまり，その感性的側面が観客の自由な判断や思考を揺るがすほど強力な影響力を発揮するというプラトンの指摘に一定の理解を示している。またこの影響力がアテネ社会の「群衆／大衆（Masse）」にまで及ぶと，人々は群衆／大衆の熱狂に煽られるようにして的確な判断力を保てなくなるときがあるが，それにもかかわらず，自分たちは的確な判断を行っていると思い込む弊害を問題視する点においても，メンケとプラトンは同じ見解である。というもプラトンと同様，メンケは多くの市民の誤謬がアテネの

民主制を弱めることになったのは確かであると考えるからである[16]。

　しかしシアトロクラシーの影響力が単に群衆／大衆だけに留まらず，誰にでも起こりうると考える点においてメンケはプラトンと異なる見解を示す。プラトンは，民主主義者／演劇好きの民衆（パブリック）がシアトロクラシー的な影響を受けて自分の判断力を誤ったまま行使していると批判する一方，このような問題は哲学者には生じないとして哲学的思考の無謬性を主張した[17]。これに対してメンケはシアトロクラシーの影響力は，プラトンのような哲学者を含め，何人においても多かれ少なかれ生じていることを認め，人間の思考全般に根本的な限界が生じる事実を踏まえて美的・哲学的な考察を行うべきだと主張する[18]。

　哲学的な思考の限界とは次のようなものである。哲学者は確かに劇場内にいても距離を置いて傍観（zuschauen）し，舞台上の出来事を理知的に考察することはできる。しかし哲学者であっても舞台上の出来事に感覚的に影響を受けている点において，プラトンの言う民主主義的観客の場合とさほど変わらない。そのような条件で哲学者が自ら経験したことを語ろうとするとき，その内容は——感覚的な影響を被っているため——舞台と観客席において実際に起きていた内容の一部しか反映することはできない。「今ここ（hic et nunc）」で起きた演劇的な出来事を自身の経験を通じて語ることは，哲学者の客観的な姿勢を持ってしても個人の主観と個人的な経験によって限定的になってしまう[19]。この限定的にしか「できない（Nichtkönnen）」という不可能性から逃れ得ないという点においては，哲学者や民主主義者，熱狂的な民衆を含め，いかなる観客も同じである。シアトロクラシーの魔力は，人が出来事について他者に十全に説明するという「能力（Vermögen）」の出発点において，その能力を十全に発揮することが「できない」ようにさせるが，しかし同時に個々人の中に得体の知れない「力」を生じさせてもいる。

　メンケはこの力を「暗い力（dunkle Kraft）」と呼び，実践において発揮される能力とは異なるものであり，芸術経験の美的次元において個人に生じるものとみなしている。この力は明確に特定できない（≒暗い）が，個々人の中で動的に作用する点（≒力）において「暗い力」である[20]。メンケによれば，この暗い力は，実践における能力（Ver-

(15) Menke, Christoph, Die Depotenzierung des Souveräns im Gesang. Claudio Monteverdis *Die Krönung der Poppea* und die Demokratie, in: Horn, Eva (Hg.), *Literatur als Philosophie, Philosophie als Literatur*, München: Paderborn, 2006, S.283-285.
(16) ここまでのメンケの主張は以下に基づく。Menke, Christoph, *Die Kraft der Kunst*, Berlin: Suhrkamp, 2013, S.113-115.
(17) プラトン（藤沢令夫訳）『プラトン全集11 クレイトポン 国家』，岩波書店，1976年，611E.
(18) Menke, *Die Kraft der Kunst*, S.122.
(19) Menke, *Die Kraft der Kunst*, S.126.
(20) Menke, Christoph, *Die Kraft. Ein Grundbegriff ästhetischer Anthropologie*, Frankfurt a.M.: Suhrkamp, 2008, S.64-65〔メンケ，クリストフ（杉山卓史他訳）『力——美的人間学の根本概念』，人文書院，2020，117-119頁。〕

mögen）と異なる次元にあるものの——それを可能にする潜在力である。このことは言語習得の事例から説明できる。子供は生まれた時点では言葉を自由に操ることができないが，家族や周囲の人々の語りを聞き，それを理解しようとしているうちに言葉を理解し，話せるようになる。この言語能力は無や言語能力そのものから立ち現れるのではなく，子供の中に潜む潜在的な力からである。子供はまだ言葉を話せかった時点では言葉を操る実践能力は欠いていたが，それがやがて可能になる潜在力が自分の中に備わっていたのである。この潜在力が「暗い力」に相当する。

　メンケによれば，この暗い力——『芸術の力』ではこれを「力（Kraft）」と言い換えている——が万人に潜在力として備わっているとみなすことで，私たちは現代社会に見合う「政治的平等」[(21)]の発想を持てるようになる。この平等思想が多様な現代社会に際して妥当とされるのは，デカルトの平等思想との対比においてである。『方法序説』においてデカルトは，人は等しく備わっている理性を用いて物事を健全に判断する力を持つ点において平等であると述べた[(22)]。周知のように，この発想により，個々人はいかなる身分であれ，自分がしっかりと考えて判断する点において平等である以上，身分制による人間間の不平等は無効であると考えられるようになった。この平等原理に基づき，個々人は自分の（実践）能力を生かして社会の構成員になれることが正当化され，これが近代市民社会における個人のアイデンティティと人間同士の平等を担保することになった。

　メンケの論によれば，この平等原理だけに依拠すると，社会にはびこる能力獲得の機会の不均衡はなくならないどころか，不均衡の問題が人々の意識に上らなくなってしまう。というのも個々人がどれだけ自分の能力を発揮できるかという問題は，個々人が置かれた環境に大きく左右される以上，個々人に能力が等しく備わっていることを根拠にして人間間の平等を唱えることは容易にはできないからである。にもかかわらず，何人にも等しく備わっている能力を根拠にして人間が同じであると考えると，家庭の経済状況などによって個々人の能力が不当なまでに不均衡となっている現代社会の問題を等閑視することになる。デカルト流の平等思想は平等を唱えることによって，かえって人間間の不均衡を助長することになりかねない。

　メンケはデカルト流の平等思想に潜む問題を批判した上で，「暗い力」ないしは「力」を出発点にした新たな平等思想を提案する。先述のように，人はシアトロクラシー的な感性力に影響を受けることで，実践能力（das praktische Vermögen）においては必ずしも思い通りに「できない」

ところがありながらも，明確に特定できないが自己の中で自分を突き動かす力が生じている点においては誰もが同じ状況にある。ここで留意すべきは，メンケのいう平等が，個々人に（実践）能力や力がないという意味で「できない」という発想に基づくわけではないことである。そうではなく，実践能力では「できない」ところがありながらも——この点において個々人に差があるのは確かであるものの——この能力をやがて実践世界で発揮することを可能にする潜在力としての「力」が個々人に等しく備わっている点において，人は平等である。メンケの平等思想は，実践面ではまだできないが，美的側面においてはすでに力が備わっているという二重性と二元性の発想において成り立っている。

　この平等思想から多様な社会を見渡すと，移民や難民を平等に扱い，社会に受け入れるべきであるとする考え方を認めやすくなる。西ヨーロッパ社会で生活する移民や難民は，生活の権利を制度上保障されているが，実際には不公平な条件で生きていることがしばしばある。そして彼らは，西ヨーロッパで「普通に」生きてきた伝統的な市民からみると，言語や振る舞いという実践面において不十分なところがあり，それゆえに彼らが不公平な条件のまま生きることは仕方がないことだとする発想につながってしまう。ヨーロッパの極右政治家の移民・難民排斥が支持される根底には，この発想があると言えるだろう。メンケはこの状況を変えるために，先述の平等思想を提唱していると考えられる。移民や難民は言語や振る舞いにおいてまだできないところもあるが，それがやがてできるようになる潜在力を持っている。そしてこの点において人は誰であれ同じであるという平等思想に立てば，移民や難民はヨーロッパの伝統的な市民から見て，最終的には自分たちと同じであり，同じような生活条件が与えられるべきだという発想が有効になる。メンケの平等思想は多様な価値や人々を受け入れようとする現代社会の実態に即したものであるが，この考え方の出発点にシアトロクラシーの影響力を据えている点を忘れてはならないだろう。現代社会に有効な平等思想は演劇的な影響力を考察することを起点とするのである。

4　マーヒャルトのポスト基礎付け主義における遊戯性

　冒頭で述べたように，オリヴァー・マーヒャルトはスチュアート・ホールを代表とするカルチュラル・スタディーズの分野で多くの業績を残してきた。彼の文化論は

（21）Menke, *Die Kraft der Kunst*, S.170.
（22）デカルト（三宅徳嘉他訳）「方法序説」，『デカルト著作集［I］』白水社，1993年，12頁。

政治的な側面を重視しており，政治に関して積極的に論じていたのは確かである。このような文化・社会論の枠内で政治性を重視する傾向は著作『カルチュラル・スタディーズ』に読み取ることができる[23]。一方マーヒャルトは2000 年頃からエルネスト・ラクラウとシャンタル・ムフのラディカル民主主義論に傾倒し，彼らの著作のいくつかをドイツ語に訳して出版したり，この民主主義論に基づく論考を発表したりしてきた。マーヒャルトはこの一連の作業を英語の著作『ポスト基礎付け的思考——ナンシー，ルフォール，バディウ，ラクラウの政治的なものについて』にまとめて 2007 年に出版した。この出版の前後においてマーヒャルトは専門分野を文化学から政治学に転換し，2016 年からウィーン大学で政治学を講じている。彼の更なる民主主義論はドイツ語の書『政治的差異——ナンシー，ルフォール，ラクラウ，アガンベンの政治的なものについて』(2010) や，英語の書『アンタゴニズムを思考する』(2018) において確認することができる。

これら 3 つの書においてマーヒャルトは自身の民主主義論をラディカル民主主義と称するだけでなく，「ポスト基礎付け的 (post-fundamental)」と呼び，これらの考え方に基づいてルフォール，バディウ，ナンシー，ラクラウなどの哲学者の政治思想を独自に読み直して論を展開している[24]。マーヒャルトの「ポスト基礎付け的」民主主義論では随所に演劇的な発想が生かされている。民主主義的な価値，例えば基本的人権，平等，自由などを提唱するとき，それらの概念の根底にあるように思える絶対的な根拠だけに頼ると，それらの価値だけが一人歩きしてしまい，それらの価値を多様な人々に特有の実情に合わせて柔軟に解釈することが難しくなってしまう。一方，人権，平等，自由は誰にでも無条件で適用される，すなわち，確固たる根拠に必ずしも依拠しなくても有効なのだと主張するだけでは，これらの価値を「形式的に」適応しているだけで，実際にそれらが認められなくて困っている人々を実質的に支援することにならない。ポスト基礎付け主義的な発想は，このどちらかに偏って思考の動きを止めてしまうのではなく，そのどちらかの間を行ったり来たりするような動

きを生かしながら，最終的にはより確実な民主主義的価値を導き出す。このように「ポスト基礎付け的」な民主主義論は根拠 (Grund) と無根拠 (Abgrund) との間で遊戯 (Spiel) 的に動く思考力を基にして柔軟かつ確実な民主的発想を確立するのである。

このような演劇的な発想はポスト基礎付け論の随所に生かされているが，それらは次の 2 つにまとめることができる[25]。一つ目は，私たちの存在自体が遊戯的二重性の揺らぎから成り立つことである。二つ目は，私たち一般市民が，私たちの日々の暮らしに根づく「政治的なもの」という次元に留まらず，民主主義「政治」に参画することは意味があるのだと考える際の発想に，「かのように」という演劇的イリュージョンが働いていることである。以下にこの 2 つについて説明する。

民主主義が多様な価値を有し，その価値が時代に応じて変遷することを認めるならば，「私」は自分の存在を一義的ではなく，遊戯的な二重性から捉えたほうが確実である。二重性の発想を生かすことで，私は一方で「私」は私であるというアイデンティティを維持しながら，他方で新しい時代に応じた「新しい私」の存在を認めることができるからである。

マーヒャルトはこのような私の二重性をマルティン・ハイデガーの存在論の応用から説明する。ハイデガーは人間存在を二つの次元に分けて考えた。一つは，人間がまさに存在している状態にあることで，ハイデガーが「存在的 (ontisch)」とみなした次元である。もう一つは，私がそのように存在する自己を意識している自分の状態であり，こちらをハイデガーは「存在論的 (ontologisch)」と呼んだ[26]。マーヒャルトは，哲学論で扱われていた「存在的」と「存在論的」という二重性を社会に生きる人間存在に当てはめて捉え直した。この考え方に立つと，一個人は社会において自己の二重性のなかで柔軟な立ち位置を取れるようになる[27]。

人間を一義的な存在で捉えられるという発想だけでは，個々人は社会において不利に置かれやすい。例えば「私」が移民や性的少数派であると，その一義的側面だけが社会

(23) Marchart, Oliver, *Cultural Studies*, Konstanz: UVK, 2008.

(24) マーヒャルトのポスト基礎付け主義は政治学者によって日本に紹介されている。玉手慎太郎，田畑真一「ポスト基礎付け主義の問題関心」，田畑真一，玉手慎太郎，山本圭編著『政治において正しいとはどういうことか——ポスト基礎付け主義と規範の行方』，勁草書房，2019，3-5 頁。

(25) マーヒャルトの民主主義論における演劇性はこれら 2 つに加えて，彼のアンタゴニズム論にも確認できるが，紙幅の関係から割愛し，別の機会に紹介したい。

(26) マーヒャルトはこの点についていくつかの著作で説明しているが，ここではその初期のものを挙げる。Marchart, Oliver, *Post-Foundational Political Thought. Political Difference in Nancy, Lefort, Badiou and Laclau*, Edinburgh: Edinburgh University Press 2007, S.22-23.

(27) この箇所で論じている，社会の中でより多様な人々が生きやすくなる可能性は，マーヒャルトの論に基づき筆者が解釈し直したものである。マーヒャルト自身は人権論の文脈において，LGBTQ，失業者，難民申請者が社会に包摂されることが，民主主義の理念を広げ，それが民主主義の刷新につながることについて論じている。Marchart, *Die politische Differenz*, S.148-149.

の前面に押し出されるようになり，私の他の特性がほとんど顧慮されなくなり，結果として私は社会的にほとんど認められていないという思いを募らせやすくなる。また移民や性的少数派ではない多数派の人々は，「私」が移民や性的少数派である事実を知ると，私をそのようなアイデンティティだけで一義的に捉えがちになる。このような一義的発想だけでは，多様な価値を有する人々の自由や権利を議論する際に，それらの人々の多義的な実情に合わないまま議論が進んでしまう。

　このとき二重存在の遊戯的発想が有効になる。「私」は「存在的」には移民であり，性的少数派であるが，その存在を外側から見る「存在論的」な次元においては多数派の人々と同じ「人間存在」や「市民」でもあり，この点において「私」は多数派から隔絶された存在ではないと考えられる。また多数派の人々も，「私」を自分たちと違うとみなす一方，同時に，自分たちと同じ「人間存在」や「市民」であると考え，この側面から少数に属する「私」の生きる権利をもっと考慮しようという発想を持ちやすくなる。

　個々人が二つの側面に分かれ，そのどちらでもあり，どちらか一方に収まらないという存在のあり方は，俳優が舞台上である人物を演じている状況に似ている。ある俳優がハムレットを演じるとき，観客は彼が俳優でありながら，ハムレットであるかのような状態にあることを認めている。舞台上の俳優は二つのアイデンティティの両極を行ったり来たりするようにして振る舞い，それを観客が見届ける。この二重性は単なる遊戯性の次元に留まらない。俳優は一方では「XX」という名のまごうかたなき自己存在でありながら，同時にその存在を越え出ていく別の存在でもありうることを示しているのであり，俳優は何でもありの状態だけにあるのではない。何でもありの状態とは自己の自由と権利をめぐる議論において——何でもありなのだから——結果としてどうでもよいものとみなされて軽視されてしまう。しかし俳優は演技を通じて多様な人間存在を観客に見せることで，人間のあり方が明確に捉え切れないほどに多様であることを示しながら，他方では自分はまさに自分であるという，まごうかたなき一存在であり，そのようにして他人（観客）にリスペクトされるべき存在であることも示唆している。民主社会における個人の遊戯的二重性の意義はここに見出される。「私」が両極の間で揺れ動くような存在であるからといって，それはどうでもよい意味での遊戯的な状態ではなく，「根拠」と「無根拠」の遊戯的な二重性のなかで柔軟でありながら，同時に確固たる

ものをも備えているからこそ，「私」は他者から「柔軟かつ堅実に」承認されることを求めてよいのだと主張するきっかけを作るものなのである。

　二つ目の論に移ろう。一つ目で述べた事例は社会的アイデンティティの柔軟な考え方や，不利に置かれがちな移民や性的少数派に対する私たちの政治的に妥当な立場の取り方をテーマとしたが，これらは——マーヒャルトや現代政治学の理論に従えば——「政治的なもの」の次元の議論であり，「政治」の次元にあるわけではない。マーヒャルトが依拠する歴史家・社会学者のピエール・ロザンヴァロンの区分によれば，「政治的なもの（le politique）」の次元とは市民の側に即したもので，市民が日々の生活において，人々が共に生きる社会がどうあるべきかという問いから見えてくる政治的な事象を幅広く議論する。これに対して「政治（la politique）」は政策・政権をめぐる具体的な争点や，政党（間）に生じる権力闘争を背景にした問題を主に議論する[28]。マーヒャルトの民主主義論の多くは，市民の考え方や立場を議論の対象とするので「政治的なもの」の次元にあるが，本人が折に触れて強調するように，この次元の議論だけでは不十分である。最終的には市民が具体的な「政治」の事象に関心を持ち，意見表明や抗議活動などを通じて政治に関わろうとすることが民主主義の実質的な発展につながる。人々がこの「政治的なもの」の次元から「政治」の次元に移行して民主政治により直接的に関わることを，マーヒャルトは「政治の優先（primacy of politics）」[29]と述べ，政治は最終的には政策や法の策定が重要である以上，人々は政治の事柄に踏み込んで，自分たちが実際に政治介入できる可能性を模索すべきだと説く。

　もちろん一般市民が政治に直接的に関わることは限られている。政治家ではないため，市民は政策を立案したり，法を制定したりすることはできない。それでも市民が法制化を行う政治家の言動をしっかりと監視したり，選挙結果だけに甘んじることなく，問題ある法案が議会で可決しそうになる場合，抗議活動を行ったりすることによって政治に直接的に関わることは可能である。今の日本社会ではこの市民参加の可能性と必要性が軽視されがちであるが，民主主義が実質的に機能している国々では一定数の市民が国民主権という権利を行使している。

　マーヒャルトによれば，一般市民が「政治」に関われることを可能にする発想が「あたかも（als ob）」という演劇的思考である[30]。これを国民主権の事例から説明してみたい。国民主権という考えが民主主義の根幹をなすのは言うまでもないだろう。一方，これが具体的な政策決定に際

---

(28) 「政治的」と「政治」の概念規定については Marchart, *Die politische Differenz*, S.13.

(29) Marchart, Oliver, *Thinking Antagonism. Political Ontology After Laclau*, Edinburgh: Edinburgh University Press 2018, S.181.

(30) Marchart, *Die politische Differenz*, S.316-317.

して形式的な意味しか持たない場合が多いのも確かである。政策立案は議員や役人主導で行われ，議会で議論されて可決されるが，一般市民がこの過程に直接介入できるわけではない。間接民主主義の制度において議員は普通選挙を通じて一般市民の支持によって選ばれ，市民の意向が代表制議会に反映されると謳われるものの，多数の市民の意向が反映された法案が常に議会で議論されて法制化されるわけではない。与党の政策と市民の意向に大きな隔たりが生じた場合，民主主義が機能する国々では一定数の市民が立ち上がり，抗議運動をする。これが可能であるのは，国民主権とその権利行使が憲法で保障されているからであるが，そのような抗議運動があったとしても与党が提案する法案の可決を阻止できるとは限らないし，阻止できない場合も増えている。そのようなとき，私たちは主権が市民にあるとは言えないと考えがちになる。

しかしそれでも一般市民には主権が与えられており，だからこそ市民としてできることを行うと思い直すために，一般市民に「あたかも」主権があるかのようにして振る舞ったり，自分が「あたかも」政治参画者になったかのようにして具体的な政治事象にコミットしようとしたりすることは——「民主」主義である以上——可能なのだと考える演劇的発想が有効となる。先述のように，一般市民が直接的に政治に関わることは限定的である。しかしこの限界を踏まえつつ，それでもなおできることを実際に行おうという「自己の意欲そのものを欲しようとする（seinen Willen wollen）」姿勢を持つことで，一般の人々が「あたかも」「主権者」であるかのようにして抗議活動や市民運動を行ったり，そうしなくても，運動を行っている人々を間接的に支援する姿勢を持ったりすることが容易に考えられるようになる(31)。実際には「そうではない（nicht-sosein）」場合が多いが，それでも「あたかも」という演劇的イリュージョンを生かすことによって「そうである（so-sein）」と思い直すことは，民主主義が危機を迎えている現在の状況において，それを少しでも変えていこうと思う意欲と発想への転換を促すきっかけとなる。

5 まとめ——演劇的思考を生かす意義と必要性

これまでレベンティッシュ，メンケ，マーヒャルトの民主主義思想に読み取れる演劇性について述べてきた。彼らに共通するのは次の点である。一般の人々が民主主義と演劇性を共に考えることは，民主主義をめぐるさまざまな事柄に対してより柔軟かつ確実な発想を持つことを可能にする。そのような発想は民主世界の多様さを更に生かすことや，民主主義の難しい側面により的確に向き合う姿勢を持

つことにつながる。

レベンティッシュは，民主主義の政治には必然的に演劇的仕掛けが組み込まれていることを認めて，この仕掛けゆえに生じる，市民の目をはぐらかす側面を注視して政治の事象を判断すべきだと提案する。この判断力は，プラトンがデモクラシー＋シアトロクラシーの議論において否定的に述べた市民一人一人の自由かつオープンな姿勢に基づくのである。

メンケはプラトンによる民主主義と演劇性への批判を踏まえつつ，それを生かして現代社会に見合う平等思想を展開する。プラトンがデモクラシー＋シアトロクラシー論で指摘したように，人間の判断力は外的な条件によって決定的な限界を抱えるのは確かである。しかし個々人は，実践的な側面では測り切れない潜在力を美的次元において備えていることも確かである。実践面で「できない」側面があると同時に，潜在的な次元において「できる」可能性を兼ね備える点においては何人も等しい状態にあるが，このような意味での平等思想を生かすことで，多数派の市民から見て大きく異なるように見える移民や難民などの少数派を等しく社会に受け入れる発想が可能になる。

マーヒャルトはポスト基礎付け的民主主義の提唱者であるが，この考え方には演劇の遊戯性の発想が生かされている。少数派の権利拡大や市民の政治参加といった民主主義的な価値は，それには根拠があるのだと声高に主張するだけでも，さしたる根拠なしで（＝自明のものとして）約束されているものだと考えるだけでも，政策の面において実質的な意味をなさない。そこでマーヒャルトは根拠と無根拠との間に民主主義的な価値を定めていく思考のプロセスを民主主義の理論に組み入れる。根拠と無根拠の間で揺れ動くプロセスを，マーヒャルトは遊戯／演劇（Spiel）とみなしているが，私たちがこの遊戯的かつ動的な発想を生かすことで，多様な価値を認める民主主義だからこそ多方面に起きる諸問題に対して的確に対応したり，市民がより積極的に政治に関わろうとする意欲を引き出したりすることができる。

三人に共通するもう一つの特徴は，現実の具体的な政治を意識しつつも，そこから一歩身を引いた次元において政治について考える姿勢にある。レベンティッシュとメンケはこの次元を芸術経験に基づく「美的」次元と捉え，マーヒャルトは具体的な政治的判断に至るまでの思考の次元と捉えている。いずれも，政治や日々の生活が実際に行われる「実践領域」からは距離を置いたところに存在する領域を意図しているのだが，彼らはその領域にある演劇的な発想を生かしているので，この次元を「演劇的」領域と言い換えられるだろう。実践領域から一歩引いた遊戯的な虚構

---

(31) Marchart, *Die politische Differenz*, S. 317.

空間において民主主義を考えることで，実践領域を中心に議論される民主主義論では「現実的ではない」とみなされて退けられがちな提案を再検証し，その提案は「こうすれば実現されるかもしれない」可能性を模索し，それを未来の実践的な議論に託すことができる。

　実践領域から距離を置く演劇的領域は，演劇の通念にまつわる「虚構」「見せかけ」「戯れ事」をも許容することになる以上，どうでもよいものと受け取られがちである。しかし本論で述べた三人の演劇的民主主義論を真剣に受け止めるならば，どうでもよいと思える演劇的領域を軽視する

とは，民主主義の持つ構造的欠陥や潜在的可能性を軽視することにつながるという隠れた構図が見えてくる。民主主義の構造的欠陥が民主主義の危機を招くことを阻止しつつ，民主主義の潜在的可能性を生かそうとする考えに立つならば，民主主義の演劇性を多角度から検証することには常に一定の意義が見出されるはずである。レベンティッシュ，メンケ，マーヒルトの演劇的民主主義論は，軽視されがちだが本当は重視すべき事柄の考察を行うために欠かせない指針なのである。

『近代ドイツ史にみるセクシュアリティと政治 —性道徳をめぐる葛藤と挑戦』
［水戸部由枝 著］
（昭和堂，2022 年）

矢野 久

1

これまで歴史学は，思想や理念，政治・経済・社会の諸制度，様々な運動，あるいは「無意識」の歴史など，人間社会の様々な部分を研究の対象にしてきたが，「セクシュアリティ」は周縁でのみ扱われてきた。セクシュアリティはこれまでとは異なる研究位相をもっており，新たな問題を提起できる領域であろう。というのも，対象のセクシャリティは従来の歴史学の枠組みを超えることを要請していると思われるからである。問題はどのようにこの枠組みを超え，独自の枠組みを構築するのかであろう。本書を批判的に考察し，新たな枠組みの方向性を提示できればと思っている。

本書は 2006 年提出の博士論文を大幅に加筆修正したものである。著者は 20 世紀から 21 世紀の世紀転換期に歴史研究者として育ってきており，その時点での歴史的な研究土壌を前提にしている。この間，社会が変化し社会認識も変容した。近年では，「MeToo」「夫婦同姓制度問題」あるいは「LGBT」などセクシュアリティをめぐる問題が登場・山積し，社会や政治の状況も大きく変化している。こうした現状において本書が公刊されたことは大きな意味がある。

著者は本書の序章作成に際して，評者との共同研究ノート（矢野久／水戸部由枝「歴史学とセクシュアリティ—ダグマー・ヘルツォーク『セックスとナチズムの記憶』をめぐって—」『三田学会雑誌』108 巻 1 号（2015 年 4 月号），247-262 頁）を利用しているという。評者は，著者が博士号取得後，研究会で行なった報告に対して批判的発言を行なったが，その内容はそれから数年してこの共同研究ノートに結実した。われわれはヘルツォークの著書に関連して「セクシュアリティ」研究に関わる批判を展開した。「性的な問題」と「性の現実」とが同じではなく，いかなる関係にあるのかを問題とし，社会階層と性の現実との関係，さらに，性は歴史を考察する視角として，ヘルツォークが主張するほど決定的と言えるのかという問題を提起した。著者は，重要視されていない性の歴史研究の現状に対する知的挑戦としてヘルツォークの業績を評価しており，その意味でも，自らの研究でこの知的挑戦を果たそうとしたといえよう。

われわれは，「性規範や個人の性は，いかなる政治的枠組みのなかで，また政策・制度のもとでどのように規定されるのか。逆に，個人のセクシュアリティ観は政策・制度，あるいは政治にどのような影響を与えるのか。」その一方で，「個人の身体的・心性的世界にどのように接近するのか」という問いを投げかけ，「ミクロ史的な緻密性」に迫るために，「非日常的事件が発生してはじめて起動される警察，検事，裁判という制度組織によって記録される史料，その行間から日常的世界へと迫る歴史研究」が喫緊になされるべきであることを強調し，今後の「セクシュアリティ」研究の進むべき方向性を示した。（矢野／水戸部「歴史学とセクシュアリティ」，262 頁）

本書の目的は，「セクシュアリティの領域で作動する権力メカニズム」を解きほぐし，「そのメカニズムに組み込まれていく人びとの態様とそのメカニズムに抗う人たちの姿」を浮き彫りにすることにある。ドイツ・ヴィルヘルム時代を対象に，「市民社会で展開された性道徳」をめぐる論争から，国家・社会における性道徳の形成プロセスを明らかにし，「個人の身体的・心性的な性に歴史的にアプローチする」ことにより，「セクシュアリティと政治社会との関係性」を探ることにある。

ヴィルヘルム時代の深刻な社会問題は子どもの減少と性病の蔓延であり，公権力が私的領域に介入し，個人の性の厳格な監視・管理を呼びかけた時代であった。本書の鍵をなす概念は，その柱にあったと著者がみなす「市民的性道徳」である。著者は婚姻関係を超えた関係や身体をめぐる自己決定権を主張する「新たな性道徳」にも注目する。

この問題を政治社会と関係させる著者のやり方は，ドイツ史の対象として照準があてられるプロイセンではなく，自由主義がドイツ帝国の中で最も進み，女性が公的な場で政治的・社会的に活躍できた，フリードリヒ大公やその妻

ルイーゼ大公妃に象徴されるバーデン自由主義国家（バーデン大公国）を考察の対象とするところに特徴がある。分析視点は，1960年代以降に展開した，個人のセクシャリティを政治的な事柄と考える，フーコーの言説研究とスコットのジェンダー研究の延長線上にある。ヴィルヘルム時代の女性解放思想の諸相と政治社会的な背景，この女性解放思想と戦後民主主義の時代の女性解放思想との連続・非連続を解明する。

公文書館史料は，ベルリン州立公文書館，カールスルーエ州立公文書館，さらにフライブルク州立公文書館，いくつかの市立公文書館などである。当時刊行された数多くの新聞・雑誌も利用しており，本格的で堅実な研究であることを示している。

2

著者は，出生率低下，乳児死亡率の上昇，売買春，産児制限の広がり，自由恋愛，事実婚といった問題を性道徳，売買春，産児制限を軸に検討する。

まず，管理売春制度と廃娼運動をテーマに，廃娼主義者の性道徳観の諸相を考察する（第1章）。中でも，婚姻形態以外の男女関係の広がり，売買春，産児制限，自由恋愛の認識を変革しようとする「新しい性道徳」を主張する論者（ヘレーネ・シュテッカー）の議論に注目する（第2章）。

また，ブルジョワ女性運動内で1908年に起こった堕胎論争を例に，女性の堕胎権を主張する急進派と堕胎合法化案を批判する多数派の穏健派との間の議論を追跡する。著者は，穏健派においては女性の性的欲求の否定，女性の性の婚姻内への閉じ込め，出産への限定を確認する一方で，市民的性道徳・市民的女性像からの離脱，個人主義的な女性解放思想に着目する。性の問題を公の問題としても捉え，女性の性的衝動，自由恋愛・自由婚という新たな男女関係の社会的承認を求める「新しい倫理」を析出する。

こうした「新しい倫理」が登場したとはいえ，現実社会で作動していたのは，市民社会に適合する模範的な女性像と男女の主従関係の再生産であり，この女性像に合わない女性が市民社会から排除されるメカニズムである。前提となっているのが「市民的性道徳」の存在とその広がりである。

シュテッカーの議論を著者は，性道徳による抑圧に晒されている人間のエロスからの解放を唱え，婚姻制度の廃止，家父長的社会構造の変革を主張するオットー・グロースのエロス論と比較し，マックス・ヴェーバーなどサークルの知識人たちの立場を追う。この知識人サークルは，倫理・思想を個人の内面の問題として確保しつつ，行動面においては現状を追認したとして，著者はドイツ市民社会・ドイツ自由主義の一側面とみなす（第3章）。

著者はさらに，「出産ストライキ」論争（1913年）を例

にSPD指導者の結婚観・性道徳観を考察する（第4章）。彼らは，市民的・家父長的な家族制度を否定せず，婚姻内の性のみを道徳的とみなしたという。著者は，階級闘争を通じた経済状況の改善に強い関心を示すSPD指導者に対して，自分の負担を減らし，そのための女性解放を求め，「出産ストライキ」に共鳴した労働者女性を対置させる。総じてSPD指導者は，女性労働者の従属的立場と産児制限・性道徳との関係について議論すること自体を意図的に避け，女性労働者の要求を代弁できなかったと結論づける。

続く第II部では，著者はバーデン大公国を対象に「性と政治」の関係を扱う（第5-6章）。ブルジョワ女性運動が女性の権利拡大による男女平等を要求せず，母性・女性らしさを強調し，君主制の支援を受けつつ，自治体，教会・民間団体と連携して，結果として女性の社会的地位を高めることができたことを指摘し，ブルジョワ女性運動は女性の行政への参入を実現できたが，主婦・母としての女性の伝統的な役割の延長線上で行動した，と結論づける。19世紀という「時代性」とバーデン自由主義という「地域性」におけるブルジョワ女性運動の「政治性」を確認し，「性」の問題が看過されていると捉える。

著者はまた，第7章において，市レベルでの公的娼家撤廃請願書の内容分析を行う。請願委員会と市民団体が，市民社会に相応しい女性とそうでない女性を区別し，後者の他者化により健全な生活環境を確保しようと，公的娼家撤廃を主張したことを確認する。一方，バーデン内務省の見解も検討し，衛生や健全な家族という観点から娼婦への管理強化，公的娼家の必要性を導き出す。「性道徳に固執し，生活空間から娼婦を排除することにより公衆衛生・社会秩序を維持しようとした市民社会」，「性病の広がりを最小限に抑えるために公的娼家の必要性を主張し続けたバーデン政府の保守的な一面」，「総体的にはバーデン自由主義の一側面」，「バーデン市民社会」を結論づける。

さらに第8章では，著者は売買春問題の主要因としての女給の生活・労働状況，女給運動が展開される過程，女給像の形成を明らかにする。女給の保護を強化しつつ母性的な仕事として持続させるブルジョワ女性運動家と，あらゆる女給業の撤廃を主張するカミラ・イェリネクとの違いを確認しつつ，著者は市民的性道徳・市民的価値観にもとづくバーデン市民社会が内包していた排除のメカニズムを指摘する。

以上の検討を踏まえて著者は終章において「ヴィルヘルム時代の新しい性道徳の意義」を特徴づける。「性に関する事柄」が「伝統的・市民的な性道徳」にもとづき社会問題化されることで行政や市民層により個人の性が監視・管理されるようになり，その一方で，個人の性の解放を説く「新しい性道徳」が広がりはじめ，個人の態度によっては

社会の保護対象とされて包摂あるいは排除されるプロセスを析出した著者は，この意義をドイツの「社会国家性」と関連づけ，これを支える専門家集団など中間組織のアクターの存在を強調する。社会問題化された娼婦は，性病を蔓延させ，社会秩序を脅かす加害者として扱われ，性的搾取と社会的批判の二重苦に晒されたが，著者は，ブルジョア女性運動もプロレタリア女性運動も下層・労働者層の人たちの生活・労働状況を十分把握することなく，彼らに市民的性道徳を受容するように求めていたと結論づける。

3

著者は，中間組織や専門家による性の問題への対処・言説により，「好ましい」性道徳や女性像，身体をめぐる権利や自己決定権，性規範のあり方が形成されていく過程を明らかにした。しかし，社会の多数派を形成していたであろう，労働者・社会下層の大部分の人びとの身体をめぐる権利と自己決定権，性規範のあり方の「現実そのもの」は考察されていない。「市民的性道徳」なるものは，ブルジョワ女性運動家や中間組織の専門家の議論において前提とされたものであった。

本書から結論づけられるのは，ブルジョワ女性運動とプロレタリア女性運動との違いはさほど大きくはないということである。両者の想定する女性の日常的世界も違いは大きくはない。「市民的性道徳」概念が頻出するが，双方の女性運動家や中間諸組織の頭の中で想定された「性道徳」であり，労働者・社会下層の日常的生活世界における「性道徳」がどのようなものであったのか，身体的な「性の現実」はどのようなものであったのかは考察されてはいない。労働者・社会下層は独自の「社会的ミリュー」を形成し，彼らの「性道徳」も独自のミリューにおいて培われていたのではないか。「日常史研究」が明らかにしたのは，社会階層における日常的生活世界，「性の現実」の差違である。

19世紀末には「市民的性道徳」が人びとに共通されていたと著者はみなしている。評者はまさにそれを問題にしてきたし，本書評においても強調したい。19世紀後半以降，労働者層の中でも熟練工とその家族は，その他の労働者・社会下層とは異なる日常的生活様式を営むようになり，「市民層的」態度をとるようになった。著者が扱ったブルジョワ女性運動家は「市民層」であったが，プロレタリア女性運動家もまた「市民層的」思想をもち，そのような態度・行動をとっていた。

さらに別の問題を提起したい。それは，19世紀後半のドイツでは「市民層」の「貴族化」，その一方で「貴族層」の「ブルジョワ化」という歴史研究で示された現象をどう捉えれば良いのかという問題である。ドイツの「市民層」と「貴族層」の間には，労働者・社会下層に対する排他的

態度において共通性と親和性があったのではないか？　その点でプロイセン，ドイツ帝国とバーデン大公国では何が共通し，異なっていたのか。明らかにされるべき問題があろう。

官憲国家的体制のプロイセンでは市民層の態度は市民的性道徳や価値観に基づいていたのか否か，プロイセンでは排除のメカニズムはもっと強力であり徹底していたのではないか，という問いである。自由主義的市民社会でも排除のメカニズムが存在していたのか，こうした社会だからこそなのか，あるいは自由主義的にもかかわらずなのか。残念ながら，著者はそうした問題への手がかりを示してはいない。プロイセンをはじめとしてドイツ帝国に関する研究がドイツ近現代史の焦点になっていることを考えれば，手がかりは必要だろう。

社会国家システムに関連させているところを察するに，著者はこの包摂と排除のプロセスを時代性（近代性）の問題で把握していると思われる。であるからこそ，自由主義的とはいえないプロイセンではなく，自由主義的な社会であるバーデンを対象にしているのだろう。そもそも19世紀ドイツ社会は「市民社会」と規定できるのか？「市民社会化」の過程で生じた問題と近代の＜現代化＞の問題が明確化されないまま議論が混乱してしまっているのかもしれない。

著者によれば，社会国家の孕む「危うさ」が顕在化するのは20世紀後半の「68年運動」である（補論4）。19世紀末から1960年代後半以降の時代の間にはヴァイマル期，ナチ期があり，二つの世界大戦があった。この50年以上の時間の流れの中で性をめぐって何があったのか？性をめぐる言説と性の現実，双方における歴史的変化が研究の対象にされるべきであろう。評者がいう「性の現実」は売買春などの問題だけではなく，婚姻内での性をも含む「性の現実」である。LGBTなど現在問題化している「性の現実」の問題を目の当たりにすれば，売買春などに限定した考察では対応できないであろう。

著者は「セクシュアリティと政治社会との関係性」に関しては，売春婦や女給など「セクシュアリティ」と「政治社会との関係性」を明らかにした。本書の貢献はまさにここにある。しかし評者が決定的に重要だと考えるのは，「個人の身体的・心性的な性に歴史的にアプローチ」しているかどうかである。そのためには，「性の言説」から「性の現実」への転換が必要だろう。「性の言説」と「性の現実」では考察する対象が全く異なり，したがって，そこに到達する道筋も異なる。研究土壌そのものに関わる重要な問題である。世代的には可能であり，次の世代の研究者のためにも，著者は奮起するべきだろう。現在，世界的に問題化している性に関わる諸問題に歴史研究が貢献できるためにも，不可欠だと思う。

著者のいう「日本においていまだに解決に至らない事実婚・売買春・妊娠中絶・性暴力といった問題がはらむ根本的問題点やその解決策」（396頁以下）は，日本の為政者，中間組織の専門家ならびに運動側の頭のなかで構想されたものを考察するだけでは，決定的な欠陥をもつ。問われるべきは，事実婚・売買春・妊娠中絶・性暴力の「現実」にどのように接近すればいいのかであり，特に重要なのは当事者の頭のなか，心のなかを把握することであろう。将来の研究テーマとして著者に提案したいことの一つは，まさにこの問題である。

本書はセクシュアリティという研究対象を除外すれば，その歴史分析のやり方はきわめてオーソドックスである。著者がこのセクシュアリティの歴史を従来の枠組みの中で，しかも日本のドイツ史の研究土壌の上で実践してきたからだろう。著者は新しい研究対象をもって登場した。研究土壌そのものを変革しないかぎり，この枠組みを突破できないであろう。著者は世代的には新しい視点から歴史に迫ることが可能であり，実践すべき世代である。さらに若い世代とコミュニケーションを図り，彼ら彼女らとの間の橋渡しをすべき世代でもある。著者の今後の研究に評者は大いに期待してやまない。

『ドイツ帝国の解体と「未完」の中東欧——第一次世界大戦後のオーバーシュレージエン／グルヌィシロンスク』

［衣笠太朗 著］

（人文書院，2023 年）

今井宏昌

本書は，「未完の戦争」と呼ばれる第一次世界大戦（以下，引用でない限り「大戦」と略記）の「終結」後，新たに建設されたドイツ共和国（ヴァイマル共和国）とポーランド共和国の狭間で揺れ動いた，ある地域とそれをめぐる運動に焦点を当てた歴史研究である。著者の衣笠太朗氏は1988 年生まれの若手研究者で，すでに『旧ドイツ領全史——「国民史」において分断されてきた「境界地域」を読み解く』（パブリブ，2020 年）という一般向け書物を世に送り出している。本書は著者にとって 2 冊目の単著であり，また博士論文をもとにした 400 頁近くの大著である。その旺盛な執筆意欲には脱帽するほかない。

さて，ドイツ語の Grenze に，英語の border と limit 双方の意味が含まれることは，ドイツ研究を志す，あるいは専門とする諸氏にとって自明であろう。評者なりに簡単に整理すれば，本書が検討するのは，まさにこうした 2 つの意味での Grenze の問題である。

まず本書は，近現代中東欧における言語的・民族的な「境界地域（borderland）」にして，大戦後に独波両国の板挟みとなったオーバーシュレージエン／グルヌィシロンスク（以下，本書に倣い「オーバーシュレージエン」で表記統一）を具体的な検討対象に据える。著者によると，この地域は「第一次世界大戦後のヨーロッパ全域を包み込む暴力と民主主義の狭間で，『最も暴力的』な事例と『最も民主的』な事例の両方を経験した」という（20 頁）。そしてこのような地域で勃興した，「ドイツともポーランドとも異なる独自の国民国家の建設を唱えるようになった」住民たちの運動，いわば「『オーバーシュレージエン人』の分離主義運動」に注目し，分析を加えていくのである（22 頁）。

また本書は，このような分離主義運動が発生した経緯と

ともに，それが有した様々な「限界（limits）」に迫っていく。ただし，その叙述は単なる運動史にとどまらない。著者はその「限界」を，オーバーシュレージエンという地域が有する社会構造と自然・地理条件（及びそれらのイメージ），そして大戦後の国際情勢が織りなす緊張やせめぎあいの中から明らかにしており，さらにはそこから，「オーバーシュレージエンを『ドイツ』もしくは『ポーランド』の枠組みのみから語る」先行研究の「限界」をも浮かび上がらせている（211 頁）。つまり，運動における「限界」の解明を通じて，研究上の「限界」を突破するという姿勢が，本書を貫いているのである。

本評ではまず，本書の内容をまとめたのち，その意義と問題点について，同じく大戦後のドイツを研究する立場から論じてみたい。

本書冒頭の「はじめに」と「シュレージエン／シロンスク史概略」は，現代日本においてあまり馴染みがなく，また複雑な歴史的経緯をもつ当該地域に関しての入門編的なパートをなしており，一般向け書物の執筆経験をもつ著者の面目躍如ともいえる。特に注目すべきは，「破砕帯（shatterzone）」の議論であろう。もともと地質学の用語である「破砕帯」とは，「断層運動によって破砕された岩石群を内部に有する地層」を指すが，オマー・バートフ／エリック・D・ワイツ編の論集[1]によると，「そうした地質構造のように，宗教・言語・民族に基づく集団として細分化された人々が共生しあうドイツ＝中東欧のような空間こそが破砕帯とされる」のだという（18 頁）。そして著者は，大戦後においても残り続けた破砕帯における暴力の蔓延と「民主的」な解決方法（＝住民投票）の台頭に注目し，オーバーシュレージエンをその双方を体現する事例として位置

（1）Omer Bartov / Eric D. Weitz（eds.）, *Shatterzone of Empires. Coexistence and Violence in the German, Habsburg, Russian, and Ottoman*, Bloomington: Indiana University Press, 2013.

づける。

　序章「ドイツ＝中東欧の中のオーバーシュレージエン」では，本書の問題設定と研究手法が明らかにされる。そこでは，著者のオリジナルな時期区分として「ポスト大戦期（Post-Great War era）」が登場し，「1917年のロシア革命期に始まり1918年秋のドイツ革命と休戦協定締結を経て1924年頃に到来する『相対的安定』の時期までを指すものと定義」される（31, 34頁）。そしてこのポスト大戦期の「旧ドイツ東部領土（ehemalige deutsche Ostgebiete）」における「未完の戦争（unfinished war）」，すなわち，「ドイツとポーランドの間での大規模な武力衝突である三度のシロンスク蜂起，そして住民投票と地域の分割」こそが，オーバーシュレージエンをとりまく実情として重視されるのである（44頁）。

　次いで著者は，関連する先行研究に言及したのち，「地域住民の『主体的』な考えや行為への視点が欠如」している問題を指摘し，そこから住民の1割以上が参加した分離主義運動を研究する意義を導き出す（49-50頁）。そして，運動の担い手たちにより刊行された出版物や機関紙などを，構築主義の立場から分析する方針を掲げるのである。具体的には，ロジャース・ブルーベイカーの議論[2]を援用する形で，「オーバーシュレージエン国民」という用語への二つの方向からのアプローチが示される。一つは，「用語の内実としてどのような意味がなされ，解釈が付与されているのか」，もっといえば「当該分離主義者たちがどのような自己同定と他者同定のカテゴリーを構想もしくは提唱し，それは時間的経過の中でどのように変化していったのか」を分析する方向であり（64頁），もう一つは，その用語が大々的に喧伝されたという「出来事」を重視し，そこに「国民概念を必要とさせるような何らかの連続性を持った論理が隠されている」という仮定のもと，「概念の内実というよりは，その外側にある利害関係や思想的背景を分析していく」方向である（66-67頁）。つまり，用語としての「国民」にウチとソトの双方から迫る手法が，ここでは示されるのである。

　第一章「オーバーシュレージエン問題の歴史的前提」では，大戦期までのオーバーシュレージエンを取り巻く諸条件が，いかなる歴史的文脈のもとで形成されてきたのかが分析される。そこで大きな役割を担っていたのは，近世複合国家との連続性の上で成立した近代プロイセン＝ドイツの複雑な国制と，「中央党王国」と称せられるほど強固なカトリック・ミリューの形成，そして地元貴族や大土地所有者により牽引された工業化と産業社会への構造転換で

あった。この結果，カトリシズムを枠組みとしたオーバーシュレージエン独自の集団的帰属意識が拡大していったという。

　第二章「カトリック聖職者レギネクと分離主義運動の成立」では，オーバーシュレージエンのカトリック聖職者であったレギネクの半生と，彼が携わった黎明期（1918年秋～1919年春）の分離主義運動が検討される。「工業化に伴うカトリックの伝統的社会崩壊への危機感」（132頁）を募らせるレギネクは，1918年12月に『独立の自由国？』と題するパンフレットを作成し，そこで「オーバーシュレージエンの青少年の野蛮化と不良化（Verwilderung und Verwahrlosung）」を防ぐべく，ポーランド語のドイツ語との同権化，ならびに宗教教育の実施を求めた（135頁）。

　しかし著者によると，これは決してポーランド国民主義への傾斜を意味しなかった。つまり「レギネクは，ドイツ語とポーランド語の併用を容認する『一般的ではない民族的原理』たるオーバーシュレージエンの『国民主義』と，それに基づく公教育における両言語の同権を要求したので」あり，結果として「国民概念を根拠に国民自決権に基づいてオーバーシュレージエン国民国家を建国するという，これ以降の分離主義運動においても維持されていく論理構造の大枠」を整えたのであった（136頁）。

　第三章「エヴァルト・ラタチと新組織の発足」では，レギネクとともに1918年11月下旬に「オーバーシュレージエン委員会（Oberschlesisches Komitee）」（以下，本書に倣い〈委員会〉で表記統一）を立ち上げ，分離主義運動を牽引したラタチに焦点が当てられる。12月9日，オーバーシュレージエン中部のカンジンで開催された会議では，〈委員会〉が「オーバーシュレージエン自由国」を即時宣言すべきとの主張と並行して，ヴェルサイユ講和条約締結までの「一時的な分離独立」＝「暫定独立国」建設を主張した。これに対し，カトリック人民党（現地の中央党組織が改称）は「ドイツが連邦制国家として再編された場合に，その国家の枠内でオーバーシュレージエンが自治権を獲得するという構想」を披露し，「より大きな注目を集めた」ものの，〈委員会〉の示した分離独立の可能性は完全には排除されなかった。著者はその背景として，「もしこの時点で分離主義運動を退けて，連邦制の枠内での自治のみに邁進すれば，もしドイツが共産主義もしくは社会主義国となった場合に大土地所有者・貴族＝企業家などの現地エリートたちの退路が断たれてしまうと考えられていた」点を指摘する（143-144頁）。

　対して，ドイツ領シュレージエン州における最高位の現

（2）ロジャース・ブルーベイカー（佐藤成基［他］編訳）『グローバル化する世界と「帰属の政治」――移民・シティズンシップ・国民国家』（明石書店，2016年），ここでは特に第7章「分析のカテゴリーと実践のカテゴリー――ヨーロッパの移民諸国におけるムスリムの研究に関する一考察」が参照されている。

地行政機関たるブレスラウ人民評議会（1918年11月9日設置）は，「〈委員会〉による分離主義的活動を国家への反逆もしくは脅威とみなして」おり，分離独立を拒絶した。そして〈委員会〉はこれを機に，新たに「オーバーシュレージエン人同盟＝グルヌィシロンスク人同盟（Bund der Oberschlesier – Związek Górnoślązaków）」（以下，本書に倣い〈同盟〉で表記統一）を設立し，これまでの「秘密組織」路線からの脱却とともに，「幅広い大衆運動として独立運動を展開していく」方針を打ち立てた（156頁）。しかしこの新たな動きは，オーバーシュレージエン中央評議会議長オットー・ヘルジングによる分離主義禁止令（1919年5月）のもと早々に地下運動化を余儀なくされたし，またレギネクの離脱をも許してしまった。かくして残されたラタチは，1919年7月に刊行された〈同盟〉の冊子『競売にかけられたオーバーシュレージエン』において，「オーバーシュレージエンの人々は混血からなる単一の国民である」という「混血国民」論や（174頁），オーバーシュレージエンが経済的に不可分であるという「経済的有機体」論を提唱するとともに，「住民投票ののちに支配国に対して十全な自治の権利（das Recht der vollen Selbstverwaltung）を要求する必要がある」と主張した（179頁）。著者はこうしたラタチの「変節」の中に，ヴェルサイユ条約や分離主義禁止令への対応，そして「語りかける相手に応じて要求や主張を少しずつ変化させ」る〈同盟〉の戦略を見出している（180頁）。

第四章「住民投票キャンペーン期の構造と条件」ならびに第五章「住民投票キャンペーン期における運動の高揚」では，いずれも大戦後の新秩序形成に向けて進む国際情勢のもと，ドイツ＝ポーランド間の対立を軸に展開された「住民投票キャンペーン」（1920年初頭〜1921年末），ならびにそこにおける〈同盟〉の運動が検討される。著者はまず，先行研究が主に「住民投票プロパガンダ」という用語を用いてきたことを確認する。その上で「自陣営に都合の良い情報を受け手に対して一方的に喧伝する」との意味をもつ「プロパガンダ」という語では「客観性に欠ける」とし，「より中立的な『キャンペーン』という用語」を用いることを宣言する（193頁）。なお，著者は意図していないかもしれないが，「キャンペーン」は「プロパガンダ」よりも活動面に重点を置く語であり[3]，それを用いることは，「出来事」を重視する本書の研究手法からしても妥当といえる。

1919年8月，第一次シロンスク蜂起という独波双方の国民主義陣営による大規模な武力衝突を経験したオーバーシュレージエンは，連合国による調停を経て，1920年1月からその暫定統治下に入った。住民投票キャンペーンが始まるのは，まさにこのような状況においてである。そこでは，①領有権問題（歴史的・地理的権利），②住民の国民的性質（「ドイツ人」か「ポーランド人」か），③自治構想と連邦構想，④暴力やそれを背景とした脅迫がキャンペーンに利用されたことが論点として浮上した。このうち特に重要なのは②であり，独波どちらに帰属するのかという問いは，結果として「オーバーシュレージエンとは何か」という問いを浮上させることになる。

そして1920年に入り活動を再開した〈同盟〉は，機関紙『同盟』（以下，本書に倣い〈機関紙〉で表記統一）の刊行を開始する。独波両言語で執筆されたこの〈機関紙〉は，1920年3月から1922年1月までの期間，幾度かの空白期間を除いてほぼ毎週発行されており，オーバーシュレージエン全域で影響力を発揮していた。著者はそこに掲載された膨大な数の記事を，他のドイツ系ならびにポーランド系新聞の記事と照合しながら分析することで，〈同盟〉の軌跡とその政治的位置づけに迫ろうとする。そこから明らかとなったのは，①〈同盟〉が「『科学的に確認』された血縁に基づく混血国民の形成という主張を通じて，この地域における『ポーランド人』の存在否定と『オーバーシュレージェン国民』の本質主義的な実在を示そうとした点（236頁），②〈機関紙〉創刊時には「自治構想をも含めたオーバーシュレージエンの政治的自立」を掲げていた〈同盟〉も，「カトリック人民党もしくはプロイセン州政府との対立」を経験する中で，「完全に分離主義へと回帰していた」点（272頁），③ポーランドとチェコスロヴァキアの係争地となったチェシンで登場し，国民自決権に基づくチェシンへの自治権付与を要求したシュロンザーケン運動との連携を，〈同盟〉が模索した点である。これに対し，独波両陣営の投票キャンペーンは熾烈化し，その流れは1920年8月の第二次シロンスク蜂起へとつながることになる。

第六章「住民投票と運動の終焉」では，オーバーシュレージエンの帰属を決定する住民投票と，それを受けた運動の動向が分析される。住民投票に関しては，その準備段階から懐疑や批判の声が渦巻いていたが，とりわけ投票方法に関しては独波両陣営から不正や脅迫の可能性が指摘され，さらなる疑心暗鬼を招いていた。そして1921年3月20日に投票が実施されてからは，その結果（ドイツへの賛成票70万7,393票，ポーランドへの賛成票47万9,365票，無効票3,882票）をどう解釈するかでさらなる論争が勃発し，国境線をめぐる（国際）政治的混乱や，住民内の無秩序状態や暴力事件を惹起することになる。そしてこの動きは，

（3）「キャンペーン【campaign】①社会上・政治上の目的をもつ組織的な闘争や運動。②ある特定の問題についての啓蒙宣伝活動。また，大がかりな商業宣伝。「プレス - —」「責任追及の—を張る」新村出編『広辞苑 第7版』（岩波書店，2018年），741頁。

最終的に1921年5月の第三次シロンスク蜂起へとつながった。こうした中，〈同盟〉は投票前から「オーバーシュレージエン自由国」建国に向けたアピールと交渉を繰り返し，投票後も分離独立を主張し続けた。しかしながら，独波間での分割案が承認されると，これまで分割に異議を唱えてきた〈同盟〉もそれを受け入れ，自治の枠内で要求を実現する路線へとシフトした。かくして分離主義運動は終焉を迎えたのである。

　終章では，以上の議論が総括されたのち，現在まで続く「未完」の問題として，オーバーシュレージエン分離主義運動が（再）定位される。注目すべきは，著者が現代ポーランドの国家中央とシロンスクとの間に生じる対立や駆け引きを確認した上で，「1918年秋より続く『戦後』がオーバーシュレージエンにおいては未だ十分な『完成』を見ていない」可能性を指摘する箇所であろう（356頁）。本書の検討した問題がきわめてアクチュアルなものであることを，ここからは再認識することができる。

　以上が本書の内容である。一読して明らかなのは，一筋縄ではいかない境界地域の歴史に粘り強く向き合い，また読者を置き去りにせぬよう心がける著者の真摯な姿勢である。それは冒頭の「シュレージエン／シロンスク史概略」から一貫しており，ただでさえ複雑な歴史的経緯をもつ境界地域の分離主義運動を，混乱極まる大戦後の状況を踏まえつつ，要所要所で説明を加えながら分析する叙述形式へと結実している。これは著者がオーバーシュレージエンをはじめとする境界地域の問題を，前著同様により広くの人々に知らしめたいと考えていることの証左であろう。

　またこの結果，本書の内容は大戦後のオーバーシュレージエンをはじめとするドイツ＝中東欧についての様々な事象や論点，そしてそれらを分析する際の各種理論や概念に関する説明など，きわめて多岐にわたることとなった。本評では紙幅の都合もあり，そのすべてを紹介することはできないが，以下では内容紹介の補足も兼ねて，本書の意義と問題点について論じてみたい。

　まず本書においては，①複合国家論／礫岩国家論，②ナショナリズム論，③ナショナル・インディファレンス論などが度々援用され，その分析視角を形づくっている。中でも注目すべきは①であり，本書はその視座に立つことで，独波両国の国制的再編とオーバーシュレージエンの「自治」をめぐる議論の間にダイナミックな連関を見出すことに成功している。特にドイツとの連関では，ヴァイマル憲法における新州（Land）設置条項が焦点となった。この条項は，オーバーシュレージエンを新憲法下で新たな県（Provinz）とする「州の枠内での自治」と，新たな州とす

る「連邦制の枠内での自治」という二つの可能性を浮上させただけでなく，〈同盟〉からは「オーバーシュレージエンの独自性」を考慮していないとして問題視された。ヴァイマル期のドイツ国制と連邦主義に関しては，過去10年で急速に研究が進んだ分野であるが[4]，本書の成果はそれをさらに境界地域から捉え直す契機になりうるといえよう。

　ただし，②と③に関しては，正直なところ議論が混乱している感が否めなかった。著者は「オーバーシュレージエンにおける国民概念・地域概念の（非）定着性」を論じる際，「歴史的主体がその主観的な帰属意識を機会主義的かつ意識的に使い分けるという国民理解」に目を向けるべきとし，それをナショナル・インディファレンスの二つの類型，すなわち「人々が行うこととしてのナショナル・インディファレンス」と「人々が行わないこととしてのナショナル・インディファレンス」のうち，前者に分類している（344頁）。そしてこれを，ブルーベイカーが提唱した「出来事としての国民」という視角と組み合わせる形で，「契機となる『出来事』が起こらない限り，平時に『国民』は目に見える形で表出してこない」との命題を示し，それゆえ「『無関心な人々』の抉り出し方をより方法論として洗練させる必要がある」と主張する（348頁）。しかしながら，もしそのような方法論が本書をもってなお洗練されていないのだとすれば，仮にオーバーシュレージエンにおいて「人々が行わないこととしてのナショナル・インディファレンス」が存在したとしても，それを抉り出すのは困難であり，したがって「オーバーシュレージエン住民のナショナル・インディファレンスは，その主体性が顕著に示されていると考えて良い」（344頁）という本書の見解も，あくまで観測範囲の問題ということになりはしないだろうか。

　加えて，大戦後のドイツ義勇軍（Freikorps）を専門とする立場からすると，〈同盟〉の分離主義運動と暴力との関係が十分に論じられていないように思われた。著者は1920年8月から9月に刊行された〈機関紙〉を分析した上で，そこに「どちらかの陣営で武装闘争に参加するのではなく，むしろこの事態を利用して騒擾に嫌気する地域住民を自由国構想へと引き入れようとする〈同盟〉の姿勢が伺い知れる」としているが（276頁），著者自身が述べるように，1919年前半に活動した「オーバーシュレージエン義勇軍（Oberschlesisches Freiwilligenkorps）」は地元の工場労働者から構成されていたし（187頁），また〈機関紙〉創刊号（1920年3月14日）では，連合国占領下で結成された「冷静かつ大部分がオーバーシュレージエン人からなる」

（4）例えば，権左武志編『ドイツ連邦主義の崩壊と再建──ヴァイマル共和国から戦後ドイツへ』（岩波書店，2015年），ならびに Heiko Holste, *Warum Weimar? Wie Deutschlands erste Republik zu ihrem Geburtsort kam*, Köln: Böhlau, 2018 を参照。

治安維持部隊（警察部隊）に対し，「その土地と住民への見識でもって悪党や犯罪者による悪行の防止に最適である」との称賛がなされている（215-216頁）。〈同盟〉がこうした「武装せる住民」の暴力とそのポテンシャルについて，自身の自由国構想との関連でどのように捉えたのかは，秩序形成や国防に絡む重要論点のはずである。にもかかわらず，本書の議論はそれを回避しながら進んでいく。史料的制約があるのは当然理解できるものの，オーバーシュレージエンが「『最も暴力的』な事例と『最も民主的』な事例の両方を経験した」地域にして「破砕帯」であればこそ，この点をもっと深めて欲しかった。

　以上が本書に対する評者なりの見解である。もし誤読やないものねだり的な論評，稚拙な問いにとどまっていると

すれば，切にご海容賜りたい。本書を通読すればわかることだが，著者は自身のアプローチとその「限界」に自覚的であり，おそらく本評の見解は想定の範囲内かと思われる。

　ロシア／ウクライナ，イスラエル／パレスチナという境界において，大規模暴力が発生している2023年11月現在，境界地域に拠点を置き，困難な状況に置かれながらオルタナティヴを模索した人々の姿を描き出した本書からは，得られるものが少なくない。果たして我々は，20世紀に囚われた21世紀という時代の「限界」を突破し，「未完」の問題を「完結」できるのだろうか。そのような問いを胸に，本評を終えたい。

『日本の大学における第二外国語としてのドイツ語教育——コミュニカティブな初級教科書で学ぶ学習者の動機づけと学習観を中心として』

［藤原三枝子 著］

（三修社，2023 年）

境　一三

1　はじめに

　本書は，前書きにあるように，「大学で第二外国語として提供されることの多いドイツ語教育の現状と今後を考える目的で，2014 〜 2017 年度及び 2017 〜 2021 年度に実施した日本学術振興会科学研究費助成事業（科研費）よる調査の結果を主な内容」とした研究書である。

　日本のドイツ語教育はヨーロッパにおける DaF（Deutsch als Fremdsprache）教育と異なり，多くの場合学問としての DaF 研究に基づいて計画・実行されていない。また，教員となるべき人材の養成が科学的根拠に基づいて計画的になされているわけでもない。その結果として，日本の大学におけるドイツ語教育，特にその大部分を占める第二外国語としてのドイツ語教育は，明確な目標も定められないまま漂流しているように思われる。それがドイツ語教育の衰退をもたらしている一因であると考えられるのではないだろうか。「ドイツ語教育の現状と今後を考える」ことは再活性化のために不可欠であり，そのためにはまず学問的手続きを踏んだ実態把握が必要である。その意味で，本書によって日本のドイツ語教育に一個の羅針盤がもたらされたと言ってよいだろう。

　著者の藤原三枝子は，日本における DaF 研究の牽引者の一人であり，これまで数々の優れた研究を世に問うてきたが，その背景にあるのは，大学で長年にわたり先進的なドイツ語の授業を行ってきた経験である。本書の副題に「コミュニカティブな初級教科書で学ぶ学習者の動機づけと学習観を中心として」とあるように，藤原は初心者に対してコミュニカティブな授業を展開するだけでなく，自ら『スタート！　1　コミュニケーション活動で学ぶドイツ語』

（三修社刊）を執筆し，Hueber や Cornelsen などのドイツの出版社が編纂した世界市場向けの教科書ではなく，日本の状況に合った教科書でコミュニケーションを中心とした授業を行いたいという多くの教員の需要に応えている。

　研究者としての藤原の関心は主に「学習者の動機づけ」にあると言ってよく，そのために多くの質問紙調査やインタビューを行っている。日本の DaF 研究の領域で藤原は，最も手堅い実証的研究者であり，量的研究と質的研究の両面で優れた実績を残している。

2　本書の内容

　第 1 章「日本の大学における第二外国語としてのドイツ語と教科書」1 節の「日本の大学におけるドイツ語教育」では，1949 年の新制大学発足以来のドイツ語教育が概観される。それが 1991 年の大学設置基準の大綱化（以下，大綱化とする）まで，「ドイツ語を学ぶことの社会的・個人的意義についての議論がなされないままに，選択必修科目という制度上の理由から学習者が非常に多く」なった（9）[1]。大綱化以降は，ドイツ語履修者は大きく減少していくことになる。「ドイツ語教育は，徐々に制度的な支えを失い，何のためにドイツ語を教えるのかという教育の目的が一層問われていると言えよう」と指摘している。

　2 節の「授業における教科書とドイツ語教科書の発展傾向」では，まず先行研究をレビューし，授業における教科書の機能（カリキュラム的機能など）を指摘する。そして，1945 年以降のドイツ語圏における DaF 教材の変化を描出し，文法訳読法からコミュニカティブ・アプローチまでの変遷を跡付ける。さらに 2001 年の CEFR（Common Euro-

---

（1）以下，カッコ内に当該箇所のページを記す。

pean Framework of Reference for Languages）の出版によって，教材作りが行動志向，能力志向になり，ゲーテ・インスティトゥートなどの国際的機関の資格試験もCEFR準拠となったことを指摘する。

　続いて，日本の教材の変遷が示される。2014年の時点で，それまで「一番多かった『文法読本』の出版が少ない。教科書に各種メディアを併用した総合教材への移行が進んでいると推測される」とし，ドイツ語教育の目的が「出版傾向から見る限り，ドイツ語の運用に力点が移ってきていることがうかがえる」とする。こうした変化にもかかわらず，「日本のドイツ語教育研究の分野では，総合教材のカテゴリーに属する教科書が実際にコミュニカティブな学習目標を追及しているかどうかについての研究は非常に少ない。同様に重要なのは，伝統的な学習文化をもつ日本人学習者に，コミュニカティブな教科書がどのように受け入れられるかという実証的研究である」と指摘する。ここに，藤原の研究の意図を読み取ることができるだろう。

　第2章「ドイツ語学習者の動機づけ・学習観」はこの著作の中核部分を成すもので，藤原の動機づけ研究の真骨頂を見ることができる。

　1節では，DeciとRyanの自己決定理論（SDT）を中心に，教育心理学における動機づけ理論が概観される。動機づけ理論について知りたい者にとって，簡にして要を得た入門となるだろう。2節以降の実態調査の結果とその分析を理解するためには，不可欠の部分である。

　日本の教育現場を見るときに，単に内発的動機と外発的動機という二項対立で学習者の動機を判断するのでなく，SDTを用いることでより理解が深くなるという指摘は重要である。第二外国語では「やりたくないけれど単位のために学習し始めた」（43）という学生や，初めのうちは感じていた楽しさが，「語彙や文法項目が増えるにつれて，急速に減退してく」（43）という現実に教師が対処するヒントをSDTが与えてくれるというのである。つまり「内発的動機づけが減少しても，その言語の学びが自分にとって重要であると感じるようになると（・・・）学習への意欲は継続される。（・・・）動機づけをより自己決定的なタイプに導くためには，教師と学習者そして学習者間の関係性を向上させることが効果的であることが示されている」（43）という。こうした指摘は，「学習者が自分で自分を動機づける」（44）ために，われわれ教員が学習者にどう向き合い，どう環境づくりをしていけば良いのかという点で示唆的である。

　2節では，2012年に独仏西露中韓の6言語を学ぶ大学生に対して行われた質問紙調査の結果と分析が示される。この調査は合計17,000名余りの学生を対象とした大規模なものであり，内容も多岐にわたったが，ドイツ語教育に従事する者には厳しい実態が明らかになった。「ドイツ語履

修者が多いと思われる自然科学系や医療看護系で，好ましい動機づけである同一視的調整や内発的動機づけが低く，外的調整および無動機が高い傾向を示したこと」（66）や人文科学系，社会科学系でも他言語に比べて「内発的動機づけや同一視的調整が相対的に低く，外的調整や無動機が高いことから，ドイツ語では他の言語以上に，学生の意欲を高める授業の工夫が不可欠であるという認識を持つことが必要である」（66）と結論づけている。しかし一方で，ドイツ語では「自律性や関係性の充足度がどの学系でも相対的に高い値を示した」（66）ので，「外発的動機づけで始めたドイツ語学習であっても，教師が自律性を育むような授業を継続することにより，内発的動機づけや同一視的調整を高め，ドイツ語の授業に価値を見出すようになることが期待される」（66）と希望も付け加えている。また，日本人学習者，とりわけドイツ語学習者は有能感が低い。従って，教員はただ単に評価的コメントを出すだけでなく「その課題を乗り越えるための具体的方略を提示することが重要となる」（66）という指摘は真摯に受け止めるべきであろう。

　3節では，コミュニカティブな教科書でドイツ語を学ぶ学生の学習観と学習環境に対する認知がテーマである。著者はまず，日本の英語教育の変化を概観し，それが大学におけるドイツ語学習者の「学習観」や「ビリーフ」に与える影響の可能性を論ずる。「大学生は，それまでの英語教育によって外国語を学ぶことに対する態度や考えを作り上げている場合が多い」（69）。周知の通り，学習指導要領では小学校から高等学校の英語教育にいたるまで，コミュニケーション能力を開発する教育に変化してきている。「そうした英語学習経験を持つ大学生たちのドイツ語学習に対する期待や教材に対する評価も徐々に変わってくると思われる」（70）。その検証のために，1年間にわたる量的調査の結果が分析される。

　分析結果によると，現在の英語教育では「文法を特化して指導するのではなく言語活動と一体化する方向に向かっている」（80）にもかかわらず，文法が重要であるとする学習観が前期に比べ後期に強まっていること，また文法に特化して学ぶ方が良いという考えも強くなることが示された。これは「言語構造の体系を通して新しい言語を理解したいという日本人学習者の傾向が現れたのかもしれない」，「学習者の意欲を高め維持していくために，適宜，日本語による文法説明や学習者間での意味の確認などを取り入れ『分かった』を引き出し，運用能力を培うために十分な練習とタスクにより『使える』を促進することが考えられる」（80）としている。一方，自律的な学習者の養成には不可欠な文法の発見的学習の評価は低いので，「学生が求めている明示的な説明とのバランスを（・・・）探っていくことが求められる」（81）と付言している。

4節では，初級ドイツ語学習者の文法・リーディングに関する学習観とリーディング方略が扱われている。聞き取り調査の内容が紹介され，その分析がなされているが，読者としては，日本の学習者が高校までの英語学習で身につけてきた文法やリーディングに関するビリーフが非常に強固なものであることに改めて驚かされる。文法学習については，「何か，文法を勉強しないと，しゃべるにしゃべれないかなと思う」(92) というコメントや，「会話で，文法を気にして，間違うのが怖いからしゃべらない」という声が聞かれる一方で，「最初からいきなり文法中心だと，ドイツ語に拒否反応を起こす人も多分いると思うんで，やっぱり日常会話（・・・），そういうところから始めた方が」(93) 良いという声も聞かれ，現在の学習者のビリーフのばらつきが感じられる。

リーディングに関しては，高校までの訳読の経験から，「何か全部読まないと理解できないんじゃないかなと思っちゃう」(95) というコメントが典型的であろう。調査結果から，読みの方略が高校までの授業で開発されていないことが見て取れる。その結果を踏まえ，著者は「和訳に頼らないで文章を理解するための方略の養成を目的とした練習問題を考え」，97 ページ以下で実例を示している。このように，研究結果を踏まえて授業例が提示されていることも，本書の特徴の一つであり，現場教員に益するものであると言えるだろう。

5節では，コミュニケーション中心の教材を使う学習者の学習観が，聴き取り調査の質的分析によって明らかにされる。考察では，「他者の受容や承認への欲求（関係性への欲求）が充足されないと，自分の活動自体に喜びを感じるような『成長動機』あるいは『内発性の動機づけ』には繋がらない」というテーゼが示され，コミュニカティブな授業では「インタラクティブな作業形態を可能とするような協調的人間関係」(105) の重要性が指摘される。データ分析によってもたらされる教育的示唆として挙げられるものの内，「『文法は際限のない暗記である』という学習観から，『文法は言語使用に必要なものを学ぶ』へと導く」(116) という示唆は重要なものであろう。また，「コミュニカティブな授業においても（・・・）ある程度まで「理屈も分かるし使用もできる学習者を育成することを」目標とすることが良いのではないかと提言している。(116)

6節では，ドイツ語学習者の高等学校における英語学習経験とドイツ語学習観の関連性が扱われる。質問紙調査による量的データの分析と解釈が行われるが，さまざまな項目で高校での英語学習との相関が認められ，「英語学習経験はその後のドイツ語学習の動機づけにも少なからず影響を与えている可能性が示された」(138) と結論づけられる。

7節では教師のドイツ語教育観が学生の学習観との比較で論じられる。この調査も量的研究の手法で行われたが，その分析結果から導き出される示唆が興味深い。1.「教師は『学習者参加型の授業』，『学習者がドイツ語に触れる機会を多くする』など，学習者が授業において受け身ではなく積極的に参加することが大切だと考えていることが分かった」。2.「教師は口頭コミュニケーションについても，（・・・）学習者の学習希望以上に教師の教えたいという思いが強いと考えられる」。3. 教師も文法は重要と考えているが，（検定による有意差はなかったものの）「学習者ほどには明示的な説明が必要であるとは考えていないように見える」(155)。4. リーディングに関して，「教師は学習者ほど日本語訳が必要とは考えていない」，またオーセンティックな教材が良いと考える傾向が強いとみなすことができる。5.「教師はクラス内の雰囲気や学習者観の関係性の構築に配慮し，学習者が有能感を持つように」努めていることがうかがえる。このような結果から，教師のビリーフの一般的傾向は分かるが，「回答者の多くがコミュニカティブな言語教育に対して賛同していても，実際の授業においてコミュニケーション活動を行っているかどうかは別の問題と考える必要がある」(156) と釘を刺している。

8節では，ドイツ語学習者の動機づけと使用者としての自己イメージの関係が論じられる。著者の調査では，日本のドイツ語学習者では「ドイツ語を使う自分」をイメージできる学習者が少ないことが分かっている（159）が，その背景には，学習者が大学入学までに外国語を実際の場面で使う経験が乏しいことが分かった。そのためにはロールモデルが必要であるが，母語話者教員は学習者のロールモデルにはならず，「ドイツ語を母語としなくてもドイツ語を操るものは，学習者の具体的なロールモデル」になるので「（日々）授業言語としてドイツ語を使う日本人教員は，将来の理想自己として具体的なロールモデルになり得るだろう」(174) という指摘は，本書の最も重要なメッセージとして受け取るべきであろう。

第3章「外国語教育の目的と初級ドイツ語学習者を対象としたプロジェクト授業」では，OECD のキーコンピテンシーなどを参照にして，外国語教育の目的を論じたあと，その目的を達成するために著者が行っているプロジェクト授業が紹介され，その学習の特徴づけが行われる。「ドイツ語で他者とやりとりする『切羽詰まった状況』が言語の習得を促進し，目標言語を話す他者と繋がる本物の体験が，外国語学習の意味に気づくきっかけとなる」(218) とまとめている。

第1章から第3章までが日本の大学におけるドイツ語教育が主な対象となっているのに対して，第4章「ドイツ・ベルリン州にみる言語教育」では，ベルリン州立ヨーロッパ学校における二言語教育の実態が描かれている。そこでは，生徒たちは自分の母語と母語でない言語のコンビネー

ション（例えばドイツ語・トルコ語）で教科教育を受けているが，このような実例は，OECD 比較で流入外国人の数が上位に位置する現代日本社会が多言語・多文化化する中，今後の教育を考える上で非常に貴重な情報であると言えるだろう。

3 終わりに

　以上見てきたように，本書は日本の大学におけるドイツ語教育に関する論文の集成であるが，それぞれのリサーチクエスチョンの根底にあるのは，著者の教師としての実践に根ざした「日本のドイツ語教育をより良いものにしたい」という願いである。その願いが書物全体から滲み出て

いることを読者は感じることであろう。

　本書は，まず現役のドイツ語教師に読んでもらいたい。そして自らの実践を振り返り，改善するためのよすがとしてもらいたい。特に若いドイツ教師には，ドイツ語教育の改善には，このような地道な実証的研究が必要であることを認識し，自らもその研究の一端を担う人になってもらえたらうれしい。さらに，教職課程の学生・院生にもぜひ深く読み込んでもらいたい。日本のドイツ語教育の現状と改善点が分かるだけでなく，実証的研究の手法を学ぶことができるだろう。そして，研究テーマとして動機づけ論に関心を持つ者には特に薦めたい。本書によってその分野の基本的知識が身につくだけでなく，研究の広がりも視野に入ってくることであろう。

執筆者紹介 （掲載順）

●**森田 直子**（もりた なおこ）------------------------------
上智大学文学部准教授（ドイツ近代史，感情史）
『共感の共同体――感情史の世界をひらく』（伊東剛史と共編著，平凡社，2023 年）；「歴史学は感情をどう扱うのか――罵りをめぐる感情史の一試論」『エモーション・スタディーズ』第 5 巻第 1 号（2020 年），45-55 頁

●**宮川 創**（みやがわ そう）------------------------------
国立国語研究所助教（エジプト学・コプト学，言語学，デジタル・ヒューマニティーズ）
"Digital History of Egypt in the Roman and Byzantine Periods. A Case Study of Shenoute the Archimandrite." *Historical Studies of the Western World*, 1, 2022, pp.26-33；*Shenoute, Besa, and the Bible. Digital Text Reuse Analysis of Selected Monastic Writings from Egypt*, Göttingen, 2022. (Niedersächsische Staats- und Universitätsbibliothek. DOI: http://dx.doi.org/10.53846/goediss-9082)

●**中村 靖子**（なかむら やすこ）------------------------------
名古屋大学人文学研究科附属人文知共創センター センター長（名古屋大学人文学研究科教授）（ドイツ語ドイツ文学）
"Delay and Lag in Freud's Thought. From Project for a Scientific Psychology to Moses and Monotheism", *Psychologia, "Predictive Mind: From Neuroscience to Humanities"*, 2024 im Press；『予測と創発――理知と感情の人文学』（春風社，2022 年）

●**中園 有希**（なかぞの ゆき）------------------------------
琉球大学教職センター准教授（教育学）
「歴史授業において写真史料をどう教えるか――日独の比較から」『川村学園女子大学研究紀要』第 32 巻第 1 号（2021 年），1-12 頁；「デジタル歴史教科書『mBook』の教授学的特徴について」『学習院大学文学部研究年報』第 63 輯（2016 年），149-167 頁

●**林 志津江**（はやし しづえ）------------------------------
法政大学国際文化学部教授（ドイツ語圏文学，文化研究）
„Literatur trommeln, Sprache installieren: Thomas Klings Poetologie für den Bühnenauftritt des Dichters", Manshu Ide / Haruyo Yoshida / Shizue Hayashi（Hrsg.), *Wissen über Wissenschaft - Felder-Formation-Mutation. Festschrift für Ryozo Maeda zum 65. Geburtstag*, Tübingen (Stauffenburg), 2021, S. 273-286；「哲学と詩の新たな「縫合」？――バディウ『哲学宣言』におけるツェラン」『日本独文学会研究叢書』146 号「「詩人たちの時代」の終わり？――ヘルダーリン，ツェラン，そしてバディウ」（2021 年），70-86 頁。

●**香川 檀**（かがわ まゆみ）------------------------------
武蔵大学人文学部教授（2024 年 4 月以降は，武蔵大学名誉教授）（表象文化論／ドイツ近現代美術史）
『想起のかたち――記憶アートの歴史意識』（水声社，2012 年）；『ハンナ・ヘーヒ――透視のイメージ遊戯』（水声社，2019 年）

●**青柳 正俊**（あおやぎ まさとし）------------------------------
ルール大学ボーフム東アジア学部 元客員研究員（日本近代史・対外関係史）
「大阪通商司と「外圧」の実相」『国立歴史民俗博物館研究報告』228 号（2021 年），473-499 頁；「ドイツ所在史料から見た新潟開港」『新潟史学』86 号（2024 年），41-62 頁。

●**井上 健太郎**（いのうえ けんたろう）------------------------------
大阪大学大学院言語文化研究科博士後期課程／日本学術振興会特別研究員（DC2）（ドイツ近現代史・ドイツ外交史）
「ヴァイマル期ドイツ外務省におけるシューラー改革の教育社会史的考察」『Sprache und Kultur』41 号（2022 年），41-61 頁

●**小野 二葉**（おの ふたば）------------------------------
立命館大学言語教育センター外国語嘱託講師（2024 年 4 月より）（ドイツ文学）
「「正しい」共同体？――トーマス・マン「魔の山」のアンビヴァレンツ」『ドイツ文学』152 号（2016 年），122-137 頁；「トーマス・マンにおける国家・有機体アナロジー」『ドイツ研究』54 号（2020 年），53-60 頁。

●**武井 彩佳**（たけい あやか）-------------------------
学習院女子大学国際文化交流学部教授（ドイツ現代史・
ホロコースト研究）
『歴史修正主義——ヒトラー賛美，ホロコースト否定論
から法規制まで』（中央公論新社，2021 年）；『和解のリア
ルポリティクス——ドイツ人とユダヤ人』（みすず書房，
2017 年）

●**浜崎 桂子**（はまざき けいこ）----------------------
立教大学異文化コミュニケーション学部教授（ドイツ移
民文学）
『ドイツの「移民文学」——他者を演じる文学テクスト』
（彩流社，2017 年）；„Von der Grenze zur Kontaktzone. Zu
Jenny Erpenbecks Roman Gehen, ging, gegangen (2015)",
Seong-Kyun Oh (Hrsg.), *Tagungsband der «Asiatischen
Germanistentagung 2016 in Seoul». Band 1. Germanistik
in Zeiten des großen Wandels. Tradition, Identität, Orien-
tierung*, Peter Lang, 2022, S. 269-277.

●**木戸 裕**（きど ゆたか）------------------------------
元国立国会図書館専門調査員（比較教育学）
『ドイツ統一・EU 統合とグローバリズム——教育の視
点からみたその軌跡と課題』（東信堂，2012 年）；「複線
型教育制度のもとでの大学改革——「開かれた大学」を
めぐるドイツの事例」東京大学大学院教育学研究科大学
経営・政策コース研究紀要『大学経営政策研究』第 12
号（2022 年），157-173 頁。

●**佐藤 勝彦**（さとう かつひこ）------------------------
ブレーメン経済工科大学客員教授（比較教育学，職業教
育）
「ドイツの大学制度の改革—専門大学（Fachhochschule）
の発展と展開」『早稲田大学教育学研究科比較・国際教
育学研究会論集』第 9 号（2020 年），45-63 頁；「ドイツ
のしごと（ものづくり）と IoT 時代（デュアルシステム，
マイスター制度，専門大学，Industrie4.0 をテーマに）」『し
ごと能力研究』（2023 年），12-27 頁。

●**寺倉 憲一**（てらくら けんいち）--------------------
前国立国会図書館調査及び立法考査局長（憲法，比較教
育学，高等教育政策）
「大学のガバナンス改革をめぐる国際的動向——主要国
の状況と我が国への示唆」『レファレンス』766 号（2014
年），73-101 頁；「大学の設置形態」児玉善仁ほか編『大
学事典』（平凡社，2018 年），87-92 頁。

●**平田 栄一朗**（ひらた えいいちろう）------------------
慶應義塾大学文学部教授（ドイツ演劇・演劇学）
『ドラマトゥルク——舞台芸術を進化／深化させる者』
（三元社，2010 年）；『在と不在のパラドックス——日欧
の現代演劇論』（三元社，2016 年）

●**矢野 久**（やの ひさし）----------------------------
慶應義塾大学名誉教授（ドイツ現代社会史）
*Hüttenarbeiter im Dritten Reich. Die Betriebsverhältnisse
und soziale Lage bei der Gutehoffnungshütte Aktienverein
und der Fried. Krupp AG 1936 bis 1939*, Franz Steiner
Verlag: Stuttgart, 1986；『労働移民の社会史——戦後ド
イツの経験』（現代書館，2010 年）

●**今井 宏昌**（いまい ひろまさ）-----------------------
九州大学大学院人文科学研究院准教授（ドイツ現代史）
『暴力の経験史——第一次世界大戦後ドイツの義勇軍経
験 1918 ～ 1923』（法律文化社，2016 年）；「ヴァイマール
と向き合う——戦後日本のドイツ研究における『教訓の
共和国』」『ドイツ研究』54 号（2020 年），25-34 頁。

●**境 一三**（さかい かずみ）--------------------------
獨協大学外国語学部特任教授（ドイツ語教育，言語教育学）
『外国語教育を変えるために』（三修社，2022）；「やさし
い日本語と機械翻訳による言語意識の向上について」
『ドイツ文学』162 号（2021），147-160 頁。

日本ドイツ学会　第39回大会報告

　日本ドイツ学会大会は2023年6月18日（日），対面（シンポジウムのみ会員限定でハイブリッド配信）にて開催された。プログラムは以下の通りである。

フォーラム　10時-12時
1 「高等教育のユニバーサル化と大学制度改革──ドイツの事例を通して」
コーディネーター・司会　木戸　裕
　　　　1）複線型教育制度のもとでの大学改革【木戸　裕】
　　　　2）デュアル・システムと専門大学【佐藤勝彦】
　　　　3）グローバル化時代と大学のガバナンス改革【寺倉憲一】

2 「デモクラシーとシアトロクラシー──民主主義思想と演劇の関係について」
司会　平田栄一朗
　　　　1）民主主義思想と演劇（性）の関係について
　　　　　　──クリストフ・メンケ、ユリアーネ・レベンティッシュ、オリヴァー・マーヒャルトの芸術・政治
　　　　　　　思想論【平田栄一朗】
　　　　2）芸術の政治化／政治の芸術化
　　　　　　──クリストフ・シュリンゲンジーフの「チャンス2000」を例として【北川千香子】
　　　　3）ハイナー・ミュラー作『ヴォロコラムスク幹線路』における「民主主義」的主体【石見　舟】

3 「大学の専門教育における歴史学と言語学の対話と協働──ドイツ語史料をどう読むか」
共同報告　川喜田敦子，林明子
　　　　1. 分野間協働の趣旨と経緯
　　　　2. H・コールのドレスデン演説の分析：分野間協働の授業に向けての準備
　　　　3. 共同授業の実践報告：歴史学分野「ドイツ社会誌演習」と言語学分野「ドイツ言語様態論」
　　　　4. 授業実践に基づく考察と提言および歴史学と言語学の協働をめぐる展望

シンポジウム　13時30分-17時
デジタル×ドイツ研究
司会　青木聡子，速水淑子
コメント　林志津江，香川檀

企画趣旨　森田直子
　　　　1）ドイツにおけるデジタル・ヒューマニティーズ【宮川　創】
　　　　2）デジタル×文献研究【中村靖子】
　　　　3）デジタル×「教科書研究大国」ドイツ
　　　　　　──学校教育におけるデジタル教科書・教材の普及と課題【中園有希】

2022年度ドイツ学会奨励賞
受賞作発表ならびに選考理由

西山暁義
（学会奨励賞選考委員会　委員長）

学会奨励賞選考委員会の西山です。本年度の選考委員会は昨年度同様，あいうえお順に，石田圭子幹事，板橋拓己理事，坂野慎二幹事，渋谷哲也幹事，三成美保幹事，弓削尚子理事，事務局を務める村上宏昭幹事と私西山の8名によって構成されており，不肖私が委員長を務めさせていただいております。

さて，今回，2022年度の日本ドイツ学会奨励賞は，森宜人さんの

『失業を埋めもどす　ドイツ社会都市・社会国家の模索』
名古屋大学出版会

に授与されることとなりました。

以下，審査の経緯について，簡単にご報告申し上げます。

今回の学会奨励賞は，前回が例外的に対象期間を2年としたのに対し，通常通り2022年1月から12月の間に刊行された作品を対象とすることになりました。今回は4作品が推薦され，分野もそれぞれ異なることから，段階審査は設けず，直接全作品をそのまま全委員による査読の対象といたしました。

従来と同様，選考会議に先立って，各選考委員がそれぞれの作品に所見とともに10点満点で評点を付けたものを，事務局の村上さんの方で集計し，平均点を算出していただきました。それをもとに2023年5月14日，オンラインによる選考会議を実施いたしました。そこにおいて，当日欠席した委員の所見も参照しつつ議論を行い，森さんの作品を奨励賞作品として暫定的に選出し，欠席の委員への周知と再考期間を設けたのち，異議はなかったため確定とし，事務局の村上さんより森さんに受賞の連絡をいたしました。以上の経緯は，先週6月11日の理事幹事会においても，村上さんから報告され，承認を得ております。

次に授賞理由についてご報告いたします。

森さんの作品は，タイトルにもあるように，失業という社会リスクがどのように歴史的に認識され，誰がどのようにそれを救済，予防すべく対応してきたのか，そしてこの問題が政治にどのような影響を与えたのか，ということを，このテーマにおける代表例ともいえるドイツの「長い20世紀」のなかで，その草創期ともいえる，世紀転換期から第一次世界大戦をはさみ，ワイマール共和国末期にいたる時期について論じられています。そこでとくに力点が置かれているのは，都市の役割であり，ハンブルクの事例などを中心に，ドイツの社会政策が「社会国家」のトップダウンとしてではなく，都市をはじめ非営利団体，専門家など，さまざまなアクターのイニシアチヴとその関係性のなかで織りなされるものであることを立体的に描き出されています。

本年2023年は，オイルショック50周年，ハイパーインフレ100周年，1873年恐慌150周年となります。これは偶然の符合に過ぎませんが，経済と社会，日常生活の関係性について，あらためて考える契機ともいえるでしょう。また，森さんが第3章で扱われたアフター・コレラのハンブルクにおける失業対策の模索などは，中央集権的といわれてきた日本における昨今の都道府県のコロナ対策でのイニシアチヴを否が応でも想起させ，社会政策の多元性について再考を促すものといえるでしょう。

選考会議においては，こうした現代の社会問題を考えるうえでもきわめてアクチュアルであり，また個人のアイデンティティにも大きな影響を与える「失業」という問題を，未公刊，公刊史料を駆使して重厚かつ堅牢に論じられた点が高く評価されました。また，ジェンダーなどの観点にも目配りがなされている点についても，学際的価値の高さが指摘されました。他方，カール・ポランニーに依拠する「埋めもどす」，「再埋めもどし」という本作品のキー概念について，門外漢にはやや分かりにくいという声もありましたが，授賞にふさわしい本作品の価値については，全委員の見解は一致しておりました。

最後に，受賞された森さんに心からのお祝いと今後のご研究の益々の発展をお祈り申し上げ，報告を終えたいと思います。森さん，まことにおめでとうございます。

◉ 2022年度日本ドイツ学会奨励賞受賞挨拶 ◉

森　宜人

ただいまご紹介にあずかりました一橋大学の森と申します。このたびは，拙著『失業を埋めもどす—ドイツ社会都市・社会国家の模索—』（名古屋大学出版会，2022年）を日本ドイツ学会奨励賞に選出していただき誠にありがとうございます。ドイツ史家にとって無類の栄誉であり，拙著を推薦していただいた方々，西山委員長をはじめとする選考委員の先生方，そしてこれまでの研究生活を支えてくださったすべての方々に心より御礼申し上げます。

拙著は，19世紀末の失業の「発見」から両大戦間期の「再・埋め込み」へといたるプロセスを，ハンブルクを主たる事例として都市史の視角から描いたものです。失業の「発見」とは，失業が個人の自助努力ではなく社会全体で対処すべき問題であると認識されることを指します。「再・埋め込み」とは，K・ポランニーの「大転換」論でいう「脱・埋め込み」によって自律性を獲得し，社会から離床した労働市場とそれに付随する失業問題を，失業保険や，失業扶助，職業紹介，雇用創出をはじめとする一連の救済制度を通じて再び社会のなかに埋め込みなおそうとする試みとして定義しました。

タイトルの「埋めもどす」は，ポランニーの「大転換」論からヒントを得たものであり，失業を狭義の労働市場の問題としてではなく，市場経済を一構成要素として内包する社会全体の関係性のなかで捉えるべくつとめました。あらためて顧みますと，こうした着想にいたった源は，やはり一橋の学風に求められると思います。一橋の西洋史研究においては，ある特定の地域の実証分析を通じて，経済のみならず社会全体を綜合的に捉えようとする「文化史としての社会経済史」が志向され，「ヨーロッパとは何か」，「近代と何か」という根源的な—ある意味「しろうと」的な—問題意識より，市場経済の基礎をなす市民社会の歴史的意義が問われ続けてきました。なかでも私が影響を受けたのは戦後歴史学の旗手として知られる増田四郎先生の「市民的公共意識」論であり，学部学生時代に読んだ増田先生の『西欧市民意識の形成』（春秋社，1949年）が都市史研究を志す直接的なきっかけとなりました。

西山委員長より，「ドイツ研究として学際的な交流を推進するという学会の趣旨から」拙著が奨励賞の対象に選ばれたと伺いました。私の専門とする都市史は何よりも学際性を重視する領域であり，この点を評価いただけたことは感謝に堪えません。また，「文化史としての社会経済史」を標榜してきた一橋の西洋史研究の伝統の再評価にもつながりますので，学統の末席に連なる身として喜ばしいかぎりです。

ドイツ史に限らず，ヨーロッパ史研究の世界では長年，いわゆる人文科学系の西洋史学と社会経済史学の潮流の間である種のすみわけ的な状態がみられてきましたが，これを機に社会経済史研究の魅力と，奥行きの深さが広く認識してもらえることを願ってやみません。そして，何よりも私自身がこれからも多方面の関心を惹きつけられるような研究に取り組んでいく必要があります。今回の奨励賞はそのためになおいっそう刻苦勉励せよとの勧奨として身の引き締まる思いで受け止め，謹んで拝受したいと思います。

本日はありがとうございました。

日本ドイツ学会案内

1. **ホームページ**
   日本ドイツ学会のホームページは, https://jgd2.sakura.ne.jp/hp/ にあります。
   ご意見・ご要望がありましたら, 事務局までお寄せください。

2. **入会について**
   入会希望者の方は, 会員2名の推薦を得て, 学会ホームページ上にある入会申込書に記入の上, 下記事務局までお送りください。年会費は5,500円です。

3. **学会誌『ドイツ研究』への投稿募集**
   『ドイツ研究』では, ドイツ語圏についての人文・社会科学系の論文, トピックス (研究動向紹介など学術的内容のテーマ), リポート (文化・社会情勢, 時事問題などに関するアクチュアルな情報) の投稿を, 会員より募集しています。分量は, ワープロ原稿 (A4・40字40行) で論文10枚程度, トピックス5枚程度, リポート4枚程度となります。応募受付は毎年4月末まで, 原稿の締切は8月20日です。なお, 執筆の際は,『ドイツ研究』執筆要領に沿ってお書き下さい。投稿された論文については, 投稿論文審査要綱にもとづく審査をへて, 掲載の可否についてご連絡をいたします。詳しくは学会ホームページをご覧ください。

4. **新刊紹介の情報募集**
   学会ホームページには, 会員による新刊書籍・論文等の業績紹介ページを設けています。掲載希望の会員は, 発行1年以内のものについて, 書名 (論文名), 著者名 (翻訳者名), 発行年月日, 発行所 (掲載誌名), ISBN (ISSN), 価格, 書籍紹介ページのリンク等を, 事務局までご連絡ください。

5. **連絡先**
   〒153-8902　東京都目黒区駒場3-8-1
   東京大学大学院総合文化研究科・教養学部　18号館
   川喜田敦子研究室内　日本ドイツ学会事務局
   jgd.deutschstudien@gmail.com

編集後記

　『ドイツ研究』第 58 号をお届けいたします。本号の特集として，2023 年度大会シンポジウム「デジタル×ドイツ研究」より，企画趣旨，3 本の論文，2 本のコメントを掲載いたしました。そのほか，公募論文 5 本，論文 2 本，書評 3 本を掲載することができ，例年以上に投稿本数が多く，バラエティに富む充実した誌面となりました。

　今年度の大会シンポジウムのテーマが企画されるに至った背景には，巻頭の「企画趣旨」にも詳しく述べられているとおり，ドイツ研究に携わる多くの人びとが近年直面している課題があります。その課題とは，身近な研究や教育の場で様々なデジタル化が進む中で，それにどのように向き合うべきなのかというものです。こうした課題は，近年の Chat GPT など生成系 AI の登場によって一層アクチュアルなものとして認識され，世界中で議論されるにいたっています。こうした中で，各分野の研究や教育の場でその可能性や課題を検討し互いに情報共有することは非常に有意義であり，その知見に基づいてデジタルを活用していくことも今後必要になってくるように思います。本号特集の試みがさらなる議論を喚起する契機となるならば，これにまさる喜びはありません。

　最後になりましたが，各分野の最新の研究成果に関する論考をご寄稿いただいた執筆者の皆様，ご多忙にもかかわらず快く査読をお引き受けいただいた先生方，いつも親身になってご助言くださった前編集委員長の佐藤公紀先生，迅速な編集・校閲作業で助けてくださった編集委員の皆様，そしていつものことながら的確なご対応とご指示で最後まで導いてくださった印刷会社の双文社および販売委託先の極東書店の各ご担当者様に，厚く御礼申し上げます。

（大下　理世）

ドイツ研究　第 58 号
Deutschstudien Nr. 58

2024 年 3 月 30 日　第 1 版第 1 刷発行

編　　　者▶日本ドイツ学会編集委員会
　　　　　　編集委員長　大下理世

発　　　行▶日本ドイツ学会
　　　　　　理事長　弓削尚子

発　　　売▶株式会社　極東書店
　　　　　　〒 101-8672　東京都千代田区神田三崎町 2-7-10
　　　　　　帝都三崎町ビル

印刷・製本▶株式会社　双文社印刷